An Illuminating Journey Through the Signs and Houses

ASTROLOGY of the MOON

月亮推運占星全書

我的人生演化課程表

艾美・賀林——著
Amy Herring
韓沁林————譯

如何查詢自己每一年的月亮推運？

步驟1 連結至網頁 www.astro.com，
點選「free Horoscopes」之中的「Extended Chart Selection」

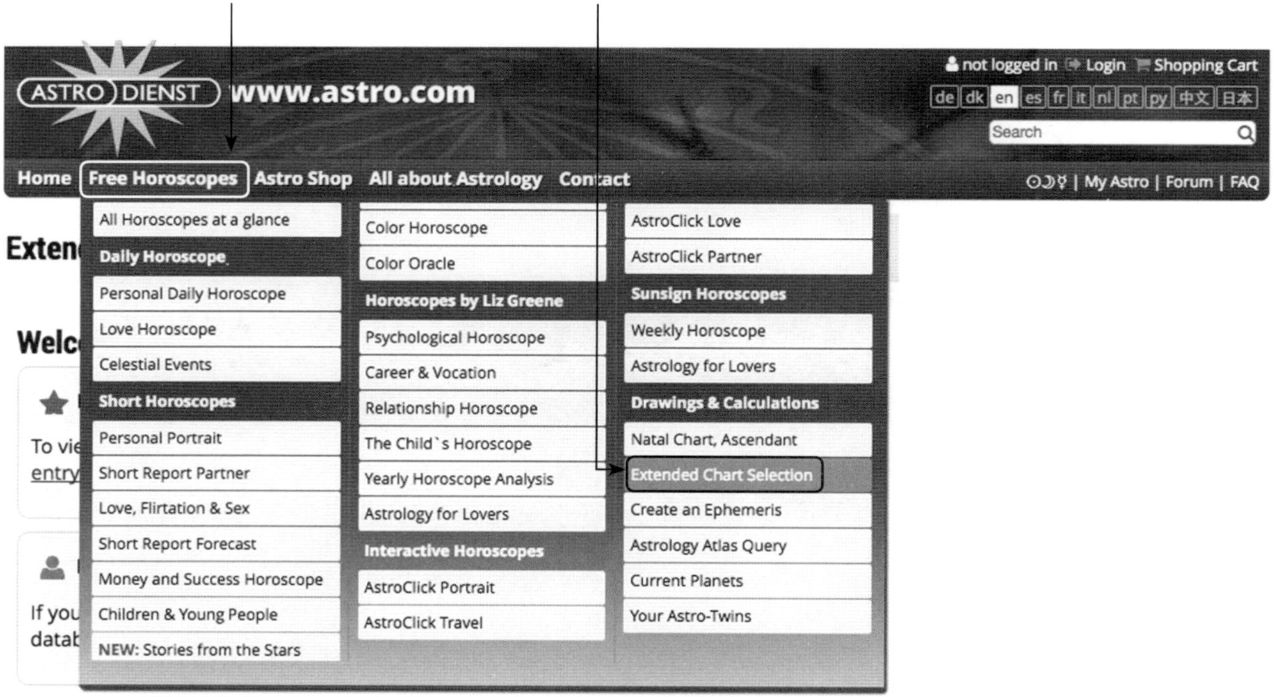

步驟2 點選「click here to go to the deta entry page」，進入個人星盤查詢功能

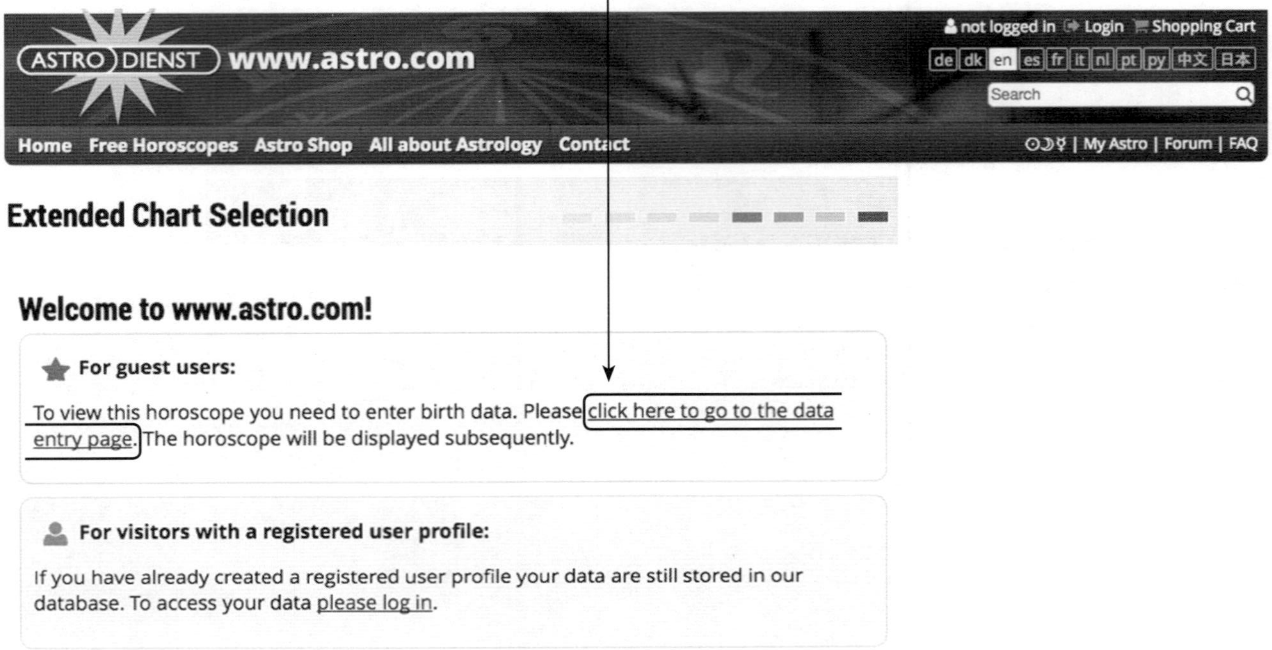
ASTRO DIENST www.astro.com
not logged in Login Shopping Cart
de dk en es fr it nl pt py 中文 日本
Search
Home Free Horoscopes Astro Shop All about Astrology Contact
My Astro | Forum | FAQ
Extended Chart Selection
Welcome to www.astro.com!
For guest users:
To view this horoscope you need to enter birth data. Please click here to go to the data entry page. The horoscope will be displayed subsequently.
For visitors with a registered user profile:
If you have already created a registered user profile your data are still stored in our database. To access your data please log in.

步驟3 輸入自己的名字、出生時間、出生地點後，點選「continue」

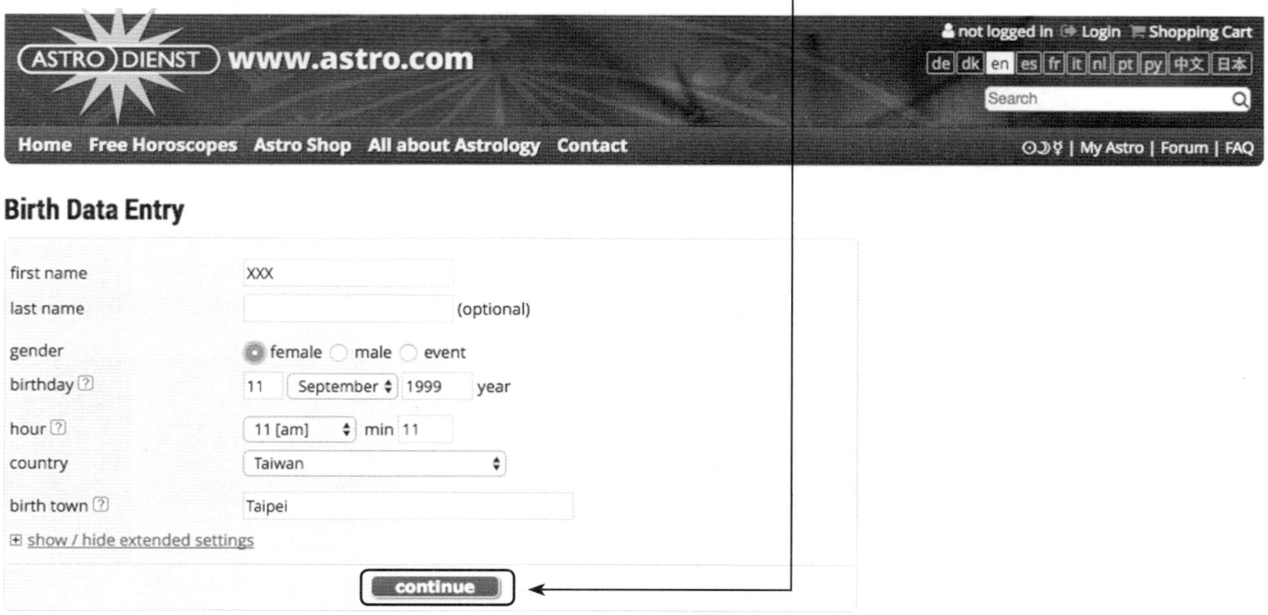

not logged in Login Shopping Cart
de dk en es fr it nl pt py 中文 日本
Search
ASTRO DIENST www.astro.com
Home Free Horoscopes Astro Shop All about Astrology Contact
My Astro | Forum | FAQ
Birth Data Entry
first name XXX
last name (optional)
gender female male event
birthday 11 September 1999 year
hour 11 [am] min 11
country Taiwan
birth town Taipei
show / hide extended settings
continue

步驟 4 在「Partner」欄內點選自己剛輸入的名字（同上一欄）

Logout
Shopping Cart
ASTRO DIENST
www.astro.com
de dk en es fr it nl pt py 中文 日本
Search
Home Free Horoscopes Astro Shop All about Astrology Contact
My Astro | Forum | FAQ
Extended Chart Selection
Birth data
Horoscope for: Xxx
Add a New Perso
Edit birth data
Partner: Xxx
Add a New Perso
Edit birth data
Methods: Circular charts | Special charts | Ephemeris | Pullen/Astrolog
Chart type: Natal Chart Wheel
Chart drawing style: Web default style
Reset
Click here to show the chart

步驟5 在「Chart Type」欄內點選「Natal and progressed chart」

步驟 6 在「Options」欄內填入欲查詢的推運日期（建議：填寫當年度您生日的日期），之後點選「Click here to show the chart」

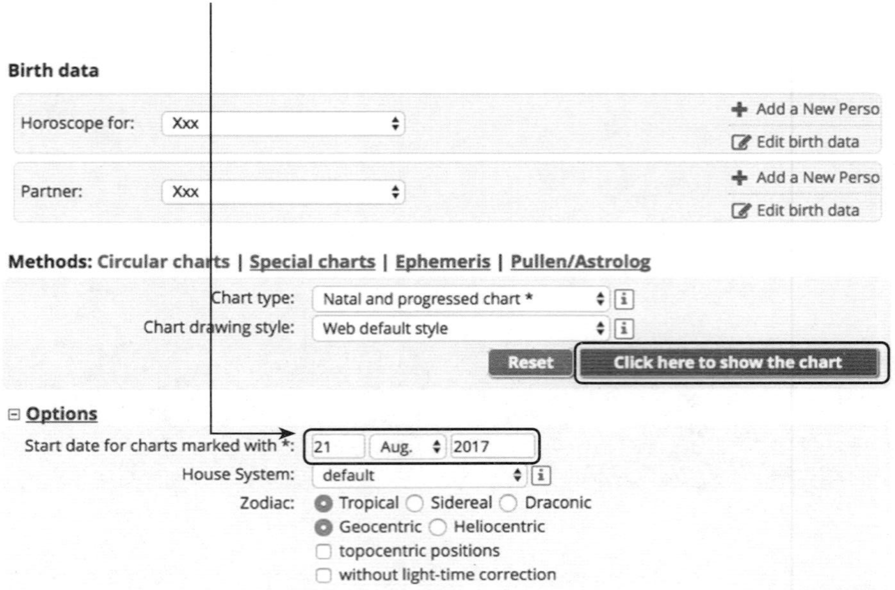

步驟 7 最後呈現的星盤上，最外圈邊上的彎月符號，即是您當年度「推運月亮」所在星座及宮位（其人生課題參閱本書第二部內容）

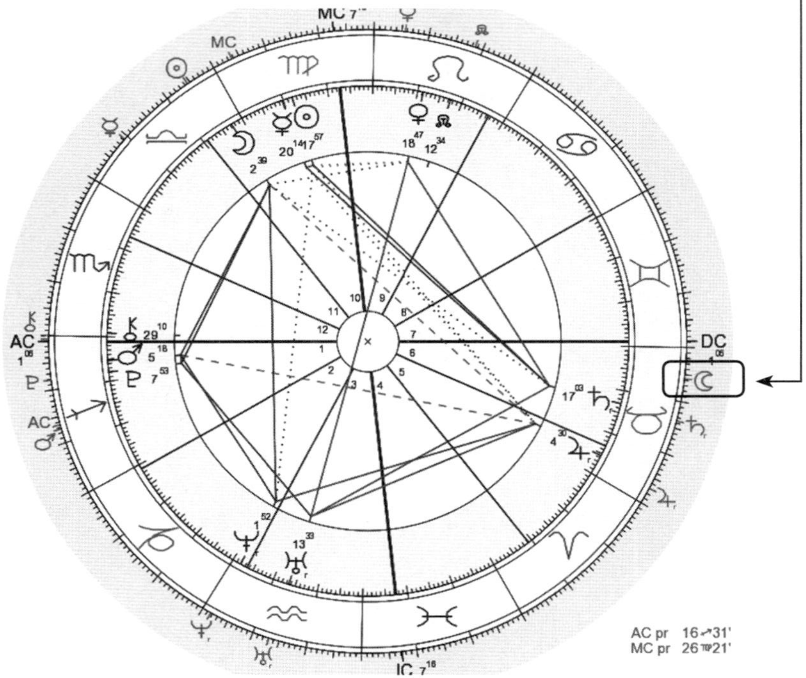

各界讚譽

目前大部分的占星書仍只呈現了近代占星學的臨終喘息，其中充滿刻板、宿命、預測和敘述性的色彩。艾美．賀林的書屬於未來，而非過去。

在你開始享受閱讀這本書的樂趣之前，我想提醒你留意一下，她對「意識」和「抉擇」保持如此一致的詮釋主軸。我也很感激她伴隨著我，最終如此靈巧地交織出激勵人心、正面的人生觀，誠實地衡量生命的黑暗。

艾美．賀林邀請古老的月亮進入占星學的「第三紀元」，感受其中的量子魔力。我衷心讚揚她的成就，並歡迎她加入占星大家之列。我可預見在未來，她會傳授我們有關太陽、水星、金星，還有其他所有瞬息萬變、不斷演化的天體的知識及奧祕。

——《內在的天空》（*The Inner Sky*）作者，史蒂芬．佛瑞斯特（Steven Forrest）

這本書極具啟發性，能讓你敞開心靈，啟蒙心智，改變人生。

——《戴爾星象》（*Dell Horoscope*）雜誌主編，羅尼．葛利許曼（Ronnie Grishman）

這本書就像一場充滿永恆智慧的盛宴，任你輕鬆享用閱覽，為人生這場情感的探索之旅提供一張演化地圖。

——Tarot.com占星師，瑞克·雷文（Rick Levine）

月亮星座代表你的情感本質，可以為你點燈指路，獲得深刻的靈性成長。你可以透過《月亮推運占星全書》這本書，認識自己核心的情感需求，學習如何滿足這些需求，同時做出最好的選擇，讓生命更有意義，心靈富足。我們會闡述本命月亮和推運月亮的關係，從星座、宮位、行星和相位的角度切入，以豐富的資訊介紹月亮最強烈的潛在能量。這本書採用簡單易用的烹飪書形式，可以幫助你很快找到自己的月亮星座。艾美·賀林在書中揭露你會如何不斷進化的情感需求，會如何面對愛情、家庭生活、職業規劃和其他生命領域。

你可以在這本書中找到許多實用的活動和想法，幫助你充分地發揮創造力，滿足自己的基本需求，以期在每一個生命階段創造幸福。

這本書提供很棒的資訊，富有教育性，資訊豐富，充滿趣味，對於認識本命和推運的月亮極有幫助。賀林在占星學中展現充滿活力的個人風格，令人耳目一新。

——《360度智慧》（*360 Degrees of Wisdom*）作者，琳達·希爾（Lynda Hill）

「生命中許多事物會吸引你的目光，
但只有少數能擄獲你的心，
而那就是你該追求的。」

——無名氏

「唯有用心，才能正確看待事物；
最基本的東西是肉眼無法見的。」

——法國作家安東尼·聖修伯里

「把你的書寫完，我才能小睡一下。」

——我的丈夫

第一部　私下的你：本命月亮所在星座和宮位

本命月亮在十二宮位的必修課

第二部 年度課題：推運月亮過境星座和宮位

推運月亮過境十二宮位的學習焦點

第三部 能量整合：本命月亮、推運月亮的相位說明

第四部 範例解讀：兩個案例的推運月亮生命筆記

導論

月亮推運，你的人生演化軌跡圖

占星學是關於潛力、趨勢及可能性的科學，而非事實性的科學。大多數的占星師都會告訴你，我們比較容易看出已經發生的事情，如何反映出當時行星在星盤中的位置，但事先預測事件的發生就比較困難了。這是因為同樣一股能量導致的事件，會有幾種可能性。心理學家榮格曾說過：「當你無法意識到內在心境時，它就會向外展現成命運。」我們究竟會看到自己演出負面的刻板模式，或是能充分利用行星的能量，都是取決於自己的選擇和意識層次。我在寫這本書時，心中一直秉持這個觀點：是我們的選擇，而非星星，引導著我們的人生。天空就像一面鏡子，反映我們的內在和外在狀態，但沒有造成這種狀態存在。行星不會強迫我們，但會引導我們注意自己內在衝動最真實的源頭。

自由意志與意識選擇

古希臘哲學家赫拉克利特（Heraclitus）曾說：「性格即是宿命（Ethos anthropoid daimon）」。希臘文daimon這個字有點棘手，因為英語沒有剛好相對應的單字，所以一般認為「宿命」是最貼近的解釋。這句話的意思是「性格即是宿命」或「性格即是命運」還有待討論，不過這句話的現代意涵是：我們的性格還有我們的天性（無論好壞），決定了我們的際遇。這裡強調的是選擇，而非決定性的宿命。無論如何，daimon在古代的定義是某種靈性守護者，它了解你的命運，並會引導你走向命運，所以也可以被詮釋成「宿命」。

當我們更進一步深究宿命與自由意志對立的古老論辯時，就更荒唐可笑了。我們之中有多少人自認為能掌握自己的命運，卻會像是進入自動駕駛模式似地不斷怨嘆「運氣不好」或遇到「刻薄上司」？有多少人深信宿命，就把這當成放棄對自己負責的藉口，或是忽視了慢慢在人生中累積的模式，因為我們無法或是不願意看清自己的選擇會繼續導致同樣的結果？聽到支持宿命或自由意志的論述是很有趣的，但我實在找不到任何理由認為這兩者是互不相容的。你若問我，我們是否有能力為自己的性格和命運擔負部分責任，進而引導自己的人生？我的確如此認為。你若問我，人生之中是否有宿命的運作，我們可以在明顯的因果法則中見識它的力量，它就如帶領我們通往宇宙的神性指引，我們是否可以把它稱為高層自我、我們的靈性守護者，或是我們的目標？

我的答案也是肯定的。

把星盤視為演化工具

通俗占星學喜歡用描述性的字眼，像是形容牡羊座「大膽」、「果決」和「霸道」，或是形容處女座「井然有序」、「務實」和「挑剔」。如果你認識一團亂的處女座或客氣有禮的牡羊座，請舉手！善用占星學的最佳方式並不是分門別類，而是提出指引和應對之道。我們如果不要以「自己目前狀態」為出發點，而是用「正要變成的模樣」看待自己的星盤，就能開啟對星盤的全面理解。星盤就像我們的處方籤，建議我們如何活出更充實的人生。你的本命星盤[1]是你最重要的工具，當你知道如何正確利用它時，它就能在你身上發揮更好的效果。這本書會教導你如何使用這個工具中的一個重要元素：月亮。我不只會列出每個月亮星座的性格特質，還會提供你一個範疇，告訴你會在哪個範圍的經驗和課題中遊走，體驗生命，而這都取決於你的選擇。因此，你可以把你的星盤想像成一張地圖，當你在吸收個人經驗時，當你在琢磨理解人生的方向時，月亮就像指南針，指引你航渡大海，時而風平浪靜，時而波濤洶湧，穿越不同的國度，無論熟悉或陌生都能跨步向前。

[1] 譯註：根據出生時間和地點推算的星盤。

這本書除了解釋本命月亮落入各星座和宮位的意義，還介紹在人生特定階段推運月亮落入各星座和宮位的意義。你必須先推算自己的本命星盤，知道自己的本命月亮的位置，進而推算出推運月亮的位置，才能有效利用這些解釋。大部分的占星軟體和少數的網站可以幫你推算，你可以參考本書最後的附錄部分，算出自己的本命和推運月亮。

第一部

私下的你

本命月亮所在星座和宮位

An Illuminating Journey
Through the Signs & Houses

一個特殊符號的意義，有時是透過目的衍生形成。此時人們會刻意地將一個圖案或一個物體，與一種想法連結在一起，例如紅色八邊形這個符號就是命令我們停止。許多符號的意義會因文化而異，但有少數共同的符號和物體，似乎會超越文化、種族或性別，很自然地在人們心中喚起相同的關聯性。月亮這個符號長久以來深埋在我們的集體意識之中。儘管人們會透過藝術、宗教和科學賦予它許多不同的意義，但是自人類問世至今，月亮就一直帶給人們感動，啟發人們的靈感。

月亮不只啟發我們，還透過許多非常現實的方式影響我們。已有完整的文獻紀錄證明，月亮會因為貼近太陽和萬有引力，進而影響海洋的潮汐，而它也與女性的月經週期有古老的關聯性。在古老的宗教中，月亮甚至代表女性的整體生命循環，從少女、母親到老婆婆。月亮的象徵意義，深植於每個古老和現代的文化之中。

就占星學的角度，月亮象徵我們的感受和本能情緒反應。我們可以從月亮在本命盤的位置，知道什麼事情會讓我們開心或難過，我們會因為什麼事情受傷，我們需要什麼才能覺得被滋養、安全和受到照顧。月亮可以告訴我們，我們在愛中必須滿足一些基本需求，才能建立某種信任和家的感覺。月亮可以提供一些線索，看出我們童年時期的居家生活，還有當我們長大成人成家之後，必須創造哪些元素來滋養和保護我們的家庭生活，讓我們覺得能把一個地方稱為「家」，而不只是一個放東西、晚上睡覺的地方。這裡有一個字可以做總結，那就是「心」，我相信就情感層面而言，所有人都很熟悉這個符號。占星家諾．泰爾（Noel Tyl）形容，月亮就是我們「主導的情感需求」。

心轉為頭腦

月亮的關鍵字之一，就是「態度」。我們的態度是所有決定的基礎，或者至少影響了我們如何落實這些決定。不知有多少次，我們仔細想過一個特定選擇的邏輯何在，依此決定最好的行動方式，到頭來發現自己正在做一些自我破壞的事，因為我們其實並不想做我們認為最好的事。舉例來說，也許就現實考量，你最好繼續做某一份工作。你會考慮這份工作已經做了八年，你已經得心應手，知道如何做好它，而且待得越久，你就可以累積更多的休假。這是很聰明的想法。你會合理地推論，你要是決定跳槽，那你已經投入的時間就可能浪費了。所以你決定留下來，但沒多久，你會開始無法忍受一種受困的感覺，你會發現自己花更多時間摸魚打混，只是為了紓發壓力。這到頭來只會減少你的發展機會，因為你並沒有更進步，這可能會讓你覺得更被困住了、更加挫折。這是一個負面循環，而這全都是從一個正確的態度開始的，或是像在這個例子中，是從一個錯的態度開始的。我們若只是考慮正面和負面的因素，人生最多就只能這樣了，特別是生命中所有非常重要的決定，像是要不要創業、做自己熱愛的事業、要不要生孩子，或是要不要結婚等。

我們常聽到占星家在討論太陽和月亮時，會認為兩者是互補的，是獨立的。我們時常可以在占星學中看到這種說法，像是「頭腦（太陽）和心（月亮）」或「左腦（太陽）和右腦（月亮）」。這並不全然是錯的，但也反映了社會大眾認為合理和理智的行動，與出自情感和直覺的行動是分開獨立的。太陽與月亮雖然是獨立的存在，其實是相互連結的，月亮會反射太陽的光芒。你可以這麼想，太陽是真貨，月亮只是太陽力量的蒼白次級品。月亮的角色是反射光芒，讓我們能在黑暗的路上看清一切，就像我們必須在一些處境中憑著直覺找到方向，若只憑藉著理智前進，就只會把事情搞砸。很多時候，當我們做了一個「合理的」決定，最後卻發現自己的心會阻撓自己付諸行動。有時我們可以說這是因為我們意志薄弱，但有時其實是因為我們貶低了自己的情感，認為情感是錯的，只會造成不方便。我們有時會很渴望一些不健康的事，但你不妨留意一下這股欲望底下的源頭，而非只是欲望的目標，你就能找到最重要的線索，知道我們的心真正渴望什麼，即使我們必須找到更好的選擇，才能滿足這些情感需求。

身為處女座，我非常迷戀推理和分析的能力！但我只想把這種能力視為全觀性決策和自我引導的一部分。推理是我們與生俱來的諸多技巧之一，但不是唯一。希望你在讀完這本書之後，能認清——頭腦和心不只同樣重要還是不可分離的。我們正在努力讓男性和女性的社會角色取得平衡，讓兩者獲得公平對待，此時人們也對占星學和塔羅牌等直覺性的藝術越來越感興趣，我覺得這直接反映了人們對於平衡「頭腦」與「心」的需求。一場真實活過的人生不只是邏輯決定的總和，其中也充滿了情感的滿足。

私底下的自己

你可以把自己想像成一棟房子，你的各種占星元素就像一般房子可見的各種房間。你可以把你的上升點當成大門或前廳，太陽就像客廳或居家室。也許水星就像你的家庭辦公室，金星就像陽台的鞦韆，或是你最愛的座位，或是任何一個你想在家裡享受社交生活的地方。但是月亮可能就像你的臥房，甚至是臥室的衣櫃。無論我們自認有多麼外向，月亮都代表我們最內在的一部分，它是我們私底下的自己。它其實就是我們想保護的脆弱點，我們甚至可以稱它是我們的「內在小孩」。我們只會向信任的人展現這一面，就像我們不會把所有認識的人都帶進臥房。

我們可能會形容某個人「喜怒哀樂全寫在臉上」，但是月亮不只是展現情感，它還代表內在的自我。任何人即使外在顯得多麼外向或真情流露，都會有一種方式保護內在的自我。當我們真正更深入觀察一個人時，不只是看到對方向我們吐露的祕密，還能看到他們脆弱的一面。這也許是他們揭露了一些私事，或是覺得很自在，能在我們面前哭泣，甚至是與我們分享個人的創作或具爭議性的意見。因此，月亮永遠是我們心中有一點害羞的一部分，這並不一定是因為缺乏自信，而是這只會在某種信任、暗示或期望的狀況下，才會在與人互動交流時顯露。

戀愛中的月亮

許多熟悉占星學的人，如果想知道自己對愛情的需求時，只會想到金星，或許再加上火星。金星處理的是人際關係，其中當然包括戀愛關係，但是金星的目的是聯繫，代表我們如何與對方相處融洽，或是一個人的哪些特質會讓我們更容易喜歡他們。而在某種程度上，火星看的是性慾。無論如何，我們可以說月亮在愛情中扮演最重要的角色，因為月亮代表我們需要什麼才能覺得被照顧、被愛、被滋養，有安全感。我們有所愛的人，這是很重要的，但是愛和被愛的影響力比性格更加深入，這會進入我們的核心深處。

我們越來越能接受，每個人表現或接受愛的方式不盡相同。人都會有某種過濾方式，會有一種特別的方式，希望別人能用這種方式對我們表達愛。當然根據人類經驗，會有一些示愛的通用法則，不過我們還是常會看到，一個人的甜言蜜語可能被另一個人當作耳邊風，或是一個人想要幫助心愛的人，卻被對方拒絕或忽略。會發生這種事，並不一定因為兩個人不相愛，而是因為愛一個人，跟適當地溝通或表現這份愛，是截然不同的兩件事。

蓋瑞．巧門（Gary Chapman）在《愛之語》（*The Five Love Languages*）裡假設，我們可以透過五種基本的方式，理解愛的表達：肯定的話語、觸摸、服務的行為、有品質的相處時間，以及接受禮物。所以在一個四口之家中，每個人可能需要聽到不同的話，或是必須透過不同的表現方式，才能覺得自己被愛。同理而論，你的月亮的星座、宮位和相位，也可以看出你偏好別人如何向你示愛，或是偏好如何表達愛。月亮牡羊座或雙子座的人可能欣賞有趣的調情，而月亮巨蟹座的人可能需要對方表現敏感和善意。這是很簡單的概念，不過這可能會讓兩個相愛的人建立關係或關係破裂，無論是婚姻關係或親子關係。即使是一段長達五十年的關係，也會有痛苦或錯誤，完美的伴侶也只是凡人。唯有月亮、唯有我們的心，才知道無法透過分析來判斷一位完美伴侶。這必須透過月亮的運作才能確定，看我們是否能互相滋養，建立互信，向對方揭露自己。當我們的月亮（我們的內在小孩）覺得安全時，覺得可以露面時，信任感就出現了，而信任就是關係的基礎。所以探索和信任你的心的需求，都是占星學中月亮代表的意義，也就是關係和諧和成功的關鍵。

月亮的母性

許多占星家和占星書籍，會討論月亮和母親對你人生初期的影響，分析其中的關係。在現代社會，母親的角色和母親般的照料，可能會延伸至父親、祖父母或其他幾種可能性。所以我們在分析月亮時，不單指媽媽，而是指「主要的滋養者」，我們可以從對方身上獲得最直接的個人照料和指導。占星學中最常見的關聯性解釋，就是把月亮當成母親，太陽（有時是土星）當成父親，但這可能無法正確詮釋一些細微但重要的差異。當我們在看你的月亮和你的星盤時，最重要的是要記住，針對你的主要滋養者，我們可以根據你的月亮的位置得到許多線索，但這都是從你的觀點來看，不一定能正確描述他們的人格。當我們把月亮當成母親時，只是想試著了解當你還是個孩子時，你的情感需求是什麼（還有你成年之後的情感需求），特別是當你覺得自己的需求沒有獲得滿足時。按照這種方式，占星學可以幫助你療癒過去的傷口，必要的話，還能幫助你原諒父母，同時學習如何有效地滋養自己，繼續向前走。

月亮在事業中扮演的角色

很多人都聽過這句話：「興趣等於天資。」光憑興趣，一個人當然不能創造必須透過其他方式才能擁有的技能。想像一位冒牌醫生幫病人治病，只因為他認為第四台的手術秀節目很有趣?!不過，你的興趣可能與你追求目標的成功程度有關。你是否曾經坐在辦公桌前，認為你再也無法忍受多上一天班？你是否曾在早上起來覺得失望，因為今天是禮拜一？當然不是只有你是這樣，我們都不喜歡必須一直做的工作。但是如果我們對工作的理由抱有熱情，認為這個理由很重要，工作時就可能比較開心。我們就能提升能力，讓工作更成功，因為我們有全力以赴的動機，而不只是用最低極限的心態看待工作。即使你本命盤中的月亮位置，並不是與事業有關的典型位置，但要是你每天做一份令你心力交瘁而非滋養你的工作，這一定會影響你的人生。

我們不要太過天真。不是所有人都能在夢想的工作中找到自己，這格外無法馬上如願。很多人的工作都只是能領份薪水。這是我們想要的工作，也是我們容易勝任的工作，因為我們擁有被雇用的技能，也必須有錢過日子。不過人生充滿了機會，我們可以稍微向前推進，修正道路，例如白天上班，晚上上夜校，或是參加在職訓練，留意有沒有升職機會。無論我們剛好高中畢業，或是之後發現自己正站在人生的十字路口，當我們能自由考慮人生的道路，不要在一開始就輕忽任何想法，那麼此時從腦海中跳出的問題，通常都不是「我能馬上得到什麼？」而是「我想要什麼？」而這就是月亮的問題。

你的舒適圈

我們可以從本命的月亮看出，什麼樣的環境和狀態可以稱為我們的「舒適圈」。當我們脫離舒適圈時，可能會經歷一連串的情感狀態，從焦慮、挫折到難過。月亮在本命盤的位置是個重要因素，可以了解你需要什麼才能有安全感——這不只是身體的感受，而是全面性的感受。當我們基本的舒適和安全感獲得滿足時（就像覺得有一個像家的地方可以回去，或是不會被要求做任何不想做的事），我們當然更可能覺得快樂，也更可能如常地過日子，比較不會感受到沮喪、冷淡或失望。

我們多少都會被情感制約，認為情感的反應很麻煩，特別是當我們覺得難過或生氣時。憤怒和難過會妨礙我們的生產力，影響我們把事情做好的能力。舉例來說，當我們開始覺得有點難過時，我們可能會試著想開一點，告訴自己：「生命沒有休假，我們也不能放棄。」無論如何，碗盤還會繼續堆高，我們需要打理生活雜務，必須處理工作。當我們遇到不順心的事情時，不能亂發脾氣，對吧？沒錯。但我們時常搞不清楚，自己因為「良好和負責」妨礙了情感的需求時，忍住脾氣只是暫緩之計。這其實幫助不大，只會開始醞釀一場「真正的大發雷霆」。這就像你餓了，但沒有讓自己吃點東西。你一開始只覺得胃空空的，然後胃就會開始「咆哮」，越來越大聲，越來越頻繁。如果長時間不管它，這種飢餓的疼痛和噪音會暫時消失，融入背景音。猜猜看如果忍得夠久，會發生什麼事？接下來就會覺得頭昏腦脹很虛弱，最後會營養不足餓死。

當你心情不好時，會影響你正在做的所有事情。你可能會踢狗，吼小孩，對同事講話簡短又唐突。但是即使是壞心情，也可以當成一個晴雨表，而你本命的月亮星座會給你一個非常明確的訊息。人們會做出一些典型的行為代表壞心情，每個人會因為不同的事情導致心情不好。就像無論任何時候，月亮在金牛座的人，都會因為居家環境事情太多覺得無法負荷、煩躁，月亮在雙子座的人卻會因此覺得精力充沛。認識自己的情感需求，這不只是自我耽溺，這對理解你對各種處境及各種人的反應也很重要。這也可以讓你知道，如何在情緒變成龍捲風之前，先脫離暴風圈。

月亮的黑暗面

當你的舒適圈變得太過安逸

我們本命星盤中月亮的位置和狀態，可以看出許多我們覺得必須被滋養的事情和情境，而這遠超過身而為人的基本需求。但是我們常困在兩種基本的情感陣營裡：一方是覺得安全的需求，另一方是覺得快樂的需求。有時候，其實常是如此，我們可以在同樣的活動中滿足這兩方的需求，就像從事一份工作可以帶來穩定的收入，而我們剛好也樂在其中。但還是有許多狀態，我們會發現自己只能滿足其中一方，那麼即使不是馬上發生問題，也會開始出現惡化。我們會發現自己的需求逐漸擴大，超過我們建立的日常生活。

情感基地和情感死胡同，這兩者是不同的。當我們安全感的來源，只能讓我們覺得安全卻不能感到快樂時，我們都面臨著同樣的挑戰，必須知道什麼是足夠，又該在何時喊停。我們的心想要魚與熊掌兼得，但必須鼓起情感的勇氣去追求可能獲得的情境，特別是當我們必須脫離一個穩定卻讓我們情感枯竭的情境。我們會因改變和冒險而心生恐懼，被剝奪某種安全感可能會讓我們不開心。然而，如果我們伸手追求渴望的東西，一種我們真正想要的東西，不開心就只是短暫的。我們如果只選擇安全感，被迫放棄渴望的東西，更可能終其一生都悶悶不樂。

情感的耽溺

希望我已經舉出具有說服力的例子，讓你注意情緒試圖向你傳達的訊息有多麼重要。尤其是長期的不快樂就像重大的警告標語，這可能要告訴你，你正在做的事情正在不斷地暗中破壞你。如果你害怕上班，嚴重到幾乎無法在早上逼自己起床，這是很嚴重的問題，也許必須正視你該做什麼，改變目前的工作狀態。但也有很多時候，我們只是不想去工作。我們到底只是偶爾需要休息，還是長期無能改善自己的情形，這兩者的差異就是本命月亮黑暗面必須面對的問題。

情感健康的關鍵，就是認識分辨——什麼只是發牢騷，什麼才是發自內心的真實指引。如果我們過度放縱情緒，那麼過度自我耽溺、亂發脾氣、發牢騷，或是表現像個無助的受害者，都會帶來非常真實的危險。若是你在潛意識裡覺得自己沒有能力或拒絕照顧自己的需求，只為了獲得你覺得自己缺少的注意力或滋養，這不只是一種不健康的行為，還可能讓你真的變得越來越無能為力，陷入孤立，對你造成不利。與此同時，你周遭的人也會開始厭倦扮演你的「媽咪」，或是繼續拯救或支持你。

人生要過得充實美滿，其中包含許多事，而我們不時需要展現自己所有最好甚至是最壞的一面。這包括從追求一份你覺得必須盡責的工作，到建立一個不僅能掛帽子放東西的家，從尋找針對人生問題的神性洞見，到只是找一個人願意聽聽你的答案。如果想做出正確的選擇，所有的起始與結束都是你的心。

本命月亮在十二星座的真性情

十二星座代表不同的性格特徵及表達風格。我們幾乎可以用任何字來形容其中一個星座，但是星座不只是一張個人怪癖清單。星座代表人生發展的道路，還描述了如何前進的過程和方法。它不只點出大膽的性格特徵，還強調學習勇敢的過程。它不只提出一種好奇、追問不休的風格，還告訴你要沿著一條開啟視野的道路前進，發現所有形式的真理。

如果想了解星座，只要記得一個基本的經驗法則：星座代表我們目前的狀態、還有我們的風格、特質和心理過程，而宮位則與生命中的活動有關，代表我們現在做的事。我們可以用名詞和形容詞來描述星座，像是牡羊座的能量帶有自然直率的風格，巨蟹座的能量則與發展滋養和溫和的特質有關。

接下來介紹每個本命月亮星座最關心的事物、核心的功課與需求。因此當你經歷每一次月亮推運時，可以了解什麼是自己的情感基礎，而且試圖把你正在學習的功課，與你的基本情感需求融合。

♈

本命月亮在牡羊座

把自己照顧好，就是表達愛的方式

你在學習用直接參與的方式選擇人生道路，毫不猶豫，也不用在事後批評自己，進而培養勇氣和自信。你不喜歡覺得虛弱或害怕，但當你的確如此時，這可能是要你必須像代表牡羊座的公羊，用迎頭面對的方式克服讓你恐懼的事（希望這沒有讓你很頭痛）。這是一種天生的本能，但你正在學習採取行動。我們小時候都比較大膽，比較好奇，因為我們還不知道有些東西會燙傷我們，讓我們受傷。當我們受傷時，恐懼會合理地發揮作用，讓我們不再重複同樣的實驗。不過當你經歷人生百態後，你的心會恢復，會痊癒，你會相信自己的原始本能，勇敢且毫無內疚地探索這個世界。這種情感的勇氣和力量並不是靜止的狀態，必然包含自我考驗，所以最重要的是把握機會。當你給自己一個機會看到自己的本質時，你將能在情感上獲得報償。

人們常把牡羊座稱為自我的星座，但這會造成誤解，讓人們對你留下自私的印象。這當然可能是牡羊座能量發揮過度的陰暗面，但這不是一種凡事都是為了自己的欲望，而是一股熱情，驅策你索取你想要的一切，你不需要道歉，或是等待別人先獲得滿足。有時候，這也許讓你看起來有些沒禮貌，但你也期望別人有自己的空間，你不用克制自己去配合對方。牡羊座是創始的星座，這代表由你自己決定，去追求自己的心想要的東西。你滋養自己的方式，就是允許自己不要坐著等待不勞而獲。

居家需求

對你而言，居家環境最重要的就是有充裕的活動空間，你可以隨心所欲做自己，可以說出自己的想法，不用擔心該如何描述一件事，也不用非常守規矩。你可能不太在乎如何布置家裡，只要家是一個能發揮作用的活動基地，可以讓你在忙碌的生活中來回往返，但是家裡有點明亮的色彩，就算有點凌亂，也是比較好的。不過，這還是要視你星盤中的其他元素而論。

感情需求

你是靠自己學習情感力量的人，所以你滋養別人的方式往往不是拍拍對方的肩膀，給予安慰，而是好玩地捶一下對方手臂，為對方打氣。你想要支持別人時，你會幫忙他們找到自己的力量和勇氣，你會幫助他們更有自信，更有能力，而不是對他們悉心呵護。這不代表你缺乏同情心，只是你滋養自己的方式就是替自己找到出路，明天繼續奮鬥，所以你的直覺希望別人也能靠自己做到這一點。你對別人長時間處於受傷狀態，或是不停地發牢騷，很容易沒有耐心。你也會像所有火象星座的人一樣，不太會長時間處於低潮狀態。

你欣賞不會膽怯的人，喜歡人們大膽又直接，不用替自己道歉，也不用為了讓別人舒服而退讓。當你看到有人脫口詛咒時，或只是在言語中擺明了不會那麼容易就被嚇到，都會讓你會心一笑。當你覺得可以向某個人自在吐露心中的想法時，你比較容易敞開心胸，信任對方，而你也不用有所保留，擔心對方無法接受和反應，會因為你的話受傷。這不代表你不友善，只是不斷修飾和拐彎抹角，只會讓你抓狂，感覺很虛假。你比較希望人們能直接說出他們的感覺，而不是使出各種把戲。所以你和重視的人相處時，比較喜歡樂趣和冒險，而不是言過其實的甜言蜜語，或是強套上一些刻板印象的浪漫。老套的開始不能打動你的心。

吸引力法則：伴侶如果教導你不要害怕表現溫柔或脆弱，你將能受益良多。

黑暗面

當你心力耗盡，情緒到了臨界點時，你可能會表現出憤怒或戒備。你會突然暴躁起來，對別人說話有些不耐煩，對踩到你神經的人或事也特別敏感。你天生習慣直率表達情緒，所以可能沒有機會多想一下或擬訂策略，就先採取行動。你要是對別人頤指氣使或不耐煩，之後可能得為此道歉。虛假或太過溫柔也不是你的風格，所以你可能很難承認一些柔軟的感覺，有時還會表現得滿不在乎或視而不見，甚至會透過戲弄別人來淡化這些感覺（當然是以輕鬆有趣的方式）。你如果能處理這些感覺，就不會在偶爾覺得虛弱或受傷時，對自己或別人不夠體貼。

你是為對抗而生的人，所以能克服擋住你的任何阻礙，無論這是其他人、你自己或生命情境。當你覺得壓抑，找不到適當的發洩管道時，你會不斷在內心累積天生的力量，燃起熊熊烈火，等待找到最微不足道的地方爆發。你會在小地方刺激或撥弄身旁的人，間接找碴想吵架。這只是因為你的天性，自然坦率比較自在，所以克制壓抑，即使是出自好的理由，也無法成為你的第二天性。

♉ 本命月亮在金牛座

穩定而規律的生活就是幸福

創造史努比漫畫的美國漫畫家查爾斯・舒茲（Charles Schulz）曾經說過：「幸福是一隻溫暖的小狗。」月亮在金牛座的你可能頗有同感。在通俗占星學中，很多人會說金牛座喜歡舒適，一隻溫暖的小狗當然能帶來這種感受，但這個概念其實是來自於你的天生欲望，想要在簡單的生活事物中安身立命。「溫暖的小狗」這種形容，其實是代表所有能讓你感受到穩定與平靜的事物，特別能帶給月亮金牛座好心情。

當你能跟隨自己天生的生活節奏時，在某個時間做你感覺對的事，你最能感受到滋養。你不只不喜歡被催促，還可能讓你覺得超出負荷，筋疲力盡。這是你很不喜歡的事，還會勾起你的本能反應，絕不妥協，想要抵抗。內心的穩定支撐著你的幸福，以及生命中的其他事物。打造這樣的基礎需要時間，所以當你聽到金牛座不喜歡改變，大部分是因為穩定的生活能幫助你自然地表現自己，感覺能與外界和平共處。當生活周遭的事物失控時，你堅固的核心可以幫助你，覺得自己可以平安度過風雨。規律的生活可以帶給你更多的滋養，其中充滿你享受的例行公事。像是每天早上在轉角的咖啡店，有同樣的人為你準備同樣的咖啡，在家附近散步時欣賞喜愛的風景，看到周遭環境慢慢隨著四季變化，或是在如田園般寧靜的週日早晨閱讀報紙，這都會讓你覺得和諧，能把心打開。

居家需求

當你的月亮落在金牛座，你需要的環境不是要令人眼睛一亮，也不需要不必要的裝飾做作。就像史努比的奈勒斯坐在南瓜田裡，你的家最重要的是能反映你的真誠與自然。脫掉鞋，翹著腳，靜靜坐在咖啡桌旁，感覺都很好；不需要擔心是否把所有事情做好，也不用擔心是否會打碎什麼東西（請容我用一句俏皮話形容：瓷器店裡並沒有公牛）。金牛座在許多方面都很親近大自然，所以你可能喜歡在家裡養寵物。你的居家裝潢和情緒氛圍，最重要的就是要讓在家裡的人都感到舒服。超級大的沙發或椅子、舒服的毯子、豐厚的質感和柔和的燈光，都能讓你覺得擁有一個美好的小窩。你也不要忘記，你本命星盤第四宮的星座和行星，也可以看出你理想的居家環境。

感情需求

對你而言，理想的關係是隨著時光流逝變得更加深入，經得起歲月的考驗。你通常很忠實且穩定，所以也喜愛同樣的對待。你因為渴望穩定，承諾就像你的第二天性，也是你的舒適圈，但你不會很快栽進一段關係或正式簽字結婚。這又回到你的另一種欲望，希望一切都是自然發生。一旦有人能進入你的生活、你的心裡、你的日常生活中，你就想把他們留在那裡（即使之後發生了一些事，你應該繼續前進，你還是希望能維持現狀）。

你可能很享受生命中一些更精緻的事物，像是在很時髦的餐廳用餐，打扮得光鮮亮麗，但沒有什麼比穿著睡衣跟自己愛的人依偎在沙發上更舒服的事了。有些人喋喋不休，或是需要安排一連串的活動讓自己忙個不停，這可能會讓你精疲力盡，因為你常需要沉默與安靜維持內心世界的穩定。所以你希望別人能有某種程度的獨立，可以照顧自己，但不是冷漠或疏離。你有一顆溫暖的心，希望關係能維持溫度。

吸引力法則：伴侶如果能教導你不要害怕改變，特別是這能帶來更好的事情時，同時可以激勵你脫離懶散或停滯不動，你將能獲益良多。

黑暗面

當你覺得受傷或心力交瘁時，就會出現關上心房的念頭，不想與人交流。舉例來說，你覺得太匆忙，或是無法站穩腳步喘一下，如果整體生活太讓人無法負荷，即使不是步調很快，只是「事情太多」，多到你追不上，你就會開始表現對所有情況、問題或機會的第一本能反應：拒絕。當你休息一下，或是在某個下午喘口氣，再次找到自己內心的平靜，這可能是很好的防衛機制；不過如果你對生活中的任何改變都是這種反應，你就會陷入一種狀態，無法有任何成長。這可能導致很單純的懶散，或是固定同樣的生活規律，無論是哪一種情形，當狀況必須改變時，都會為你帶來問題。

通俗占星學提到金牛座的「錯誤」之一，就是物質拜金傾向，這並不一定是錯的，但一定會令人誤解。你當然很享受精緻的東西，因為它們能帶給你愉悅和舒適，但這不是簡單的貪婪。當一個人蒐集物質的東西時，也可能是一種表現外在安全的方式。你擁有的「東西」越多，就覺得越安全，越與外界隔離。金牛座對人也會有這種傾向，這就是金牛座典型的占有慾。最重要的是你自己內心夠穩定，有足夠的自信，才不會過度依賴外面的事物來維持同樣的安全感。

♊

本命月亮在雙子座

渴望和對方有聊不完的新鮮事

你渴望盡可能地學習，會貪婪地從書籍、經驗和人們身上汲取資訊。雙子座就像天蠍座一樣，渴望發現並認識所有事情，但雙子座比較注重廣度，而非深度。舉例來說，你可能比較喜歡如前菜般的淺短訊息，就像一連串的標題，而不是冗長的新聞專欄。這不代表你無法堅持任何事情，無法定下來，只是你有很多地方要顧。當你同時做三件事時，可能是你最開心的時刻！你會維持像小孩子般的好奇心，發現新事物可以讓你心情雀躍。發現和解開一個謎語的過程，不只能帶來樂趣，也是你滋養自己的好方法。分解東西這件事，無論是分解器具或是一個想法，都會讓你很興奮，因為這讓你有機會把玩一個東西，也許是用其他的方式將它組合，或者只是自己摸索學會如何把東西重組恢復原形。你有科學家的精神，喜歡實驗。你有本事解決問題，答案也許會改變你自己或別人的人生，就像科學家尋找一種治療方法，或是發明家發明某種東西滿足大眾的需求，讓生活更美好，更快樂。

你就像天秤座一樣，可能很享受一場良性的辯論，或者只是玩弄想法和文字，把事情放在心裡反覆琢磨，再以新的方式呈現，就像是一個謎語或一部機器。你天生喜歡發問，而這是你的本性。我曾經聽過一位占星師形容雙子座是「異端份子」，因為他們會質疑「當權派」。一個答案如果沒有理由或根據，你絕對不會對答案滿意。公式化的答案也不能令你滿意。對你而言，那顯然是要滿足膚淺或無知的人。

即使你的本命星盤中有一些比較強烈或嚴肅的能量，你一定有輕鬆甚至好玩的一面。你可能喜歡逗弄別人，對別人開一些無傷大雅的玩笑，而你特別喜歡機靈，因為這可說是惡作劇的表親。我有一個月亮雙子座的朋友是雙關語大師，他最喜歡當他講了一個特別噁心的雙關語時，別人發出作嘔的聲音。你可以從月亮在本命星盤落入的宮位，看出你喜歡用什麼方式運用心智，或是如何利用你天生的過分好奇來學習新事物。不過這總是充滿樂趣，也可以擴大你對周遭的覺知，而這正是你不斷滋養自己的心的方式。

居家需求

你很喜歡在家裡從事很多活動，這可能是有人進進出出，也可能是有很多玩具或東西可以玩。我們還要參考你的本命星盤中的其他配置，你如果很喜歡出門，流連外面的花花世界，就可能不會花很多時間在家。只要把家裡裝飾得很有趣，你就會覺得很舒適。甚至可能很喜歡四處移動家具，或不斷改變裝潢，讓環境煥然一新。你可能發現自己最後堆了一堆東西必須清理，或是因為你已經在做下一件事，只好稍後再把東西歸類整理。

感情需求

對你而言，無論在任何關係中，溝通都扮演非常重要的角色。當你覺得被聆聽、被理解而不只是被愛時，你才覺得跟對方最貼近。很多時候，你感興趣的溝通可能不是向伴侶吐露你的感受，或是他們和你談論對這段關係的感覺。說話本身只是一種機制，可以創造一種愛和親近的感受。一來一往輕鬆聊天的能量，可能會比明顯沉重的話題，發揮更深刻的影響力。

人們常說雙子座善變，特別是月亮雙子座的人。的確如此，因為你喜歡新的經驗，而你的心情會隨著興趣改變。因此對你而言，在任何關係中還有另一個重要關鍵：更新。當關係停滯不前時，你們會做同樣的事，講同樣的話，這會讓你覺得浮躁又無聊。所以你不只需要一個喜歡改變的人，也需要一個夠有趣的人，讓你永遠可以在他們身上找到新鮮事，讓你對他們保持興趣。所以一個人如果沒有一點好奇心，沒有絲毫的冒險精神，就可能不太適合你。

吸引力法則：伴侶如果能教導你堅持投入一或兩種興趣，久到能深入享受，而不只是表面功夫，你將能受益良多。他們也可以幫助你在心智枯竭之前，學習如何先讓自己穩定下來。

黑暗面

當你覺得心力交瘁時，你會發現自己很難專注，體內天生的躁動能量會瀕臨沸騰點。你可能很難應付天生的好奇心，感覺好像被好奇心牽著到處走，卻無法長時間專注在一件事情上。當你沒有好好照顧自己時，會覺得無法駕馭自己的好奇心。過度刺激卻不專注，也會很快讓你覺得心力交瘁。

如果將你定型，說你對任何事都無法堅持，這並不公平，而這可能是一個弱點。因為你的天性就是要去發現，所以會被好奇心驅策，而當你滿足好奇心後，很快就會覺得無聊了。這在道德上並沒有什麼錯，不過可能帶來不便，特別是當你必須完成一個計畫，或是承諾要完成一件事，但你已經不再著迷，也不再好奇。

♋

本命月亮在巨蟹座

愛的天性，使你付出比接受的多

你可能聽過巨蟹座的象徵符號是螃蟹，因為你的內心世界如此強烈又脆弱，所以需要某種「殼」來保護自己。要你揭露自己的內心世界，這是很容易受傷的，即使你知道環境很安全，也已經建立足夠的信任感。巨蟹座另一個常見的符號就是母親，在過去，通俗占星學很容易認為所有巨蟹座都喜歡在家和家庭，他們一定會想要有小孩才會有成就感，或者至少要有一座花園。我們一定聽過月亮巨蟹座的人想要小孩！但你如果不想要有小孩，或是沒有綠手指，難道你就很不幸嗎？當然不是。

有關巨蟹座的傳統詮釋和描述，常會提到對滋養的渴望，你希望透過保護、鼓勵和愛，幫助事情成長和療癒。當你覺得能庇護、愛和滋養任何你想要付出真心的人事物時，就是你最快樂的時刻。你正在學習讓感情和想像的主觀內心世界激勵自己，用你的心，而非理性分析，更加認識自己。你也正在學習如何保護自己脆弱的內心世界，如何敞開內心去愛和被愛，努力在這兩件事之間取得平衡。

居家需求

巨蟹座就像金牛座一樣，需要一個家，讓人覺得很自在，很放鬆，所以這可能像一個小窩。家裡應該充滿舒適和安全的氣氛。你可能喜歡在家裡養寵物，家裡可能四處放著多年來收到的紀念品、小裝飾品和禮物，但也要看你喜歡把東西擺得多凌亂或多整齊。月亮巨蟹座就像摩羯座一樣，可能很欣賞古董，還有傳承久遠的物品，特別是在自己的家裡。所以你的居家裝飾可能有一些家庭的物品。家中的燈光、味道和顏色，通常能傳達一種溫柔的感覺。

感情需求

當你在自己的環境裡很自在時，特別是在你的家，或是讓你覺得是自己領土的任何地方，你通常很和善，會關心每個人。不過當你真正在乎一個人時，你會把他們當成家人，對方可能是朋友或愛人，你就很常會發現自己是朋友圈裡的保護者和照顧者。你也可能很喜歡把自己所愛和信任的人帶到家裡。當他們到你家時，你很喜歡照顧他們，提供他們吃喝，或是任何你能提供的東西。

當你覺得被滋養、被照顧時，你會一直很感激，總是很溫柔。你真的喜歡運用關心和敏感，願意為對方多做一點。你的記性可能特別好，特別是當你記得某件帶有情感成分的事，像是你愛的人的生日，你會替他們慶生，但這還是要視你本命星盤的其他元素而定。你會特別照顧自己愛的人，所以當別人也對你做同樣的事，這會帶來改變。當有人真心關心你的感受或你想要什麼時，對方沒有在你準備好之前就超過界線，也沒有試圖刺探你，逼著你敞開感情的大門，你也會覺得被愛。你需要自己的空間，但不是冷漠或忽略。

如果有人知道愛會受傷，那個人非你莫屬。不過你的天性就是去愛，所以你將會面臨的挑戰可能不是如何愛人，而是要讓對方也愛你。對你而言，要你被看見，表現脆弱，展現柔軟的一面，可能遠比去愛、去照顧別人更加困難。但是當你只是單方面付出時，你會覺得被視為理所當然，覺得很孤單，好像沒有人看見你，或是想要看見你。你會越來越憤怒，你也很難理解怎麼會造成這種狀況，好像你從來沒有表示你需要一些關心，好像你不需要照顧自己。你會覺得自己正給出一些「線索」，或是你的需要已經非常明顯，但是事實通常並非如此。所以儘管你很害怕，為了雙方好，你還是要說出口。

吸引力法則：伴侶如果能教導你如何信任自己，信任生命，足以讓你走出自己的殼，同時教導你如何放手，如何給那些曾經傷害你的人另一個機會，進而原諒他們，無論對方是不是故意的，你將能獲益良多。

黑暗面

當你覺得心力交瘁或受傷時，你的本能是縮回自己的殼裡。這可能是件好事，因為當你退縮到一個安全的地方時，你可以讓自己痊癒，才能準備好再次走出來。不過，如果你沒有走出來，允許自己被愛，足以讓關心你的人看見你，或是當你必須為了別人或自己的需求留在現場，與別人談談，你卻退縮沉默，這就很危險了。你不喜歡對抗，如果能冷靜一下，重新整理自己，這將很有幫助。但你這麼做，如果只是為了逃避某個不明確的問題，你的內心只會越來越痛苦。螃蟹有一對螯可以牢牢抓住東西，不願意放手。所以，如果你放任不管，殼裡可能塞滿許多未結束的事情和過去的怨恨。然而，如果能偷偷向外望一眼，至少敢讓某個人知道你受傷了，這就可能打開療癒的大門，而這通常會讓你們的關係比一開始更緊密。

因為你的內心世界如此豐富，你與自己的情感、本能和想像力如此緊密連結，你可能非常主觀。有時候，你的感覺如此強烈，讓你忘記並不是所有事情都發生在你身上，而當某件事真的影響你時，你可能沒有意識到，那件事可能不是針對你，不是故意要傷害你。當你只憑直覺時，就可能在別人的話裡或習慣裡挑出弦外之音，很容易沒有客觀地分析始末，就推測某個人的話和行為有何意義。這也就是為何你要盡可能地直接提問，利用你天生的直覺去安慰受傷的人，幫忙釐清誤解。

♌

本命月亮在獅子座

幫助對方強大，就是愛的表現

獅子座的符號是叢林之王獅子。獅子不是暴君，而是具有領袖及慷慨的氣質。你會因為心胸狹隘、羞辱或嫉妒的表現受傷，無論是你看到這些表現或是自己的體驗，因為你不喜歡自己或被別人覺得渺小。當你把心打開時，當你用心參與時，就彷彿散發陽光的溫暖：每個人都會被光照耀。你天生具有一種能力，可以向我們示範如何一路在過火、古怪又不完美的光輝下，展現自我及自我喝采。你正在學習信任並參與生命，學習展現並表達自己，不要害怕會發生什麼事情。你的愛情如果很戲劇化，是因為當你沉浸在一個經驗中，感覺就像是被狂風席捲而過，而這可以鼓舞你的心。

因為我們談的是月亮，月亮代表內在和私底下的自我，所以你可能不是那種在派對中隨時有一盞燈打在頭上的人（除非你的星盤也加強這種傾向）。即使是月亮獅子座的人也可能會隱藏自己的光芒，等到感覺安全時才會顯現出來。你就跟所有人一樣，當你在表現自己時，也會害怕被拒絕。有些人即使等機會來時也喜歡遠離鎂光燈，避免成為焦點。但是，你必須在有能力的時候展現自己。因為你的月亮是獅子座，你的心具有太陽的能量！所以當你閃閃發光時，你散發的所有光芒都會反射在你身上。這不只是你會變成注目的焦點，你還會用戲劇性和表演激勵別人！當有觀眾鼓掌時，無論是實際或象徵性的掌聲，你的心都會因此雀躍歡唱。

居家需求

就如一句老話所說，你的家必須是你的城堡，一個適合接見訪客的住處。如果你的星盤的其他條件也有類似傾向，你可能很喜歡在家從事娛樂活動，像是幾個朋友一起玩遊戲或看電影，或是大型的活動。這不只讓你有機會炫耀，也讓你可以展現自己最好的一面，也就是鼓勵別人享受自己，澈底放鬆，享受一段美好的時光。你的家最適合戲劇性、大膽的顏色，充滿豐裕和奢華的氛圍。

感情需求

你很喜歡對心愛的人表達愛意，可能實際地送禮物、度假或獻上一首詩，也喜歡同樣的回報。你需要一個可以一起玩的朋友或愛人（想像兩隻貓咪一起玩鬧，互咬互追）。太嚴肅的人，或是因為太害怕而不敢投入當下的人，或是太堅持做自己的人，都可能覺得跟你很有距離。不過你滋養別人的方式是幫助別人變得更堅強，幫助他們覺得自己很重要，很值得，而你知道有時候人們只需要一點鼓勵去享受自己、信任自己。

對你而言，覺得被欣賞是很重要的事，這不能是因為你為對方做的事，而是因為你這個人。你如果被伴侶忽略，無論對方是故意的，或只是很忙，或是有事纏身，這是最直接傷害你的一種方式。獨立很棒，你不喜歡任何人太依賴，不過獅子是成群行動的！對你而言，互相關注對方，是建立信任感很重要的一環。培養一群朋友，大家可以玩在一起，能帶給你很多滋養，這勝過於一對一的朋友關係，但這還要視你星盤中的其他元素而定。

沒有人敢當著國王或皇后的面取笑他們，而你真的不欣賞輕視或貶低的行為，即使只是鬧著玩。你喜歡盡可能地玩樂和戲弄，但如果其中有不尊重、嘲笑或殘忍的弦外之音，將會破壞你的信任感，傷害你。有些人比較憤世嫉俗，或是幽默中帶點傷人的意味，如果太過頭了，也會讓你覺得心力交瘁。

吸引力法則：伴侶如果能溫和、尊敬地教導你謙卑，教導你即使是沒人替你鼓掌或了解你，你還是要有勇氣做自認為對的事，你將能受益良多。

黑暗面

人們對獅子座最典型的抱怨就是傲慢。不過，如果你表現出自負的行為，其實代表你很沒安全感。我們所有人都有情感的防衛機制，用來保護自己脆弱的內在，而有些人喜歡完全隱藏受傷或脆弱的一面。你很渴望當一個特別的人，而當你必須分享內心世界時，一定是很有價值的事；所以當你受傷或沒有安全感時，你常會過度補償，假裝自己不會受傷。這是很好的防禦機制，不過通常會有反作用。你身旁的人會用更負面的方式對待你，對你造成更多傷害，造成一種永無止盡的循環。

你渴望正面的關注和回饋，這會形成一種內在的壓力，因為你為了被注意，會去取悅或迎合一些對你有期望的人。如果你太長時間都是出自這樣的動機，也會有反作用，因為你不會真正覺得別人是因為你這個人而注意你，欣賞你，而是因為你為他們做的事，或是表現出他們想要的樣子。你要知道，當你因為自己真實的光芒閃閃發亮時，對的觀眾會發現你，而你可以吸引到適合自己的玩伴。

每個人某種程度都會演出自己的內心戲，你也一樣，但你很容易把人們當成你生命中的配角。這可能並非你的原意，但有時你可能無意識中忽略了別人的需求，這可能是有點太霸道，或是為了達到自己的目的操縱別人，或是讓別人等你。你不需要為了在這個世界占有一席之地而道歉，不過也許你應該意識到，你正在侵犯別人的空間。

♍

本命月亮在處女座

不說甜言，只在意能為對方做什麼

人們對處女座最典型的刻板印象，就是緊束髮髻的女圖書館員，噘著嘴，一副不以為然的模樣，還有一個乾淨到發亮的房間，裡面放著按照字母排列的CD收藏。這個概念源自於月亮處女座對秩序感的真實需求。在按字母排列的背後其實藏著更深刻的真理：將外在的事物排列有序，其實是源自於內心的控制欲望。我們很容易把控制想成負面的，就像會有「控制狂」或「支配慾」等字眼，當然有可能是這樣，不過控制也有正面的，像是「自我控制」或「受控制的混亂」。你的月亮在本命星盤落入的宮位可以提供很多線索，看出你最需要控制的生命領域，不過這裡的底線在於當你覺得能跳脫混亂時，而非被混亂控制時，你能更自在，更平靜。當我們描述月亮處女座的態度時，「先發制人」是一個很好的字。

你需要覺得自己正在一條自我改進的道路上。你內心有種焦躁不安，而這帶來的副作用就是完美主義。這是一股飢渴，逼著你向前走，要你離開沙發去工作，把每一天過得更好，不要浪費任何時間。當你積極改善自己時，這將會是最快樂的時刻，而且當你沒有這麼做時，你很顯然會不快樂。

你有很深刻的需求，必須感覺「被需要」，特別是一種你能運用的天賦或技能，可以用在別人身上。你對自我改善的欲望可能只是更欣賞自己，更以自己為榮，但這常表現在追求一種特別「有用的」技能或學習道路——某種你可以改變方向，然後提供給他人的事物。我曾經看過，月亮處女座的人，透過找到自己的天職或是練習個人技藝的方式，改善他們的人生，即使這是很卑微的事，無法賺到很多錢。對你而言，快樂就是對世界有實際的貢獻，而這可以加強你的能力和目標感。

居家需求

月亮與我們的居家環境有關，我們可以從——月亮知道什麼樣的居家環境能提供你最好的庇護和滋養，然後來討論「清潔」這個刻板印象。你的家可能不是隨時保持一塵不染，不過如果你讓家裡不要有亂丟的東西，心情可能比較好。你需要對家裡發生的事有某種程度的控制，像是進出家裡的人、在家裡進行的活動。這不是要你當老大，如果你與別人同住，你就必須真正地分享。不過要是你能預期家裡會發生什麼事，即使只是與室友有個粗略的行程表，都可以幫助你放鬆，展現處女座的適應能力。

感情需求

如果要你對某個人敞開心房，他們必須非常務實、腳踏實地。我們還是要參考你的本命星盤的其他元素，你可能不太喜歡一堆絨毛玩具和甜言蜜語。不過，如果一個人實在、誠懇，可以幫助你覺得更容易與對方相處。你常常意識到自己的缺點，當你告訴另一個人自己的缺點時，可能意謂著你與對方開始建立有信任感的連結，或是有這個人在場時，你覺得很自在。

當你表現對一個人的關心時，你會問對方，能為他做什麼，或是直接做。當一位朋友遭遇困難時，你可能會給對方一個同情的擁抱或是傾心聆聽，對你而言最實際的方法就是，幫助他們面對問題，同時希望能解決問題。你不只很喜歡實際協助自己愛的人，這對你的關係而言，也是不可或缺的感情元素。感覺被某個人需要，可以加強你的價值感，讓你覺得自己對某個人而言很特別。你常會非常努力，讓你所愛的人覺得不能沒有你。

你具有批評分析和解決問題的天賦，因此你常能看到必須做什麼事。不過在愛情中，你的伴侶如果是不同類型的人，那麼你所謂的「有用的回饋意見」，對他們而言反而像是殘忍的批評。由於處女座的分析本能，你很容易忽略自己話中帶有情感成分的弦外之音。舉例來說，如果你因為覺得找不到有邏輯的、合理的理由生氣，就可能否認或忍住憤怒。自我控制是件好事，但如果控制得太過頭，只會變成蓄勢爆發的火山，造成傷害。你要謙卑地意識到自己沒有說出口的暗示，還有你說的話的意思，就可以幫助你減少傷害。

吸引力法則：伴侶如果能教導你如何放鬆，不要對自己（對別人）太嚴厲，你將會受益良多。最常見的做法就是對方透過自我接受，向你示範什麼是同情，而且不論你做錯了什麼還是愛你！

黑暗面

月亮講的是感覺，而不是思考。如果月亮會思考，你的處女座月亮會把你所有做錯的地方都想一次，告訴你錯在哪裡。當它做完這件事後——所謂的做完，也許只是因為超出負荷無法繼續這麼做——它就會開始思考其他人有什麼地方做錯了。任何星座在內心醞釀的情感風暴，大部分都是他們天生力量的副作用。對於月亮處女座而言，你天生的能力就是發現缺點，這是一個很好的工具，除非你不知道何時罷手。你會不斷在內心對話，這可能只是背景音或是字字清楚，你會詳細列出自己今天做錯的八件事，這也許是你沒有把握某個可能的機會，或是你沒有把一項任務做到完美。因為我們談的是月亮，所以你通常沒有意識到這個過程。不過，如果你偶爾仔細地聆聽一下自己的心，就會抓到你正在威脅自己，對自己說一些下流的話。我們每個人都會這樣，但處女座的風格是不斷分析失敗，一個接著一個，不斷批評自己。如果繼續下去，你就會開始批評身旁沒有達到你的期望的人。

我們常把「見樹不見林」這句話套用在處女座身上。當你懷疑自己的潛力，因此心神不寧，而且沒有受到鼓勵時，你可能無法承認自己已經把事情做得很好了。你對自己的表現總會有些批評，即使你已經因為治癒癌症獲得諾貝爾獎，還是會對自己在其中扮演的角色有些負面評語。因此，不妨對自己這種傾向一笑置之，這是一種放鬆的好方法，而你只需要為自己感到驕傲。你的本能需求就是朝著自我完美而努力，但如果你變得過度批評自己，可能會讓你無法負荷，完全無法成長。此外，如果因為害怕做錯，就完全不去嘗試、毫無作為，只會造成雙重打擊。

♎ 本命月亮在天秤座

聊不來的人，再怎麼愛也不行

我們有時會把天秤座稱為「關係」的星座，這可能真是如此。當你能與一個人來回交換意見，了解對方的看法時，或是有朋友或愛人一起分享經驗時，你就會覺得受到滋養。當你發現你的另一半也樂在其中時，你就會覺得更有樂趣。你會覺得說不上為什麼，一加一就是不只等於二。所以人們當然會認為天秤座就是關係的星座，這不代表你要變成某人的女朋友或男朋友，否則就是不完整的；比較像是努力找到與某個人產生連結的特殊動力。我們如何融洽相處？我該在哪裡停手？你又要從哪裡開始？當我們想要不同的東西時，要聽誰的？什麼是公平？光有愛還不夠，與別人分享自己是需要協商的。這不只是兩個人的談判，而是任何事情之間的「兩面」協商，其中也包括想法的協商。

毫無意外地，象徵天秤座的符號，與象徵正義的符號是一樣的。你也許很容易或是無意變成糾察隊，不過這世界上的不公不義，甚至只是發生在你的社區裡，都可能讓你心碎，讓你生氣。你知道沒有事情是非黑即白，而你的本能反應就會試圖平衡單方面的觀點。當你的月亮在天秤座時，你具有一種本能，可以嗅到哪裡失去平衡。你可以意識到是否因為有人生氣或受傷，或是人們針對某件事情只提出了一種觀點、沒有公平地看到另一面，空氣充滿了緊張氛圍。當你學會如何維持內在的平衡時，你就能找到快樂。你必須為公平而奮鬥，或是學習在生命的混亂中穩住自己。

居家需求

對於月亮天秤座的人而言，家必須是個和平之地。你對周遭所有事物都很敏感（像是所有社交場合隱藏的意義，或是為了讓外界所有事情都能流暢進行，能融合在一起，導致自己筋疲力盡），所以當你回到家時，你需要覺得在這裡，你可以把自己的秤再次歸回中間點。家裡的緊張或混亂一定會把你掏空，讓你覺得毫無後援。

任何美好的小東西，為生活增添一點奢華感，都能帶來截然不同的影響，像是晚餐桌上的鮮花，或是下班後與生命中重要的人放鬆一下，一起喝杯酒。金星對天秤座的影響會提升對美麗事物的享受，所以你的居家裝潢可能到處充滿令人恢復活力的氛圍。

感情需求

月亮摩羯座和月亮天秤座，都很重視他們在關係中是否受到尊重，但是月亮摩羯渴望的是尊嚴，月亮天秤座渴望的是對話。你需要朋友或愛人就像你一樣，記得在關係中有兩個人。令人愉悅的老派騎士風度，會讓月亮天秤的人覺得受到照顧。這不是指特定的性別，當時只有男士會為女士開門，約會時付帳。這也不是要削弱女性的權力，當時的女性都很安靜，很無助。這只是一種得體、禮貌和態度，而這一套對你而言，一直很受用。即使在衝突中，這是任何重要關係無法避免的事，互相體貼對方也是上上之策。你無法信任一個只顧自己的人，一點也不考慮你的立場，對你說話不尊重。

你可能非常擅長爭論或辯論，因為你可以看到其他的觀點。雖然當你勇於表達異議時，這是一種信任的表徵，但在情緒激動時扮演魔鬼的代言人，其實會讓人非常生氣，也不值得。在這些時候，渴望爭取公平只會促成對立，而非理解，雙方都會越來越激動，試圖證明自己的觀點，沒人想要妥協，只想要贏。如果你的星盤的其他元素比較沒有衝突的傾向，你可能會因為完全避免吵架而變得很脆弱。你會避開問題，不讓愛人或朋友看到問題，希望藉此消除緊張氣氛。但逃避就是讓一個小問題變得更糟的最快方式，因為其中有一股能量無法發洩，只會反彈到你身上。避免衝突可能只是反映了你不想顯得自私或心胸狹隘，不過，有時你太容易想到另一個人的觀點，反而會忘記自己的立場。

吸引力法則：伴侶如果能教導你不要害怕表達不受歡迎的意見，試著找到意見的和諧點，不用努力讓每個人都喜歡你，你將能受益良多。

黑暗面

因為你能覺察別人需要什麼才能覺得舒適，再加上你天生有能力看到每個人的觀點，所以你常會發現自己站在中間，試著調解。如果你是法官或婚姻諮商師，這麼做當然是件好事，不過如果你是因為強烈渴望取悅每個人，導致自己陷入衝突之中，你只會左右為難。最後可能必須扭曲事實，或是扮演雙面人，讓每個人都覺得你站在他們那一邊，這不只會讓你心力交瘁，也注定行不通。知道如何劃出清楚界線，是很重要的。你也要知道，即使你試圖取悅所有人，還是無法讓所有人都稱心如意。

當我們面對一個用邏輯或是利弊清單都無法釐清的問題，人們常會建議我們「跟著你的心走」，不過對你而言，你的心就像是困惑的來源！你的情感幸福，奠基於在事物之間找到自然平衡，這代表你總是可以找到一個贊成的立場贏過一個反對的立場。不過，壞處就是當你要做出一個決定時，你會一直猶豫不決，不斷猜測自己。對付這件事的方法就是，很快列出你目前的狀態，包括生理和情感等狀態。當你失去平衡時，通常是因為你有一種或許多需求沒有獲得滿足，這種搖擺不定的傾向就會變得更明顯。你需要生活中有一種平衡感才能覺得滿足，如果有人在此刻腳步不一致，你就很容易失去重心。任何事情都可能讓你內心那把秤偏斜，像是與一個朋友吵架，至今仍苦惱不已，或是疲憊或飢餓等極端的生理狀態。如果你可以應付，就能再次找到內心的天生智慧。

你也許必須承認，當你選擇通過一扇門時，就必須關上另一扇門。當你害怕做錯事情時，你可能很難認清這一點，但是不選擇的結果只會更糟。你要找到方法，從中擇一，其餘的就放手。

♏

本命月亮在天蠍座

寧可因真相受傷，也不可以被騙

如果說天秤座的正義是盲目偏頗的，那你就像是在學習把矇住視線的東西拿掉，真正看清楚正在發生什麼，即使真相是不公平的、嚇人或醜陋的。你有一種想要知道的強烈本能，但這跟風象星座的想要知道並不一樣，像是雙子座。你追尋的不是事實，而是生命真理的真實本質。就某種意義而言，滋養你的並不只是母親在你入睡之前的晚安吻，還有你床下面的怪物。這不代表你不害怕怪物，而是你已經知道它們就在那裡。所以要你像大部分的人一樣把它們藏起來，或是假裝它們並不存在，對你而言一點也不舒服。你渴望真理、深度的經驗和生命的全部，不只是輕鬆的表面。

榮格曾說：「一個人沒有通過自己的熱情地獄，就不算真正地克服熱情。」你的心會被熱情的經驗滋養，這不是透過逃避混亂或改變，而是你必須通過這些經驗，允許它們把你逼到極限。鳳凰的力量就是最美麗的代表。鳳凰是神話裡的一種鳥，它會燃燒自己，向死亡屈服，之後獲得重生，澈底改變自己。你可能也會害怕改變或失去帶來的深刻心痛，但你也渴望轉變。榮格曾說：「我寧可選擇完整而非美好。」完整就是你對生命的追求。

居家需求

對月亮天蠍座而言，隱私可能是一個令你舒服的因素，無論只是一個上鎖的房間，或是一個藏身在私人圍籬後面或偏離平常通道的家。要你跟不信任的人住在一起，可能非常困難，所以你如果無法在需要的時候輕易地封閉自己，跟室友的相處就會充滿挑戰。至於你的居家裝飾，你可能偏好大膽的顏色和戲劇化的表達，反映出深度和熱情。

感情需求

在關係中，你需要朋友或愛人能承受熱度，可以（至少要願意）應付你火爆又善變的一面。感情比較溫和的人，還有無法應付激烈或無法聽見事實的人，都無法長時間跟你相處。你必須能說出禁忌的事，令人不安的事，不只是善良美好的事。你必須能夠真實赤裸裸地面對一個人，不用覺得自己必須有所保留。

你必須感覺一個人對你完全誠實，你才能信任他們。你寧願因為真相受傷，也不願意被騙。你不想要一段禮貌或優雅的關係，你想要熱情、憤怒、狂喜、完整且澈底的經驗，而你也會用這種方式滋養別人。你的療癒方式不是用繃帶包紮或是一個吻，而是面對真相的療癒力量。當你這麼做時。你是獨一無二的，因為有時只有你能處理一些生命的黑暗面，而對方必須坦承這些東西的存在，才能被治癒。

你會把強烈的情感轉為承諾，當你想要一個東西時，你會全面投入，包括你的身體和心靈。很多人會用迷戀這個字形容天蠍座，的確如此。因為你需要密切關注你非常渴望的人，你會迷失在他們其中，這會導致某種程度的迷戀。當他們不在你身旁時或是關係結束時，你就會失去控制。這是如此深刻投入的副作用，但是對你而言，對於任何事情，除了全面沉浸在其中，沒有其他方法，這包括對一個人，你必須真正地認識並體驗他們。

你對關係的欲望很容易變成侵犯朋友或伴侶的界線。當你被迷戀控制時，像是你想要知道你認為對方沒有告訴你的事（即使只是因為他們沒有準備好），你想要知道的強烈念頭可能會增強為懷疑，你就會變成不受控制的偏執狂。你很善於覺察表面下有事情發生，但你可能很容易負面思考，總是預期最壞的事情發生。如果你任由恐懼讓自己抓狂，可能會逼走重要的人，或是因為不尊重他們的決定和需求，對他們造成很深的傷害。

吸引力法則：伴侶如果能教導你如何真正地放鬆心情，不只是戴上假笑容，而是即使身處黑暗中仍能帶著希望與光明過日子，你將會受益良多。

黑暗面

鳳凰只能從希望並渴望誕生的欲望中獲得重生，讓自己改頭換面，繼續成長。當你發現自己心力交瘁時，你很擅長看見的厄運和陰暗會開始在心中累積，讓你覺得更焦慮。你每天早上會越來越沒力氣起床，無法讓一切重新開始。每一個人都會死亡，每一個人都會受傷。儘管你天生很容易看到黑暗，但你就跟所有生命曾經受過打擊的人一樣，你也會害怕，你也會有很深的厭倦感。此時意謂著你需要有更多的力量幫助自己，幫助其他人去面對生命。當這種陰晴無常的心情揮之不去，你怎麼都覺得活著毫無意義時，你很容易陷在情緒裡。有時你可以說服自己，你只是比較務實，但這常變成對生命的抗拒。在你從灰燼中欣喜重生之前，所有的衝擊和燃燒有時會痛苦地讓你無法承受。然而，你天生就能承受。你要在光明中找到一些平衡，你要信任光明，這只是黑暗的一部分。你要努力地展露笑顏。你要再一次地重新改造自己。你要擺脫過去的自己，顛覆生活，然後獲得新生。

當你受傷時，你的本能可能是反擊，或是澈底切斷傷害你的東西，或是與其相關的所有事情。你就像代表天蠍座的蠍子一樣，你如果選中目標，很擅長刺痛對方，因為你有能力看到表面下的真相，這讓你擅長看到對方防禦之下的弱點，你就能一針見血，切中要害。就如我說過的，浴火鳳凰也是天蠍座轉化特質的良好象徵，不過這種非有即無的燃燒消耗，無論是燒毀你周遭的橋梁或是燙傷你身旁的人，之後你都會覺得遺憾。你的感情如此強烈，只有當你能冷靜下來把事情想清楚時，才可能出現寬恕，但是這種燃燒的後遺症會持續很久。當你心中懷有怨恨，或是執著於某個過去的傷害，這只會燒盡你自己的心，還有你身旁的人。

本命月亮

♐

本命月亮在射手座

愛自由，跑得比獵物更遠的獵人

你擁有一個探險家的心。無論是生理或心理層面的探險，對你而言，能自由體驗，跟隨著心的方向走，就是快樂的來源。你擁有樂觀的天賦，可以看到有些人們看不到的可能性和潛力。有些人覺得樂觀就是天真或愚蠢，但這種可能性的感覺不僅能帶給你樂趣，也能讓你更自由地用自己已經擁有的東西賭一把，換取更好的東西，讓你更延伸自己，抵達別人害怕嘗試的高度。

你在學習相信自己、相信活著這件事。你不僅相信活著是有價值的，甚至相信災難也能挽回，變成一個跳板。你會發現當你相信自己的直覺時，通常都能把事情做好。勵志演說家萊斯・布朗（Les Brown）曾說：「瞄準月亮，即使你沒有登陸月球，仍將置身於群星之中。」你不介意一個粗略的大綱，計畫和嚴格的時間表會讓你覺得綁手綁腳。你就像射手座星群的弓箭手，你只需要瞄準，然後出發。有時當你根據規則或傳統做事時，你會覺得這遠比你跟隨著自己的心意走而失去更多！你只有透過直接體驗，才能真正感受到自己的某種直覺，所以你知道如何出人意表，讓朋友抓不準你。

射手座有時也會被稱為哲學家，這讓人聯想到穿著袍子的人站在人們身旁發表演說。不過，這比較不像演說，而是一股追求各種經驗的渴望，讓你忍不住擴大視野看到生命和人們的真相，不僅限於個人孤立經驗的體悟。你要盡可能常常地走出自己的角落，睜開你的雙眼，讓自己感到驚奇，這可以提振你的心情。把旅行套用在射手座身上，是我少數真正贊成的星座的刻板印象。我還不曾遇過任何一個月亮射手座的人，不渴望某種形式的旅行。無論是非常遙遠的距離、極為奇特的國度，或者只是不熟悉的景象，你的心都會為個人未知領域的可能性雀躍不已。

居家需求

月亮射手座的家裡可以有任何東西。射手座常被稱為最隨和的星座能量，可能是因為射手座深信所有東西都知道該如何解決。盤子總會洗好，無論是在明天或禮拜四，無論是你洗還是我洗。這不代表沒有事情可以惹惱你，或是讓你心力交瘁，但你比較不會像有些人一樣自尋煩惱。你也許不在意和別人分享你的家，甚至不排斥像遊牧民族（這也是射手座的另一個象徵）一樣把家扛著走。

對於居家裝潢，你可能很喜歡加入來自全世界各地的元素，無論是你覺得有趣或漂亮的東西，或是你在旅行中蒐集的紀念品。這可以提醒你在這個廣大遼闊的世界裡，還有更多事情值得探索和學習。

感情需求

我們可以這麼說，你對找朋友和愛人的積極程度，比不上你找玩伴和探險夥伴的興致，這些人會欣賞並給予你渴望的自由，讓你可以跟著自己的心走。有些人會害怕地抓住已知的一切，或是對你有刻板的期望，這可能會讓你關上心房，或是逃之夭夭。

火象星座（也包括牡羊座和獅子座）以表達直接聞名。當你的月亮在射手座時，你會覺得不需要掩藏自己的感覺，不需要道歉或感到羞恥。當你能與朋友或愛人直接溝通，不必因為他們在說話時有所保留，彼此可以自由又開放地交流，最能激起你的信任感。

再提一次射手座典型的隨和天性及恢復能力。即使當你受傷時，而你的本能可能會置之不理，試圖恢復，而且常常速度太快了。你天生的本能是不要陷入糾纏，因為這可能讓你心情沉重，所以你可能會傾向於避免衝突，或是閃避平常生命中會出現的一些比較強烈的感受，特別是在愛情裡。無論如何，如果一段關係帶有開放的特色，這可以幫助你留在一段關係中，與你相信可以包容的人分享感覺，而對方也不會覺得受到威脅，產生不安全感。

吸引力法則：伴侶如果可以讓你知道親密感和承諾不代表犧牲自由，教導你偶爾要三思而後行，你將可以獲益良多。

黑暗面

因為你正在學習如何相信自己和自己的經驗，你很可能因為過度自信隱藏的陷阱而受傷。儘管「讓我們試一下，看看會發生什麼」這一套通常很管用，但有很多時候你可能很快就陷入困境。如何在迅速採取行動之前就認清困難，這就是你的挑戰。把生命視為學習的經驗，這並不是不好的人生哲學，但這有時可能導致不必要的困擾，讓你粉身碎骨。

再談一下射手座的哲學家風格。你幾乎比任何人都清楚，你的心知道一些大腦永遠無法證明的事，但是就本質而言，個人經驗還是純屬個人的。你骨子裡就知道是正確的事，也許根本不是別人的經驗和真理，而你有時會因為自己天生的熱情，向別人宣揚自己的理念。這可能完全不是故意的，也可能是你的腦海中不斷想著，你知道什麼是對的，然後就會拚了全力讓其他人都知道。你要認清這種傳福音的渴望在何時開始失去控制，這是很重要的。因為這不只會讓人們逃跑（或是你會輾過他們），也因為當你一旦對一件事情很篤定時，你就不會維持開放性地學習。真理是流動的，常會改變形式，而篤定會讓真理褪下神奇的外表，被打入冷宮。你如果用靈感來交換定義，你的心會不寒而慄。

♑

本命月亮在摩羯座

越堅強，越渴望一個有力的依靠

當你做一些帶來自尊感的事情時，就能增加快樂和幸福的感受。你的快樂的核心精神就是覺得有能力，這就是為何有時候摩羯座會在成就和野心上投注如此多的心力。摩羯座有時會被稱為管理者的星座，這反映了摩羯座想要管理的欲望和天生能力，想要把事情做好，想要顧好需要被照料的事。摩羯座天生非常擅長評估現實，知道必須做到什麼才能從A點前進到B點。管理者需要看到更寬廣的藍圖和未來的計畫，不只看眼前。摩羯座知道「保守」這個字的真實意義，這無關政治，而是意謂著不要期待超出需要的東西，因為來日方長。

獨立感對你很重要，因為所謂的有能力，這部分是來自於你知道自己能獨立進行一件事，不需要別人的協助或指示。你正在學習你的大腦、技能和自制力，可以帶你爬到想要的高處。因此，當你覺得虛弱，或是當別人認為你沒有能力或輕視你時，你都會特別受傷。管理者也會掌握某種權威感，這也是另一件能激發你的事。如果你可以為一件事情努力，按部就班持續前進，有權規劃自己的道路，決定自己的命運，這會讓你興奮不已。如果你可以靠自己的長處達成某件事情，這對你來說，遠比主宰他人更有力量。

居家需求

對於月亮摩羯座的人而言，家不只是你的避風港，還是你的投資。你有一種本領，可以顧好家裡大大小小的事情，即使你只是委託或雇用專業的人來幫忙，但你的興趣還是必須看你月亮落入的宮位而定。摩羯座常與所有永恆的事物有關，所以你可能喜歡一棟古老但保存良好的房子。你喜歡的居家裝潢風格應該有一些讓你覺得永恆的物品，像是製作精緻的家具，永遠不會褪流行的傳統顏色。你可能也很享受修復古董家具，或者至少會蒐集。

感情需求

對於月亮摩羯座的人而言，愛幾乎就是尊敬的同義詞。你必須表現尊嚴，或是受到敬重。所以若是在一段關係中，必須透過冷熱極端的行為、言過其實的互相叫囂或炫耀式的證明來表現愛，你會覺得你是這段關係中唯一的成年人。當你覺得朋友或愛人不僅能照顧自己，不僅能獨立，你甚至可以偶爾依賴他們，你特別容易覺得獲得滋養。必須是很強勢的人才能當月亮摩羯座的依靠，因為他們必須像月亮摩羯座一樣有能力，而這可能是個挑戰。儘管你很難在一開始就要求對方支持你，但對你而言，知道對方是可以依賴的，這是很重要的。唯有如此，你才能信任對方，允許自己被照顧、被愛，而不只是被對方尊重或仰慕。你可能非常喜歡受人欽佩，但這有時會不利於關係。因為當我們被愛時，我們必須流露脆弱的一面。當一個人欽佩或仰慕你時，這可能造成情感的距離感，你覺得有義務活出對方的期望，而不是有時允許你自己倚靠對方。

月亮摩羯座的人很能約束自己，這是因為他們學到的智慧，是不要在一出現麻煩時，就自亂陣腳或讓局勢崩盤。不能控制情緒這件事肯定會惹惱你，而在關係中這可能是個棘手的平衡功課。你天生比較能夠信任一個不太需要別人或太依賴的人，因為你比較能自理，但你有時也因為太過自給自足，不容易建立互相依賴的關係。最重要的是，你不要假裝讓自己顯得很虛弱或是很需要別人，讓你的朋友或愛人覺得你誇大了他們在你生活中的重要性，因為這只會導致憤怒而不是真正的親密感。但你必須找到一些自然的方式，讓他們融入並分享你的生活，這也是很重要的。

吸引力法則：當伴侶可以教導你如何信任別人幫助你，偶爾讓別人照顧你，你將能獲益良多。

黑暗面

當你受傷時，別人可能很難知道，因為你常常習慣自己處理問題，而你總是直接跳進去解決問題，而不是沉浸在情緒裡。當你越需要照顧時，你就越逆來順受。你很擅長把情緒放一旁，先壓抑情緒，直到危機落幕。但如果危機持續太久，你可能會陷入機械般的反應和行為。你要小心因為太有效率，讓你忘了完整地體驗感受。

在希臘神話裡，天神懲罰薛西弗斯（Sisyphus）的方式，就是逼他把一顆巨石推上陡峭的山丘，就當他快抵達山頂時，巨石就會滾下來，他又必須重新開始。我們常用「薛西弗斯式」這個字來形容徒勞無功或重複性的任務，經年累月之後，只會導致悲觀和絕望。當你的月亮在摩羯座時，你很容易只專注於需要你做好的事，負起責任，卻會迷失在責任的無底洞中，導致自己心力交瘁。摩羯座的能量也特別容易吸引需要指引或幫助的人，所以你可能發現自己必須替身旁懶散的人擔起責任，因為你知道你辦得到，而且「必須把事情做好」。如果你不能直接接受幫忙，至少授權委託別人去做！

♒

本命月亮在寶瓶座

再親近，都不能失去個人的空間

你的心渴望自由地做自己。這聽起來很簡單，因為你已經擁有自由的身體與心靈。但這指的不是一種生存狀態，而是一種持續的探索過程。當然，我們所有人都會隨著歲月改變，而這本身就是一種探索的過程。但是你在潛意識裡會不斷處於一種篩選過程，你會透過眼前的例子篩選什麼是「正常的」反應或行為，什麼是你的自然反應或行為。這不是想要與眾不同，或是違背意願，而是你想要當一個個體。

因為我們正在討論月亮，所以當你可以自由感受，同時能自然反應時，你特別容易感到快樂。無論是什麼感受，這就是你的感受。你可能會對電影中讓人落淚的部分哈哈大笑，因為你看到這整件事有多麼荒謬，或是你就是那種不會滔滔不絕討論嬰兒的女生。如果你在情感上真實地做自己，代表你永遠不用假裝感覺你很無感的事，也不用假裝你對有感覺的事很無感。當我們講到我們的心、我們的月亮時，我們會想到自己的「情感面」，很多人會誤認寶瓶座不是非常「有感覺」。但每個人都有自己的月亮星座，每個人都有感情，寶瓶座當然也不例外。包括寶瓶座在內所有的風象星座，都有一種天生的傾向，會透過情感反應來溝通或推論，把事情理出個頭緒。所以有時你可能是在思考你的情感，而不是感受你的情緒。這也可能是人們期望你有情感的反應，但你根本沒有，所以這讓他們很困擾，以為你完全沒有感覺。

你正在培養超然和客觀的天生技能。超然，按照字面的解釋就是遠離某樣東西，製造一種站在外面看的能力，所以很容易從遠方客觀地看待這個東西。你必須具有一種能力，足以脫離周遭最具說服力的情感和社會「規範」，你才不會被捲進去，說出別人期待你說的話，做別人預期你做的事，這會讓你無法知道自己到底是什麼樣的人，無法知道你真的想要說什麼、真的想要做什麼。

居家需求

對於月亮寶瓶座的人而言，擁有一個放鬆和自由的環境是很重要的。你能隨心所欲地進出，不用擔心什麼時間家裡會有人需要你；要是不用擔心必須輪到誰洗碗，這肯定也很加分。任何能給你獨立感的東西就是你要的。你的居家裝潢應該能反映出你各式各樣的興趣，任何能引起你注意的東西，是因為其中有一些特質，讓它顯得獨一無二，就像你一樣！

感情需求

我的老師曾經告訴我，兩個人融為一體，就像是兩個雨滴墜入大海，變成一個更大東西的一部分，融入其中。這種愛與友誼的概念對你並無好處，因為這裡沒有個人的空間。你需要的愛是兩個人就像兩根蠟燭的火焰，兩人產生連結，為了愛燒得更猛烈。然而，當兩朵火焰融為一體時，看似一團火焰，其實仍是兩根蠟燭。你可以將兩根蠟燭分開，它們仍有各自的火焰。

當朋友或愛人毫無興趣改造你，以期你能更適合他們時，你最能感受到滋養，覺得被愛。這不代表沒有任何期望，因為沒有一個人能完全不把自己和自己的需求投射在我們的關係對象身上，但他們會希望你能感覺到，你可以自由完整地發展自己。任何承諾，無論是書面或暗示的，都必須要為兩人保留空間，追尋各自的道路。當一個人也能擁有個人的光彩時，也有自己的計畫時，你就能越愛對方，越信任對方，所以你們兩個在一開始就要有東西可以和對方分享，而不只是對方的投射。

吸引力法則：伴侶如果可以教導你，讓你知道，即使你希望不需要妥協任何真正重要的東西——比如你基本的人格特質，你仍然可以擁有愛、支持，甚至承諾，你將能獲益良多。

黑暗面

我們很難甩掉社會期望，另一種說法是眾所皆知的「同儕壓力」，這並非不可能。當沒有人覺得受傷時，你很容易當一個造反者。但是當你愛的人對你有期望——因為他們需要你，或是因為他們想要給你最好的東西，而且他們知道什麼對你是最好的時，這件事就變得非常棘手了。月亮寶瓶座的人，有能力遠離愛的期望底下的暗潮伏流，這有時對事情比較好。當期望出現時，你不會突然變成你愛的人希望你變成的樣子，所以現在必須假裝做某件事，或是假裝當一個不是自己的人。我們時常都會這麼做，當我們在嘗試一件事情時，當我們不確定這件事對我們是否合適，我們也試著給它一個機會，因為我們真的希望這對每個人都行得通。但是沒有任何事情能讓你停止你的心、你的喜悅和你的本質，能讓你過濾割捨或約束真實的自己，即使看似有一個像愛一樣好的理由。

你一定經歷過這樣的考驗，你必須選擇讓某個人開心，或是真實做自己，而且只有你才知道在每個情境中，哪一個選擇才是正確的。但有時當你戰戰兢兢拿捏分寸時，你可能會偏向其中一邊太久。其中一邊就像前面提過的，你會試著強迫自己能在不適合自己的地方待一會兒，或是更久一點。另一邊則像是「毫無理由的反抗」，你會發現自己處於一種推開所有人的模式，只為了確保你和他們都知道你是自由的。更進一步，你就可能變成被放逐者、怪胎或代罪羔羊。有時人們把我們貼上這些標籤，是因為他們不了解我們，但有時候是我們自己貼上標籤，認為我們的唯一選擇，就是用這些標籤來警告任何試圖制服我們的人。兩種行為模式都只會讓你更遠離真實的自我，因為這種反應不是源自於你自己的力量，而是始作俑者的力量。

♓

本命月亮在雙魚座

善良和心軟，不該被錯的人利用

你正在宇宙中學習信任。你不必控制所有事情，才能相信事情都會按照應該的方式發生。你對這個世界的信念，即使有時會動搖，其實能讓你保持開放的心胸，而敞開心胸是最能滋養你的事。不仁慈這件事對你傷害極深，無論這是肉體或心智上的殘忍，或只是尖銳的憤世嫉俗。你可能認同和平主義者的哲學，但這還是要視你星盤中的其他元素而定。你覺得唯有和平可以帶來和平，因為你知道我們之間的連結遠比想像中的更加緊密。

別人也許會說你太敏感，認為你心太軟，必須強硬一點。你也覺得自己的確如此。你可能發現自己會比別人更常需要隱退避世。而當你受傷時，你有時的確需要花比別人更長的時間才能復原，但是敏感不一定是負面特質。你就像一個調音精準的樂器，你的敏感可以讓你想要付出或體驗的所有美好事情發生，像是同情和直覺。

你是一個如此甜美窩心的人，但我不會說你只喜歡親親抱抱。窩心是雙魚座的另一面，這是因為你渴望在生命過程中尋找魔法和神祕。當你相信魔法時，你就相信可能性，這可能是我們還沒發現的事物，或是至今還無法達成的。科學家和發明家的敏銳心智都會被想像力和幻想激發，而這些根本還無法用物質的形式表現。任何變成現實的東西最初都只是夢想、概念或憧憬。愛迪生、米開朗基羅和小馬丁・路德・金恩的月亮都在雙魚座。「我有一個夢」這句話，的確是他們最真實的心聲。

居家需求

因為月亮與你的家庭生活和需求有關，我們要先考慮你需要什麼來創造一個滋養的家，才能知道什麼東西可以讓你的情感充電。對於月亮雙魚座的人而言，充電常常是繼續重返現實的重要環節，因為你的柔軟常會讓你覺得自己比別人更容易被這個世界打擊，更容易挫敗受傷。你的居家環境一定要讓你感到平靜。你可以用柔和的顏色裝飾你的家，散發夢想世界的氣氛，或是一些能讓你想起大海的顏色，也可能非常療癒。這聽起來可能很老套，但是這常常很適用。因為活在這個世界定義的「現實」裡，有時會讓你認為內在的靈魂沒有棲身之地。所以一個家可以提供一個出口，讓生活中非常真實的一面重新充電，重新恢復活力。

感情需求

你的滋養風格就是同情、仁慈和溫柔。你的本能會包容心愛的人，願意盡可能地幫忙對方。你喜歡輕鬆愉快的關係，帶有隨和的感覺，雙方都可以感覺一起向前走。你渴望得到並付出無條件的愛，這都是源自於你的理想化，所以你常會因為現實生活中的衝突和不完美而幻滅。對你的心而言，原諒和忘記是好事，雖然有時你太容易忘記和原諒了。你天生就對別人有同理心，所以你想要幫忙，有時會讓自己成為他們的救贖者，因為你不想要他們再受傷。這麼做會讓你超出負荷，也會讓你愛的人無法透過面對這些考驗，累積自己的力量。

當你活出月亮雙魚座的本性時，你會學習用各種方式找到希望與光明，所以你也在發展一種天生的能力，幫助別人找到希望與光明。你滋養別人的方式是幫助對方露出笑容，找到方法再次看到生命的光明面，即使這只是給他們一個暫時逃避麻煩的管道，讓他們的心獲得一點平靜。至於你自己的需求，你會信任形形色色的人，但一個能維持個人精神的人，一個善良的人，跟你比較投緣。

吸引力法則：伴侶如果能教導你，讓你知道務實不代表必須折衷你的夢想，反而是實現夢想的好方法時，你將能獲益良多。

黑暗面

當你過度發揮想要幫忙的天生渴望，毫無保留完全地付出自己，很快就會心力交瘁。你天生知道什麼時候應該休息，應該迴避人群，但有時你沒有這麼做，因為自己要充電，這往往意謂著對需要的人說不。如果你不留意身旁的人，還有身處的環境，你對別人的同理心也會讓你精疲力盡。因為你的心的界線比別人更寬鬆，你很自然就會吸收一個地方或其中的人散發的氛圍。如果這是充滿愛的氛圍，太好了！好好沉浸其中吧。但你常常也可能吸收環境裡的惡毒，卻不明就裡，這會讓你變得虛弱，心情莫名浮動，連你自己都無法理解。

因為你喜歡透過環境感覺自己的方向，有時你可能陷入一個預期之外的狀況。當然你不是童子軍，但若能有一點預先的準備，將對你非常有幫助。如果你不這麼做，就會陷入心力交瘁、不斷出現危機的模式。當有突如其來的危機時，你的第一個本能反應就是逃避或避免混亂（這當然只會讓混亂擴大）。所以對你而言，學習處理不愉快的現實是極具挑戰性的事。

本命月亮在十二宮位的必修課

星座的十二宮位代表事件和情況，這是人類典型經驗的一部分。宮位就像我們展現欲望的舞台。有些很明顯，易於辨認，就像是我們的工作、家庭生活和關係；有些則比較不明顯，但也與我們的生命領域有關，像是我們的內在、私人及靈性生活。

如果想要認識宮位，只要記住一個基本原則：宮位與生活中的活動有關（我們做的事）；星座則與我們的風格和特質有關（我們是什麼樣子）。我們工作，我們與人連結，我們立定目標，我們會做夢，也會運動。這些都是動詞，都是我們做的事。一個行星落入一個宮位代表一些生命中的活動，可以幫助我們表達這個行星的需求。舉月亮為例，這代表你需要用情感參與的生命領域，你在這裡需要跟隨著你的心，才能獲得最多的好處。在這個領域裡，你必須得到你想要的東西，將它化為真實的生活與行動。

接下來我要介紹本命月亮在每個宮位的核心活動、功課和喜悅。當你經歷不同的月亮推運時，試著把你學到的東西融入你基本的情感需求時，你就能找到自己的情感基礎。

本命月亮在一宮

學習相信直覺，對想要的事採取主動

一宮就像一塊空白的石板，你可以依照你的願望刻劃自己的人生，而宇宙正在兩旁等著你，準備跟隨著你的引領。人們把一宮稱為健康與體質的宮位❶，其中也包含你的上升點❷，所以這也與你如何維持健康強壯、如何與外界連結的活動極為有關。

付諸實行

當你的月亮在一宮時，你正在學習如何信任自己的直覺，學習當你的心為生活的一切指出方向時，你要跟著心的方向走。一宮就如牡羊座，這與主動有關，也就是你對想要的東西採取行

❶ 不要與六宮混淆，六宮被稱為疾厄宮。

❷ 在大部分的宮位制中，你的上升點就是一宮的起點。這是一個非常複雜的主題，如果你對上升點很好奇，請參考建議閱讀的部分。

動。你的本命月亮星座可以顯示你會用什麼風格做這些事。舉例來說，你的本命月亮是火象的射手座，你可能會用一種愉快的、「讓我們走著瞧」的風格投入，而本命月亮是處女座或摩羯座，則會想要更仔細地琢磨策略。無論是什麼星座，當你做了決定，獨自採取行動時，你的心會獲得滋養，無論是好是壞，都勝過於你坐在一旁等待事情發生，或是跟著別人走。

任何有助於你發展自我的活動，都能帶給你快樂，這些活動會讓你覺得你正在變成一個讓自己驕傲的人。在這個世界上，我們有時會被告誡，把時間和金錢浪費在無法促進經濟成長的事情上，就是一種縱容放任。但你正在學習，這並不是自我放縱，而是攸關你的快樂。我們會在一宮對面的七宮，實現人際妥協和分享的概念，但是你的月亮如果是在一宮，你正在學習的是，投資自己是很恰當又健康的作法。

照顧你的外表和身體健康，也是投資自己的好方法。你可能會發現有時改變外表，或是特別打扮一下，甚至用某些方式寵愛自己，都可以讓你心情愉快，自尊心大增。你正在學習信任自己的身體，欣賞它。它不只是你航行人生的工具，也是你在這一世生而為人的一部分。吃健康的食物、運動和鍛鍊身體，這是很好的基礎，但是找一些方法滋養你的身體，讓你感覺舒服，非常享受，這真的能滋養你的心靈。你的本命月亮星座可以給你一點想法。知道如何做到這一點。是瑜伽嗎？有機料理？跳舞？武術？做造型？這些都是你能透過身體來滋養心靈的方法。

自我破壞

上面提到的所有方法，都是要強化清楚的身分意識。完整的本命星盤可以看出你是什麼樣的人，但一宮的月亮是要告訴你，對你而言最重要的是，你要覺得自己在一開始就有權決定自己的身分意識，同時還要學習相信自己的能力，知道自己可以帶著力量對外表態，展現自己的身分。缺乏界線或是無法感受到自己的身分意識，這兩件事會打敗你，這時你通常會選擇以下其中一條路走，這要看你本命月亮的星座而定。其中一條路是用過度殺傷的方式回應，試著掌控環境和周遭的人，藉此得到內心感受不到的權力感和掌控感。另一條路就是像一朵枯萎的紫羅蘭，你不知道自己是誰，只會採納身旁人的行為或個人風格。這裡的解決之道，就是相信你自己的風格就夠好了，這也很適合你，所以就自然地作自己吧。

本命月亮在二宮

學習投資自己，看見自己的價值

二宮常被稱為金錢的宮位，但是金錢只是表現價值的一種方式。二宮真正關心的是，我們如何賺取金錢、如何衡量金錢，以及我們真正認為有價值的東西，其中包括與自己有關的事物。

付諸實行

當我們對某個東西（或是好幾種東西）沒有安全感時，你就會很難認清自己的價值。你的本命月亮可以看出你天生掙扎的不安全感的本質，也可以告訴你如何透過一些技能和自我測試，幫助你看到個人的價值，同時累積自我的價值感，以對抗自己的不安全感。舉例來說，你的本命月亮是雙子座，你可能會對自己的聲音、自己意見的價值甚至是自己的智力，沒有安全感。對抗的方式就是投資自己的聲音、意見和智力。如果你不覺得自己很聰明，可以透過學習、自我教導或一些林林總總的教育方式來投資自己，讓自己變得更聰明。如果你不認為自己有任何值得的東西可以說，一開始可以先觀察一下周遭的環境，偷偷寫下你的想法。無論你正在做什麼或想要做什麼，最快的改善方法就是先克服不安全感，這也是一種向自己證明的方法，你是值得投資的，值得一試的。

既然月亮反映了你的主觀，你可能無法客觀衡量自己的價值，還常在不足的部分犯錯，即使其他人都已經看到你擁有優秀的價值和潛力。如果曾有人告訴你，你很漂亮、聰明、有趣、特別或任何讚美的形容詞，你只是不以為意，或是解釋沒那回事，你就正在面對一種二宮象徵的經典副作用：如果你不是已經相信自己，沒有人能告訴你——你的真實價值是什麼。當你妥善運用個人價值時，這其實是一種巨大的資產，意謂著一旦你強烈相信自己的價值何在，即使只是透過某種特別的方式或主題，那麼無論別人怎麼說，你都不會否定自己，除非你願意相信他們。但是經過事實證明，自我打氣或別人的鼓勵，無法提供這種信心。如果你想證明自己，建議回到前面說的方法：針對想要擁有卻覺得不足的技能或特質來投資自己。

別忘了我們討論的是月亮，這麼做並不只是加強你的履歷表，而是透過向你自己證明——你值得一些努力和資源，從中來滋養自己。你也要冒險一下，可能會被嘲笑或表現得不夠好，這是很重要的。因為唯有如此才可以證明這不只是僥倖或幸運，這一切都是你做的，而你的確有這麼好。

自我破壞

我們的心會渴望想要的東西，這有時就像被寵壞的小孩。迷戀實際的物品，沉迷財富和衝動消費，通常只是試圖驅趕或掩蓋不安全感及負面感受。想要物質的慰藉並沒有錯，而這的確是照顧自己的一種好方法。因為二宮是土象宮位，具有實際碰觸的本質，但你要是只用物質取代心裡真正渴望的某種慰藉，你就會往下沉淪，走錯方向，這只會比一開始更失落，更沒安全感。

本命月亮在三宮

學習更客觀的表達，有助釐清困惑

三宮代表的活動與各種形式的學習、觀察和溝通有關，甚至包括促成這些事情的機器和小零件。三宮的活動可以反映交換和分享知識、想法和意見，對你而言還包括感覺。

付諸實行

你非常享受透過一些方式傳達自己的感受，還有令你感動的想法，這些方式包括寫作、說話、唱歌或更多抽象的溝通方式，像是藝術、音樂和詩，替文字和符號之間搭起橋梁。你可能也很喜歡閱讀、與朋友長談。你可能喜歡學習，也可能特別喜愛一些書寫優美、發音清晰、具有詩意或至少有些巧妙的文字話語。你的月亮星座可以告訴你，你喜歡學習什麼東西，用什麼樣的風格或方式學習。它也能告訴你，你會如何表達自己的感覺，像是私下寫日記，或是讓全世界都看見。

你非常享受表達自己的想法，你也能在表達自己的感受時獲得滋養，無論是透過藝術，或是任何感覺被聽見、被了解和產生連結的方式，這要視你的月亮星座而定。舉例來說，你的月亮如果是寶瓶座、牡羊座或射手座，你可能會為了記錄或滿足自己，對外表達自己的想法和感受。但月亮如果是巨蟹座或天秤座，獲得回饋、同理和理解，則能帶來更多的療癒和滿足。我們的月亮顯示我們渴望如何被照顧。所以無論是什麼星座，對於月亮在三宮的人而言，至少要覺得自己的想法、意見或有感覺的事情，具有重要性、被接受了，這是很重要的。其實，當你搞不清楚自己到底在想什麼，找不到理由時，此時說出自己內心的對話和感覺，通常能幫助你釐清困惑。

三宮和雙子座有關，三宮的經驗也像月亮一樣易變無常，所以你的認知，還有你如何評斷任何事的真實性，完全視你當時的心情而定。我們都有自己的主觀認知，但是當月亮在三宮時，你很容易透過情感來過濾自己說的話，還有你吸收的資訊。你可能記性非常好，這要看你的月亮星座而定。因為就整體而言，人類比較容易記住帶有情感印記的事情，但你要留意，當你把事情重新講給別人聽時，你可能只記得想要的部分，或是你會添加個人的判斷。無論你的月亮在哪個星座，就正面而言，你天生的直覺性很強，通常十分敏感，非常精準。你不只一直在用眼睛和耳朵觀察，還會加上自己的「第六感」。

自我破壞

我已經提過，你會自陷泥沼的原因之一就是你的主觀，會透過情感的偏見來過濾你的觀察。當你沒有意識到自己是這樣時，這會造成問題。你很難看清情感和想法之間的界線，你可能認為自己很客觀地衡量所有事實，最後卻發現自己被一種帶有情感色彩的論點左右，只因為它是透過清晰的演說輔以統計數字表達，很具說服力。

本命月亮在四宮
學習揮別童年陰影，打造心中的家

十宮與正午有關，所以十宮對面的四宮就代表午夜。當萬家燈火熄滅，當全世界進入沉睡時，當沒有人看著你時，你是什麼樣的人？當你覺得很安全，可以表現自己時，你又是什麼模樣？

付諸實行

四宮這個「家和家庭」的宮位會非常舒適地招待月亮，因為我們的心渴望覺得安全、被滋養、被照顧，而四宮的所有活動都與這些有關。你的月亮星座會透露許多訊息，顯示哪些東西可以給你庇護的感覺，因為這不只是四面牆、一個屋頂和籬笆而已。如果月亮是土象或水象星座，可能很喜歡一種永恆感，結構堅固，內部空間很舒適。如果是風象或火象星座，可能比較關心屋內有誰可以跟自己講話或玩樂，勝過於在意牆是否牢固！無論如何，我們所有人都需要覺得安全，覺得自己屬於某個地方，一天結束之後可以在那裡落腳，可以被庇護，受到歡迎。當你的月亮在四宮時，這種需求特別強烈，而任何童年早期或現在的問題，彷彿都會阻礙你獲得滿足。就實際層面而言，建立一個家，裡面的氣氛、裝潢和人讓你覺得很舒服，對你情感層面的幸福非常重要。而既然一個家通常都是我們一天開始和結束的地方，投資一個家，對你的情感力量及安全感而言，絕對是首要之務。

你會發現，重新回顧過去，無論是自己的過去或世界的歷史，心裡會感覺特別溫暖。你的月亮星座可以看出你到底是喜歡買古董，還是調查家族的歷史或家譜，或是迷戀古老的科技。與過去連結，是因為你需要知道事情的起源為何，知道這一切如何發展到今天這個地步，特別是針對你自己。你的情感記憶非常強烈，所以過去可以讓你的心暖起來。早期的負面記憶或祖先流傳的舊傷口，可能會揮之不散，糾纏著你。因為月亮所在的宮位，可以看出我們容易在哪裡表現療癒的欲望和力量。當你在探究過去時，可能會感受到大量的安慰和復原，找回你在那裡失去或遺忘的力量，甚至能找到力量，療癒你的家族代代相傳的傷痛。

自我破壞

當我們在描述家庭的動力時，「功能失調」這個詞幾乎變成耳熟能詳的字，不過隨著在現實生活中，家庭的定義越來越多元化後，理想家庭的形象就隨之褪色了。然而，我們早期成長的環境，一定會強烈影響我們對世界、自己及關係的態度。當你的月亮在四宮時，你會跟老舊的安排和問題奮戰，這些東西會緊抓著你不放，你很難擺脫過去被教導的自己，很難釐清自己的模樣，還有可以變成什麼樣的人。如果你因為恐懼、懶惰或是不願意面對現實而忽略這件事，最後就會不明就裡地重複同樣的負面模式。

本命月亮在五宮

學習自在的表現，別擔心別人眼光

這是小孩、賭博、創造力和成癮的宮位，這個組合聽起來有點奇怪，不過它們都代表「活在當下」的狀態。小孩會放縱地玩，完全不注意時間。而當藝術的面紗被揭開時，創造力會吸引靈感，時時刻刻地展現靈感。

付諸實行

當你的月亮在五宮時，你擁有小孩般的心，而小孩就是愛玩！你可以透過一點愉快的活動來振奮心情，但是你的心不只需要偶爾下盤棋，或是晚上看場電影。你在學習如何享受和應對生命，學習如何自在地表達自己，在這個過程中，不必害怕表現你對事情和人的感受。當你的心裡有某些感受時，你必須能自然且直接地流露或表達。學習活在當下，意謂著無論眼前發生什麼，都要讓自己全然投入，不要想之後要做些什麼，或是現在應該做些其他的事，或是擔心別人會怎麼看你。當你的心能信任自己及生命，你能把心打開時，你的心就會為之振奮。這可能導致衝動，但你的月亮星座可以提供一些線索，看出你喜歡用哪種方式投入和表達自己。舉例來說，月亮摩羯座的人可能迷失在一個計畫中，這種風格並不衝動，只是沉浸其中。當你讓自己的心沉浸時，你就能獲得啟發。

當你沉浸在一段喜歡的音樂或戲劇表演時，要是有人看著你的臉，可能會覺得他們闖入了某個私人的時刻，因為你臉上的喜悅就像是忘了自己身在何處，沉迷在當下，忘了自己。全然投入你當下的體驗，這就是讓你感覺最好的方式，你用其他方式都不會也無法有同樣感受。有時候，你沉浸於當下的這種傾向，會對你的時程或責任帶來困難的副作用，也可能讓你覺得現在發生的一切超出負荷，因為當這一刻的熱度籠罩你時，你會失去洞察力。

你擁有一顆藝術家的心，即使只選擇淺嘗涉獵。有些人可能喜歡在無聊時剪貼或塗鴉，但對你來說，創造可以宣洩情感。你的本命月亮星座可以告訴你，你會用哪些最享受的、最具療癒效果的方式，表達自己和自己的藝術。月亮天蠍座可能被戲劇性的藝術打動，這意謂著打破禁忌，揭露所謂生命「醜陋面」蘊含的美麗，把令我們害怕的東西變成澈底震撼、喚醒我們的藝術。月亮雙子座的人可能喜歡用寫作的方式表達藝術，像是小說或詩，或是唱歌。

自我破壞

如果想一心投入當下，體驗當下的樂趣，就必須讓發自內心的直接渴望來促成立即的反應。不過，這麼做的副作用就是衝動。你要是投入當下任何讓你覺得美好的事物，就可能很難為未來可能的享樂保持自律，例如為了度假存錢，而不是一次把錢撒光。當你的月亮在五宮時，你很可能成癮，如果你的星盤中的其他因素也支持這種傾向，或是缺少反制作用。成癮就是重複和強迫性地做一件事，直到不健康的極端地步。你的本命月亮星座可以看出你最容易對哪種事物上癮，也可以看出幫助你避免上癮的方法。舉例來說，月亮金牛座的人可能因為喜愛感官享受，很容易飲食過度。但是他們對於「必須設定限制」這件事也很固執，也有能力傾聽身體的聲音，節制地進食。

本命月亮在六宮

學習照顧自己，並以療癒天賦助人

在電影《洛基》（*Rocky III*）第三集裡有一幕，當洛基為了準備最重要的一場戰鬥，長時間地鍛鍊身體，訓練自己，此時背景響起「生存者」樂團唱的《虎之眼》。當電影必須讓觀眾知道在一段時間發生的許多事情，以便讓劇情能連貫繼續，但又要避免讓觀眾覺得無聊，此時最經典的手法就是放一首歌，播出拼湊的畫面。但在現實人生中，我們不能直接跳到重要的戰鬥，必須要有每天的努力，才能走到那一步。六宮常被稱為工作宮，因為這裡是我們從事日常工作的領域。

付諸實行

當你的月亮在六宮時，你的心是雀躍充滿生氣還是死氣沉沉，都要看你每天的付出決定。所以你要很確定你做的工作，還有努力的目標，都是你很在意的事，不只是賺一份薪水而已。我們所有人為了照顧身體，照顧家庭，跑腿辦事，每天都有維持生活的事情要做，除此之外，你還喜歡什麼？你在意什麼？你正在學習必須為一件事付出，為付出這件事的必要技巧和知識而努力，即使這不能讓你發財成名甚至不受人歡迎。這不代表你的工作無法受到肯定，但一切都要從心開始，而不是考慮合理性或薪水。當你投入一件能滋養你的事情時，你最容易得到肯定。

無論你每天為了什麼事情付出努力，你的心渴望對自己的、其他人的生活帶來真實的改變。無論任何星座，月亮都代表我們想要滋養的一種本能，所以當你的月亮在六宮時，你可能與療癒者的原型有關。你的本命月亮星座可以提供很多訊息，看出你喜歡治療什麼，如何治療。舉例來說，月亮在巨蟹座，你可能想像和志工一樣，療癒破碎的心和家庭；月亮在牡羊座，你可能想像和物理治療師一樣，幫助治療身體；月亮在雙子座，也許喜歡語言治療或教學。

自古以來，六宮就被認為是疾病的宮位，所以當你的月亮在六宮時，你的情感健康和身體健康的連結，可能比其他人更緊密。這當然意謂著如果你長期不快樂，就會影響你的身體健康。這就像一條雙向道，所以對你來說，照顧健康也是一種振奮心情的好方法。

自我破壞

當你做一份好工作時，或說一份能引以為傲的工作時，無論是任何工作，你一定會全心投入。但是如果不在乎你正在做的工作，工作就會慢慢將你榨乾，每天都很痛苦，讓你覺得自己像個奴隸。有些人可以逃避，想著只要做好每天的工作，把時間砸進去，下班之後再奔回家，過真正的日子。但是你不行，長時間下來，這種態度不只對你的情感健康有害，也會有損身體健康。當你覺得沒有任何讓你發自內心或本質渴望付出的事，你的自尊心會嚴重受創。這裡的解決方法當然就是嚴肅面對你的渴望，知道你只能過一種生活。有時人生就像你手中握有所有時間，但是日積月累，一種規律會變成一輩子的習慣，當這一切不是由你自己起頭的，對的時間永遠不會出現。

本命月亮在七宮

學習辨識誰真正對你好、值得交往

這一宮主要關切的是，我們在日常生活中大量與人相處的活動。七宮常被稱為關係的宮位，當然有許多宮位也注重關係，但是七宮的經驗特別強調關係之中的平衡、公平和妥協。七宮的活動教導我們，如何在現實生活中與人分享自己與自己的空間，也教導你如何協商，彼此融洽相處。

付諸實行

當你的本命月亮在七宮，你正在學習如何在滿足自己的需求時，又能跟另一個你在乎的人妥協，對方也試著滿足自己的需求；你也在學習如何了解別人的觀點，但又不能忘記自己的立場。七宮的對象不僅限於我們愛的人。既然七宮也在學習如何看到其他人的觀點，所以有時最令我們生氣的人（還有那些被我們視為敵人的人），常常能讓我們對自己和人生有更多的認識，程度並不亞於我們愛的人。七宮的經驗不只是講朋友或愛人，還有你如何讓他們來照顧、支持和愛你，而當你看到他們因為你的付出和支持感到快樂時，你也會很愉快。

當你花點時間與一個你愛的人相處時，你的心情通常會為之一振，這是個不錯的點子。對你而言，大型、一般的社交活動可能不如一對一的相處，雖然這還是要視你的月亮星座和星盤中的其他配置而定。要是說每一個月亮在七宮的人都很渴望結婚，實在有點愚蠢，但月亮在七宮的你，可能很渴望和一個自己關心的人分享生活的點點滴滴，也渴望有個人真正看見你，真正懂你。只是與某一個人分享一個經驗或是你對某一件事的感覺，就能給你支持的感覺。你的月亮星座可以看出你會信任哪一種類型的人，以及你會如何向他們敞開心胸。

自我破壞

你很容易對你親近的人產生同理心。你有直覺的雷達對準別人，可能會吸收太多別人有待解決的情感議題，反而讓你很難看清自己的觀點。你會因為太容易把自己和個人的價值交到另一個人的手中，因此容易受傷，這跟與對方分享你的心情甚至你的生活是不一樣的。這會讓你的自尊十分難受，剝奪了你的情感控制和平靜，因為這總是要看另一個人的行程和心情而定。所以最重要的是，學習什麼時候應該妥協、什麼時候必須記得自己也有不盡相同但一樣合理的需求。

本命月亮在八宮

學習在所愛的人面前，流露脆弱一面

想像有一隻大象站在房間的正中央。大部分的時間，大象都安靜地站著，偶爾會揮動一下尾巴，或是伸展一下長鼻子，把路過的人掃開。有一名女子站在大象的前面，完全只注意前方，顯然沒有注意到脖子後方大象熱呼呼的鼻息。八宮的功課就是正面迎對房間裡的大象。

付諸實行

你是否能在情感上感到幸福，必須視你如何探索、表達一些難以控制、強烈甚至醜陋的情感。這些情感來自你的痛苦、恐懼和每一個人內心都有的瘋狂，其中包括強烈的狂喜和猛烈的愛。有些人的應付方法就是忽略那隻象徵性的大象，但這隻大象能滋養你，讓你聆聽、了解和面對真相，這是關於你自己還有生命整體的真相。你具有一種本能，知道有哪些話沒有說出口，因為你可以感受到隱蔽真相時的大量壓力，亦即你就是迴避真相的那個人！雖然你有處理黑暗面的傾向，但不代表你不會害怕認清大象代表的意思。你會進退兩難：既不能假裝自己沒有感受到某些東西，又很害怕知道那是什麼東西。當你能把它搬上檯面，至少可以面對它或談論它，就能減少威脅感。

月亮在星盤中的位置，可以看出我們會在哪個領域擁有直覺，付出我們的安慰和療癒。當你的月亮在八宮時，你有能力幫助別人治療一些他們甚至無法承認的傷口，或許你可以正式成為諮商師，或是私底下聆聽別人吐露心事，對方會覺得可以跟你傾吐祕密，但又不用擔心會被你評論。

當你學習培養情感的力量，足以處理自己強烈的內心世界時，你比較不會害怕生命中偶爾出現的戲劇性改變。八宮與天蠍座有關，這個宮位代表一些澈底改變我們、無法挽回的事情，還有所有能把我們的理智逼到極限的事，正如八宮最經典的名字所意謂的，這是性和死亡的宮位。也許用這種方式來理解性是有點奇怪，但是八宮講的不是「在後車座玩樂一下」的那種性。當我們與一個人分享真正的親密和澈底的赤裸時（無論是實際上或象徵性），我們是非常脆弱的，但此時也能建立最有力量的連結，覺得強烈地被愛。在這種連結中，對方會看到你最糟的一面，看到你崩潰瓦解，但他們仍然愛你，這種方式能滋養你的心，遠勝過一千個最好的朋友。如此全然地與某一個人融合為一，是很恐怖的事。當你學習應付這種恐懼時，對一個人信任地打開心門，對方也有能力回應，這不只能滋養你的心，也能帶給你情感的力量，應付一路走來突然降臨的生命改變。

自我破壞

這個宮位對心而言，並不輕鬆，需要一定程度的適應能力，才能運用更高的覺知去應付生命的沉重，知道生命是如此危險地保持平衡。最好的狀況是，讓你知道自己愛的人是如此珍貴，你會盡力活出人生。最糟的狀況是，你會覺得被黑暗吞噬，不斷地焦慮不安，無法應付人生。解決之道就是，在放手和面對恐懼之間取得平衡。當你能直接面對時，恐懼就會少一點。有時，你只要承認可能會發生最糟的事情，就能幫助自己完全消除恐懼。不過當你過於恐懼時，還是要尋找慰藉的出口，留待明天再嘗試一下。

本命月亮在九宮

學習跟隨自己的心，而非規定做事

當我們開始學習一種新主題時，通常能很快掌握許多要訣；我們的腦容量似乎很快就被填滿了，我們只需要消化別人已經記錄的經驗和發現。但是當我們更深入時，一開始學習時感受到的清楚和輕鬆就會消退了。當我們與矛盾或未知的領域搏鬥時，就會陷入黑暗的深淵。到最後，「已知」的保護傘消失了，當我們繼續向前時，我們個人的體驗會加深我們的認知，這是教科書知識無法做到的事。其實，大部分的「專家」都會告訴你，當他們學得越多，就覺得自己懂得越少！在九宮，你會展開真正的冒險，投入未知的領域，跟著自己的預感走，培養自己的信念，知道你可能在轉角處發現什麼。

付諸實行

九宮一直被稱為是旅遊和教育的宮位。當我們旅行時，我們會睜大眼睛，吸收眼前新奇的事物。當我們追尋知識時，超越ABC的程度，深入一個主題時，當我們發現之前從不知道的可能性時，我們會大開眼界。你的心生來就是要去探險和發現，無論只是在你自己的後花園，或是世界上少數幾個未有人跡踏至的地方。當你接觸其他文化和地方時，你會心情振奮。九宮與射手座有關，這個宮位代表的所有活動，都能帶給你一種擴張感，還有對未知、可能發現的事物的興奮感。沒有什麼能像打破日常生活熟悉規律這件事，更能讓你精神為之一振，且馬上改變你的心情和看法。

看法的另一種說法就是觀點。當我們年紀增長時，可能會改變對自己、別人和生命的觀點，因為隨著時間過去，我們如何發展自己，還有我們的個人經驗，都會改變我們，讓我們變得深刻，開啟我們的心智。在人生早期，我們很容易對好壞對錯有很明確的看法。當我們年紀越大、生活變得更複雜時，我們開始知道很多事情很難一語帶過，這就是生命經驗教會我們的事。你的心會渴望經驗，但不是那種可以讓你的履歷很漂亮的經驗，而是當你學習某種東西時，可以幫你把如點狀的意義結合在一起、讓你的世界更寬廣的經驗，這就是為何九宮與宗教的概念有關。宗教就是設想一套規則與準則來解釋生命的意義。當你的月亮在九宮時，你的「宗教」就是跟隨自己的心。無論在任何時候，你若是跟著直覺走，就比較容易做出正確選擇。當你選擇心裡想要的，而不是依照邏輯或按照別人想要你做的方式，你的生命經驗會更踏實，你也會在對的地方落腳，安身立命。

自我破壞

我們很容易聽到說要「尊敬長輩」。而當我們問為什麼時，常聽到的答案是，長輩比我們更有經驗，因此更有智慧。在某些情形，這的確是真的，但不全然都是如此。經驗並不等同於體驗。這是一個擴張和改變的過程，可以滋養你的心，不只是靜態的知識。你要是堅持某種特定的真理，或是緊抓不放多年前挖到的黃金寶物，這些曾經讓你大開眼界但如今已經褪色了的東西，因為你的心渴望繼續成長。此時如果站在原地不動，一定會毀了自己，讓你的幸福減分。知識和真理是不斷改變的。你要輕輕地把它們放在心裡，以免壓垮你的靈魂。

本命月亮在十宮
學習做喜愛的事，別追求表象的成功

「跟著你的心走。」現在已經變成陳腔濫調，這代表我們很容易左耳進右耳出。跟著你的心走，到底是什麼意思？更重要的是：走去哪？喬瑟夫．坎伯（Joseph Campbell）稍微改變這個說法，當他說：「跟著你的喜樂走。」會引起許多人的注意。他剛好是月亮在十宮的人，所以應該對自己的心會通往何處，略有所知。對你而言，你的心終究會理出個頭緒。

付諸實行

十宮代表天頂，也就是星盤中的最高點。想像一下夏天的正中午，太陽高掛在天空，照亮一切，清晰可見。十宮的經驗與你在這個世界扮演的角色有關。這常會被稱為事業的宮位，但這個定義太狹隘，因為我們常常把事業與工作的職稱，還有我們拿薪水做的事情劃上等號。十宮比較與你想要做的事有關。當你的心在十宮時，不代表每個人都能看到你的所有感受，但是當你走在正確的道路上時，每個人都能清楚看到什麼是你愛的、你在意的事。

十宮也與我們的成就得到認同有關。有時是透過讚美、受歡迎或獎賞的形式，有時則是惡名昭彰而非備受喜愛，是譏諷而非欣賞。當你在十宮的領域跟著你的心走時，你將會受人矚目。成就本身以及對成就的認同，並不會帶來任何滿足，也不具有意義，除非是這個成就對我們本身而言具有意義。這就是為何跟著你的喜樂走，最後一定會往上爬，因為這一開始必須先往下走，深入你的心，才知道你想要什麼，你才能看清自己。當你知道你想要什麼，跟著你的心走，你就能在你渴望的世界裡做出一點改變，這時就知道自己的路在哪裡，也知道自己注定要做什麼工作。當你在做注定要做的事時，人們會注意你，工作會找上你。當你在做感覺良好的事時，馬上就會反映在你的私生活和內心狀態中。你要帶著足夠的承諾和喜悅去做，轉眼間你就會光芒四射，照亮周圍的世界。

你這種展現滋養、愛意或溫柔的特別方式，不只是對自己、對自己所愛的人的禮物，還能讓你有極佳的工作表現，幫助你創造想要的改變。舉例來說，你的月亮如果是在雙子座，只要你運用天生的好奇心和對學習的飢渴，最後就能教導別人與你的興趣有關的知識。最重要的是確定你的情感需求，不要陷在「正確道路」的公式化想法中，而是要走你的道路。

自我破壞

你的心在一個非常明顯的宮位很容易陷在別人對你的想法中。即使他們不是很了解你，但是別人對你的評斷，無論好壞都會影響你。你如果在意你的地位，或是只是為了獲得每個人的認同來做出決定，最後你可能會在錯的事情上非常成功，但是每一刻都恨入心扉。你的心無法在工作中獲得滋養，你一定會很痛苦。無論你如何定義這份工作，都覺得自己像個騙子。所謂一個人在對的時間站在對的位置，或是做一個溫暖的人去接下一個職務，走馬上任，這些都不是你該做的事。

本命月亮在十一宮

學習找到歸屬的社群，並分享資源

美國社會學家雷・奥登伯格（Ray Oldenburg）在《極致美好之地》（*The Great Good Place*）中提到「第三地」的概念，認為在兩個傳統地方（家庭和工作）之外的第三個地方，也非常重要。第三地是非傳統的聚集地，人們可以在那裡感受到即刻的社群感，與他們周遭的鄰里和世界連結。十一宮就是社群的宮位。

付諸實行

有些人會認為心就是家的所在，但是你的心可能會引導你離開家，進入周遭的世界。就許多方面來看，對你而言最理想的狀態，就是與一個社群建立能帶來滋養的關係。覺得屬於某個「族群」的一份子，有一種歸屬感和熟悉感，這能給你一種家外有家的感受。你現在可以用各種不同的方式進入一個社群，也許是網路，也許是實際的鄰里，而你本命的月亮星座可以給你一些線索，告訴你適合哪種社群。無論你的月亮是哪個星座，你都可以透過分享興趣和關切的議題，知道自己適合哪種社群。對我來說，這可能是其他家長或占星師，甚至是其他女性。對你而言，這可能是其他的自然愛好者，或是為了某個社會目標凝聚在一起的一群人。無論你屬於哪一種社群，你在這裡必須用心，而不只是在其中提供資訊或是一些有利於事業發展的人脈名單。你需要從一個社群吸收「延伸的家」的感覺，因為這裡真的能提供你安慰與支持。

社群還能用另一種方式支持你，這就發生在當你回饋社群時。因為十一宮的社群可能是你的地方鄰里或是包含全世界，就某種意義而言，你的心與群眾是緊密相連的。你可能會做白日夢，可以用某些方式改變世界，讓世界變得更好，提供某種家的感受、安逸或安全。你可以透過本命的月亮星座，知道你會如何帶來改變。不過，你跟有需要的人們相處時，即使只是在你家後院，只要你覺得能讓他們的人生變得更好，就會非常有成就感。因為你的心會透過這種方式被大眾吸引，你可能會非常擅長也很有興趣建立真實的網絡，不只是為了「閒話家常」，而是為了分享資源，促進人們之間的連結。

自我破壞

當我們對一個地方有一種歸屬感時，那裡就是最舒適、最滋養的地方，但是隨著成長的腳步，有時我們必須伸出觸角，接受另一個不同或更大的社群，可以幫助我們向前走。最重要的是，你要真的很清楚你屬於哪裡、你不屬於哪裡。當你的成長開始超越一個社群，但你又不允許自己前進，或是去找另一個新的社群，你可能會開始失去從中得到的滋養和滿足。一個團體的力量來自於成員的付出，但如果你就像一具沉默的死屍隨波逐流，就可能迷失在更大的群體意念及方向之中，最後會覺得自己迷了路，而不是找到歸屬，解決之道就是先認清你的內在欲望，然後找一個能滋養你、支持你的社群，而不只是試圖融入你剛好落腳的任何地方。

本命月亮在十二宮

學習自我覺察力，連結靈性智慧

無意識也是我們個人經驗的一部分，只是在我們顯意識覺知的範圍之外。十二宮並不只是無意識的宮位，但它的確具有無意識的隱藏和神祕特質。十二宮的活動常常發生在我們的心智覺察的範圍之外，因此我們很難去解釋或定義。有時候，它們完全發生在我們的顯意識覺知的範圍之外，所以我們會覺得這一部分的自我是隱藏的，甚至我們自己都不知道。

付諸實行

就許多方面而言，當你能找到方法退出這個世界的純物質思維，進入另一個所謂超越「現實」的世界，你就能獲得最大的滿足。從神話、原型、想像和象徵主義的世界，到藝術和夢想的世界：這些都是你的心能感受到滋養的地方，覺得自己回家了，你也可以在這裡獲得靈感和重生。「迷失在自己的世界裡」這件事並不只是享樂，有時是非常必要的。此時你的心會有一股深沉的需求，想要避世索居，渴望隱私，如此才能填滿靈魂的備糧。這就像愛麗絲掉進兔子的洞時，你可能覺得一腳落在三度思維的國度，另一腳踩在靈性世界，你夾在中間，無法完全臣服於任何一邊，也無法向任何一邊的居民溝通這到底是怎麼一回事。有時當你不理解自己的情感需求時，你會很容易受傷，不斷重複自我毀滅的情感模式，卻不知所以然。這常會表現在你的人際關係裡，因為別人最能反映出我們是（或不是）什麼樣的人。

當我們試圖描述這個宮位時，常會因為「靈性」、「神」和「意識」這些字眼有些喘不過氣。即使你沒有宗教傾向，但你可能會與一種連結感、一股在背後運作的更大力量，產生共鳴。你憑直覺就能感受到有些人說的「神」、「源頭」、「神性」或「高我」的存在，或是任何一個我們對無法解釋的事情冠上的名稱。除非你的十二宮內有其他行星，否則你很難合理解釋這些東西，這是超越宗教、宿命或業力的定義。這些都是靈性的理論，用來解釋、定義和命名我們感受到的東西，不過當我們試圖這麼做時，我們就脫離了十二宮的領域。榮格曾說過，集體無意識就是收集人類經驗的儲存槽，我們所有人都是從中汲取夢想，對它灌注所有的經驗，將我們所有人連結在一起。無論你如何解釋，你的情感自我都是與一個更大的歷程相互連結，你常常在潛意識中受到浩瀚人海的潮汐影響。

當你試圖回到現實時（在十二宮，我們只能儘量），最後的底線就是你的快樂是來自於能反映你的靈性經驗，或是甚至能反照出你的神性。你本命月亮的星座可以提供線索，看出這會如何表現：月亮雙子座的人可能會在混亂的想法中看到神性，月亮金牛座可能是在大自然中，月亮獅子座可能是在迷亂失去自我的當下，月亮天蠍座可能是在衰敗之際。你可能無法解釋原因，因為你的情感歷程常常是隱匿的，不僅是別人、連你自己也無法看見，但是你的月亮就在這裡，你可以感受到它的存在。

自我破壞

要在內在與外在世界之間搭起橋梁，這件事可能讓你無法負荷，精疲力竭，所以你有時需要退回自己的角落，重新充電。生命就如茫茫大海，有時感覺是如此浩瀚，讓我們顯得微不足道，而當你的月亮在十二宮時，你的心情會隨著潮汐改變。當你的月亮落在這個宮位，你可以感受到一種深刻的連結感，有時當你試圖適應這種深刻時，會出現兩種極端的行為。就一方面而言，你會完全臣服於內在世界，這可能導致孤立，你會永無止盡地退縮，直到再也無法與其他人或這個世界產生連結。在最極端的狀況中，十二宮與機構[3]的古老連結會派上用場。這類的短期靜養是為了應付困難的感覺，這也可能是月亮在十二宮的一部分，而這並沒有什麼瘋狂或錯誤。永遠無法從「夢遊仙境」重返人間才是問題。十二宮還有另一種疏離會被集體經驗的潮流引動，當你無法分辨什麼是自己的感受，為什麼有這種感受，什麼又是你從環境或身旁的人吸收到的經驗時，

[3] 譯註：例如療養院、監獄等。

你就會想要離群索居。當你在一個地方設下界線時，可以幫助你找到和諧一致的自我意識。

另一種極端表現就是你會完全抗拒你感受到的連結，這是因為一種強烈的恐懼感，你害怕自己會被拖下去，迷失自己。這也是一種退縮，但是如果你沒有找到一個健康的出口恢復活力，你可能會捨棄極大部分的自己、自己的心和直覺，還有透過許多方式相信生命必有其因的能力。當你拒絕參與任何事情時，你可能會被拉進情感（或是靈性）的世界，這會導致另一種形式的瘋狂。在那裡，你可以走路，你可以說話，你可以自力更生付帳單，你的靈魂卻不見了。

第二部

年度課題

推運月亮過境星座和宮位

An Illuminating Journey
Through the Signs & Houses

何謂推運？

你的本命星盤就像你的人生地圖，它總是跟著你，也具有足夠的變通性，可以從你出生呱呱落地那一刻開始引導你，陪著你一路發展，幫助你努力克服生命的課題，提升你的覺知。不過有許多占星技巧可以幫助你追蹤，讓你深入理解你這一生經歷特定發展的時機。你可能已經準備好用另一種方式成長，這跟你一兩年前截然不同，甚至跟六個月前也不一樣，而有些方式可以追蹤行星的移動，凸顯你很可能在何時經歷這些改變或發展。這可以被稱為「預知星盤」，或是檢視當這些時刻來臨時，本命星盤會如何受到影響。

占星學中有一些技巧可以預知你的星盤，提前檢視你的發展時機。其中一種最常用的方法就是行運法（transit），這就像是「行進」。我們出生之後，行星會繼續移動，隨著時間過去，它們會繞著我們的星盤行進。所謂的行運的行星，就是該行星目前的實際位置。你的本命盤會顯示當你出生時，你的月亮在哪個位置，但是現在的月亮在哪裡？這兩個月，或是這二十個月內，月亮又會在哪裡？

每一個行星移動的速度都不一樣，所以當我們想要知道一個行星在某一個特定日子的位置時，我們可以使用星曆表，這是一本表格形式的書，裡面列出每個行星每一天的位置。電腦軟體就是利用這些表格來運算星盤。月亮每天移動約十二至十四度，或是半個星座（若是用度數衡量星座，每個星座的長度約三十度）❶。所以你出生時月亮的位置是牡羊座十五度（牡羊座的中間點），你出生兩天後，月亮大約位於金牛座的中間點，依此類推。從你出生後大約二十八天，月亮會回到你出生的位置。

推運（progression）就像行運法一樣，可以追蹤你的生命發展的時機，但這是運用另一種計算方法。行運代表一個行星在任何特定時間點位於天上的實際位置；一個推運的行星則是這個行星的象徵性位置。如果你想要找到推運行星的位置，我們可以把一天當成一年，這意謂著任何行星一天的實際移動，代表一整年的推運移動。

讓我們用上面那個例子說明。月亮一天移動約十二至十四度，這幾乎是半個星座的距離。因此推運的月亮，在一年內會移動十二至十四度，約是半個星座。所以，一天的實際移動等同於一年的推運移動。這個概念聽起來很奇怪，其實不然。史蒂芬・佛瑞斯特曾在《變幻的天空》（*The Changing Sky*）用狗的年齡做例子。當有人說一隻狗的年齡等於人的七十歲時，大部分的人都懂是什麼意思。這代表按照地球的年的算法，這隻狗大概是十歲。但是在一般的談話中，我們知道狗的七歲，代表地球的一年，實際活了一年。推運的月亮也是同理而論。實際的一天代表演化成長的一年。推運的月亮每年會移動十二至十四度，所以只要兩年就會經過一個星座，大概也是花

❶ 十二至十四度是月亮每天移動的平均範圍，不過這個範圍可能在任何特定的日子出現變化。當我們在計算推運月亮的準確位置時也是如此。

同樣的時間通過一個宮位。❷

推運月亮的意義

我們為什麼要注意移動這麼慢的東西？因為觀察移動比較慢的行星，可以讓我們對生命的循環有更深入的認識。我們在這裡討論的是演化，而不只是轉瞬之間的事件帶來的心情改變。推運月亮的週期剛好足夠累積發展和意義。在這段時間，我們對一件事有了足夠時間的體驗，足以開始全心投入，但又不至於久到完全融入我們的生命背景。當推運的月亮沿著你的星盤移動時，可能是某件事正在發生，或是剛剛發生，或是即將發生。雖然推運的月亮會在一個星座停留超過兩年，但是你會更頻繁地使用這本書。當推運的月亮與你的金星形成三分相，與你的火星形成四分相，或是變換宮位和星座時，你可能都會想拿起這本書翻閱一下。

占星學詮釋「推運」（progression）的概念很簡單，你只要想一下推運這個字的字根：進步（progress）。當我們成長時，我們會改變。我們會有各種不同的經驗改變我們對世界、對別人和對自己的認知。我們的本命星盤會指出前方的路，顯示我們個人的演化道路，而推運的行星可以幫助我們追蹤這些演化的需求如何發生。當我們觀察自己推運的行星時，我們可以理解自己在過去經歷的改變，也可以知道在個人的演化之旅中正處於什麼階段。

在第一部中，你已經學會本命的月亮星座可以顯示什麼是我們的情感需求，我們需要什麼才能感到快樂，或是至少是覺得舒適，還有我們如何滋養和照顧自己。推運的月亮可以看出什麼是我們演化中的感情需求。有些事情是不會改變的，像是我們情感的基礎，但我們總會有一些改變令自己大吃一驚。當你發現正處於人生的新階段時，可能會需要某個你在兩年或五年前完全不需要的東西。

你的情感注意力

史蒂芬・佛瑞斯特曾說過，推運的月亮就是你的情感關注的焦點。我們都知道如何衡量正負兩面的因素，然後做出合乎邏輯的決定。但是即使我們有各種理由去做一件事，最後可能發現自己還是做了另一件事。這並沒有什麼理由，只因為我們真的很想這麼做。這本書不是要討論你應該控制自己的情感衝動，或是把邏輯拋到腦外，而是要你依照情感的意向，運用情感的反應。我們的心會想要心所想要的事物，這已經搞砸了許多安排妥善的計畫，很多時候我們應該感謝自己這麼做！你的推運月亮的位置可以告訴你，你現在的焦點放在哪裡、什麼能引起你的注意、你正在夢想的事物，還有為什麼如此。這就是推運的月亮為何如此重要，因為這可以看出你的心在任何特定時期鎖定的目標，而既然心會轉為頭腦，你會發現對於你生命的每一個篇章而言，推運月

❷ 宮位的範圍大小是會變化的，這跟星座不同。宮位是根據出生的地點決定，根據你在地球上的位置計算得出，因此每一個人當然都會不一樣；星座是根據環繞地球的天空和日期決定，這不會因為你的出生地點改變（除非你是在另一個星球誕生）。

亮都是非常強大的工具。

月亮代表我們的感覺，也代表我們的心情，當你的推運月亮通過一個星座時，你可能不會兩年都是一樣的心情，無論是好心情或壞心情。當你發現很容易自動陷入某一種心情時，這就比較像是當你長時間沉浸在各種不同的情感狀態之後的演化進步。你必須體驗這些情感、渴望和動機，透過這麼做，你才有機會累積每一個生命階段試圖教會你的東西。

結合本命月亮和推運月亮的意義

你在每一個月亮推運時期學到的功課與經驗，並不會取代你的本命月亮的需求。你要把本命月亮想成你的身體，每一次的推運就像是試穿不同的衣服。比較像是一種裝飾：你試穿某件衣服，看看感覺如何；在月亮推運的每一次週期，你會花兩年在試衣間中，當你穿上這些衣服時，你會真正對自己有些認識。你還是你，但是一些新的經驗可以幫助引出更多的你，幫助你成長，加強一些你之前可能從未以其他方式運用的力量。

舉例來說，你的本命月亮如果是射手座，你可能會維持一些帶給你自由感受的經驗，如此你才可以不受拘束地隨風飄蕩到任何地方，展開新的冒險。不過當你經歷推運月亮在摩羯座的時期，你不會改變自己的本質，但你可能會被鼓勵去嘗試比較保守的一面。你一開始可能會覺得緊縮受到限制，但可能也會做一些很棒的事，幫助你落實常常過度氾濫的射手座潛力。你的腦海中總有許多想法，而在推運月亮摩羯座的時期，你也許會發現自己會特別利用其中一種想法，澈底將它付諸實行。射手座能量的挑戰之一就是過度擴張自己，但是推運月亮摩羯座可以幫助月亮射手座的人聚焦。這不會改變你的核心本質，但會揭露你無法輕易用其他方法發現的潛力。本書的能量整合：本命月亮、推運月亮的相位說明，會更完整地介紹本命月亮和推運月亮之間的互動表現。

你現在需要什麼滋養心靈？

告訴你一個祕密：你不需要這本書來告訴你——在任何特定的月亮推運時期，應該怎麼過日子；你只需要知道，在任何特定的月亮推運時期，如何好好地過日子。無論你是否知道推運月亮的星座或位置，你都會回應推運月亮的能量。不過當你知道即將發生什麼時，當你知道正在經歷什麼時，當你通過這片變化無常的水域時，這都能幫助你的頭腦冷靜（或者讓你的心保持平靜）。兩者的不同之處在於，你是策略性地敞開心門，接受新的經驗，還是重重地撞牆，落得鼻青臉腫，一頭霧水。

我們常會發現自己會不由自主地去感受或體驗一些事物，這些事物與我們平常想要的東西極為不同，而我們的顯意識會自動拒絕相關的想法進入腦海。當你的推運月亮進入比較困難的星座或宮位時，特別容易出現這種情形。當我們看到一個困難的推運出現時，本能反應就是趕緊臥倒找掩護，但這會完全錯失目標，最後只會浪費力氣，挫敗收場。你可以跑，但你躲不了！當你正面應對情感的浪潮時，即使是風大浪高，充滿險惡，最後還是會比堅持留在港口避風頭獲得更多情感的滿足。這些港口曾經過試煉，曾經真的很安全，但已不再是你的避風港。我們長大之後必須捨棄一些情感的習慣，就像丟掉我們的舊衣服，換掉舊髮型。

根據推運月亮設定目標

既然我們把這本書還有占星學當成一種認識自己、促進自我成長的工具，鼓勵你利用書中每個部分的建議去參與一些活動，幫助你用一種更明確的方式經歷情感的演化。當推運月亮進入你的五宮時，你該怎麼做？你要每個禮拜騰出一點時間做一些具有創意又有趣的事。不要只是嚷嚷著會做，或是口頭說說應該這麼做，而是實際安排時間去做。或是如果意願很高，不妨報名上課，探索一種你願意投資的新嗜好或舊嗜好。況且時間已經騰出來了，就一定要現身上課！

你可能會說：「但這是月亮，難道感覺它還不夠嗎？」這不盡然。我們太容易讓這成為一種嘮叨，一種從來不會浮上檯面的暗示，但這只會不斷折磨著我們，讓我們體內充滿一股沒有被回應的渴望。擁有自由意志代表你可以選擇走出去，有意識地接受這股能量，但這也意謂著你可以坐在沙發上，等著生命流逝。建議你利用一些活動和方法，將這股能量引入你的生命中。這不是要在你已經超載的行事曆中添加更多事情，加重你的負擔。記住，這是月亮。當你做這些事情時，你會真的感覺很好。推運月亮代表我們的心轉到哪個方向尋找滋養和喜悅，或是最基本的休息和慰藉。

現在，設定目標不只是把一件事列入你的行事曆，每週做一次。當你已經坐著等待一陣子，熱身準備迎接推運月亮轉換的新能量，你一定會想開始專注投入——推運月亮在你的星盤位置象徵的生命領域。但你有兩年的時間運用這股新能量，兩年之後，你想要變成什麼樣的人？讓我們回到推運月亮在五宮的例子，你可能覺得必須有更多樂趣，必須更自在坦率，或是更專注在一些創造性的計畫上面，讓自己快樂和滿足，不過你到底會變成什麼模樣？五宮的功課是要恢復一種能力，要你去玩樂、創造，對自己和生命有足夠的信任，可以自在地表現自己。你要設定一個目標找回內在的小孩，記得如何玩樂，沒有保留，書中建議的活動可以幫助你達成這個最終目標。

詮釋你的推運月亮

當你知道自己推運月亮的位置時，可以查閱接下來的介紹。這一部分是提供你一些深度的覺知和建議，告訴你如何透過星座和宮位，充分利用每一次的月亮推運。我們的星盤是一張複雜的圖畫，你不可能獨立拉出星盤中的任何元素，不去考慮這個元素在運作時的背景因素。舉例來說，一個人的太陽是金牛座，月亮是雙子座，他的經驗和個人真理，絕對和太陽在牡羊座、月亮是雙子座的人截然不同，儘管他們都有共同的雙子座需求。現在請好好享用下面的介紹，也希望你盡可能地延伸，你要知道，這永遠無法完整描述你所有的經驗，或是必須經歷的體驗。

體驗星座或宮位的轉換

想像自己要通過一個隧道。你會發現在進入隧道之前，就看到隧道出現在眼前了。當你進入隧道後，光線和空氣明顯改變，如果裡面很暗，你可能必須適應一下。當你繼續前進時，你的眼睛適應了，你也習慣新的節奏和環境了。現在你看到了隧道的盡頭，發現光線再次改變。當我們看到轉變來臨時，很自然地會預期轉變的出現。現在我們把這個道理套用在推運的月亮，可能會看到一個生命階段的來臨。舉例來說，我們如果剛好知道即將開始一份新工作，或是即將有寶寶了，我們知道事情將會出現改變。不過，即使沒有看到事件即將發生，或是無法做任何計畫，還是常會感受到空氣中有些許不同。

你的星盤中的進展，特別是推運的行星，通常不會在一夕之間出現。當然我們的生命中會出現一些牽涉極廣的事件，在一瞬之間永遠改變我們，不過整體的演化通常是緩慢的進程。覺察到新的真理，改變態度，這通常需要時間，即使我們在突然之間理解在潛意識中醞釀的東西。就像每個推運週期要開始時會出現一個時間點，你會開始注意轉變，發現最近有不同的感覺。對於許多人而言，這可能會是在實際推運週期開始之前的一至兩個月。因為我們總是慢慢地發展，所以從一個推運週期轉換到另一個推運週期，也是緩慢地建立心中改變的需求。不過你可能會置身於這股新能量中，在過了一個月或更久的時間，才真正發現某件事情因為你而改變了。

推運月亮過境十二星座的心裡狀態

當你要認識星座時，記得基本的準則：星座代表我們現在是什麼樣的人，我們的風格、特質和心理過程，而宮位代表生命的活動、我們做的事情。我們會用名詞和形容詞描述星座，像是直接又坦率的牡羊座能量、滋養和溫和的巨蟹座能量。

不要忘了，當你的推運月亮通過每一個星座時，也會落在某一個宮位內。推運月亮通過的星座可以告訴你，你會用哪種不同的風格和態度表達自己的需求，還有你必須理解哪些事情，才能獲得情感的滿足，而你的推運月亮所在的宮位，則能告訴你——你會去探索哪些類型的活動和生命領域。舉例來說，當推運月亮通過雙子座時，你會想要學習一種或更多的新事物。你會改變思考風格，開放接受你觀察到的事實，不斷詢問自己或別人，而非很快的下結論。如果你正在經歷推運月亮通過雙子座，但是是在六宮，你會發現必須在工作環境裡更批判性地思考，提出更多問題。你可能透過在職訓練、目前或新的工作中，探索學習新事物的渴望。然而，如果你正經歷推運月亮在雙子座，但是在八宮，你可能會用盡所有最深入的方式理解並分析自己，也會勇敢面對、認識自己的一些恐懼。

這些針對推運月亮通過各宮位的建議，是希望你開始思考現在的需求是什麼，如何面對它們。我會先介紹，一開始會如何感受到轉變、會帶來什麼更深刻的課題，但最重要的是，儘管月亮與感覺和本能有關，但我們都是習慣的產物。舉例來說，你在推運月亮在牡羊座的期間，已經習慣用一種「追求我想要的」方式，快樂地過了兩年，然後推運月亮就進入金牛座了。推運月亮在牡羊座時，你已經培養一些適應這些需求的習慣和規律，現在你可能得花點時間，讓自己的日常生活跟上新的情感轉變。最重要的是，你要知道儘管自己可能有不同的感覺，你的生活會自動地有所不同，但你不會自動開始改變你的行為，去適應自己的新需求。你可能感覺不同，你的日常生活規律仍是來自舊的週期，然後你會越來越不快樂，對自己以及正在做的事情越來越不滿意。在你開始調整之前，必須重新評估自己的生活。

♈ 推運月亮在牡羊座

你更常憤怒，覺得自己妥協太多

「勇氣不是沒有恐懼，而是一種評估，認為有比恐懼更重要的事。」

——美國作家安伯羅斯・雷德蒙（Ambrose Redmoon）

轉變的浪潮

經歷推運月亮的每一次週期時，當我們與新能量相處一陣子後，就會開始習慣特定的情感反應。當你剛完成推運月亮雙魚座的週期後，一定會經歷到一種情感上的開放與柔軟。在那個週期，你的工具是同情和同理心，那在當時是很適合的。但是當你變得更柔軟、更脆弱時，如果衝突出現時，你常需要努力地置之不理，才能對別人的遭遇表現同情。你也必須學習放下一些控制，才能學會更高階的功課，也就是認輸和謙卑的功課。如果你在某個生命領域一直如此，做得太過分，就會開始引起你的憤怒而非同情，牡羊座就是一個絕佳的解決之道。

進入推運月亮牡羊座的週期時，你更常感受到的情緒便是憤怒。即使你非常有自信，很有權威，還是會覺得自己在某些生命領域中妥協太多。這可能是你變得太過通融，或是犧牲太多，以便完成其他更重要的事，或是做出合理的決定，而非你真正想要做的決定。在這段時間，權力的失衡，或是覺得有一些生命情境讓你沒有足夠的空間自由呼吸時，都會開始感到憤怒，開始覺得受夠了。

有些人可能會發現，生活中開始出現一些生命情境讓他們必須捍衛自己，像是自己的工作職位、在關係裡的個人需求，甚至是自己的信仰。生命就是如此推動著我們，要求我們在必須採取行動的地方有所作為。

你也可能發現有很多精力想要發洩，甚至覺得像是一頭被關在籠子裡的野獸。在這段時間，你可能很難控制自己，無論是情感上、言語上甚至是肉體上。各種類型的情感似乎更容易浮上檯面。推運月亮牡羊座可能意謂著為自己清出一條路，掃除障礙，而你有時需要累積巨大的能量才能做到這一點。這就像是一陣猛烈的暴風雨，推運月亮牡羊座可以幫助你穿越風暴，讓一切雨過天青。

真正的方向

牡羊座的象徵符號是公羊。公羊最出名的就是用頭猛撞，而你會在推運月亮牡羊座的週期結束之前，發現自己正在這麼做！但公羊需要事情去迎面正擊，所以在這段時期，你可能會嘗試著直接面對生命的需求。平常如果喜歡衡量正反兩面的因素，帶著理性和謹慎態度做事，那麼這段期間對你而言可能很困難，因為你被要求少想一點，多做一些。

這不意謂你無法運用理性，或是會做出不負責任的決定！但是此時最重要的是，與你的意志建立直接連結，而意志不是來自理性；它是源自身體和靈魂的深處，然後才會進入腦子裡。你通常有很好的理由讓別人先做，或是衡量選項，或是蒐集更多資訊，但做太多這樣的事，只會讓你很無能。你無法聽到自己想要什麼，因為你對欲望和驅動你的事情的本能反應，很多都可能因為生活在集體社會裡，而被過濾掉、被削弱了。我們常被要求要馴服聽話才能好好過日子，結果就是與我們的動物本能切斷連結——例如欲望、權力和意志。

這個推運週期並不是要你自私，而是要你記得，你就像別人一樣，在地球上身而為人，你也有需求和欲望。你也有權「占據地盤」，就像這地球上的其他人一樣（占星師史蒂芬．佛瑞斯特的說法），而這個推運是要你記得你想要什麼，還有該如何得到你想要的東西。很多時候，我們會因為一些藉口或恐懼，讓自己卡在原地無法前進，而推運月亮牡羊座可以幫助你和這些東西達成協議，讓自己突破。此時只有你可以完整控制自己和自己的人生。你要活出人生，占領你的地盤。

掌控之道

一、勇氣！

推運月亮牡羊座可以透過加強勇氣，教會你力量的功課，而勇氣來自於自我試煉。你要讓自己站在前方面對危險，或是一件你很害怕的事，然後不要逃跑。一個人為什麼要這麼做？答案是為了看到自己的本質。而我們常常比自己想像的更加強悍。

當你面對令你焦躁的情境時，可以鍛鍊你的意志「肌肉」。我們通常不知道自己的力量，直到我們被召喚去利用它。我們常常看到一些比較極端的例子，像是新聞報導一位母親為了救自己的孩子，舉起不可思議的重物，或是有人困在洞穴或在健行時受傷，經歷嚴峻的危險考驗活了下來。這些情境會勾起我們的勇氣，因為這攸關生存。當你面臨生存的緊要關頭時，會為了讓自己活下來，做一些從未想過的事。

在我們的日常生活中，這些事情每天都會出現，只是比較不緊張、不重要。生存可以是持續的肉體生命，但這也意謂著一個人覺得人生充滿活力，可以採取行動，而不只是活得像個孤魂野鬼。推運月亮牡羊座就是要你揭露所有的自我壓抑，或是缺乏勇氣冒險的一面。但這需要練習，而你需要讓自己置身其中，才能實際練習。

二、消除阻礙

推運月亮牡羊座感覺就像茶壺的水就要煮沸了。所有的壓力都已經累積浮出表面，就要沸騰溢出了，這就是推運月亮牡羊座必須做的事。當你釋放壓抑的情感和不必要的約束時，你不只會感覺更好，還會與自己深層的動機重新建立連結。你記得自己想要什麼東西嗎？你記得自己膽敢想要什麼東西嗎？停滯的狀態可能會導致我們維持一些模式，長期地麻痺自己。

如果你害怕對抗你的老闆、你最好的朋友或是你的老師，現在可以鼓起勇氣。如果你一直在避免某件事，現在適合直接衝向它，正面解決。如果你一直渴望做某件事，現在就是冒險的好時機。這不代表你必須和人咆哮爭論，或是做一些極限運動。你可以用自己偏好的風格，用自己喜歡的方式進行[3]。但是這裡的底線就是，對於已經忍受很久的狀況，或是因為不採取行動而惡化的狀況，現在就必須採取行動，才能記得自己為何能在一開始就充滿活力。

三、冒險的事

此時的情感需求就是挑戰自己，積極採取行動，這可能帶來恐懼感，但也會令你興奮不已。當你做一些害怕的事情時，需要冒險，這可以幫助我們在生活中建立一種力量的感受，然後有勇氣採取行動，而不是躊躇不前。但是，某一個人的冒險可能只是另一個人的日常生活，我說的「冒

---

❹ 如果要判斷自己天生的對抗風格，最好的方法就是看火星在你本命星盤的位置。

險」，指的並不是飛機跳傘，這不只是胡亂地面對挑戰，然後試圖拋開恐懼，而是找到動物本能的力量和意志。你知道在必要時可以透過這種本能保護自己，你也很清楚它是活生生存在的。所以你要策略性地鎖定自己的恐懼。什麼樣的恐懼讓你有所保留，無法活出完整的人生？你讓什麼阻擋了自己的意願？試想你可以明確地回應這些恐懼。這是跳下飛機嗎？或者只是重新回學校念書，這在理財上也許有點冒險，但是能投資自己？或是向新認識的人介紹自己，或許是分享你的看法，甚至是你的真實感受？冒著受傷的勇氣，跟攀上陡峭懸崖的勇氣，同樣令人嘆為觀止，不可思議。

四、兇猛生物

在推運月亮金牛座的時期，我會要你開始意識到每種動物都具有某種本能性的常識，而這是與季節的自然節奏以及自己的身體達成和諧的結果。不過當推運月亮在牡羊座時，我會要求你特別聆聽動物的凶猛的心。每一個人都有喜歡的行動風格，但是當你追隨著自己的意志時，有時會產生副作用，這代表你必須放下一些你已經達成和諧的「美好的」或「謹慎的」規則。你要找到自己內心深處未被馴服的那一面，真正地去感受它。你必須與「我想要，我要得到」的想法重新建立連結。

叢林裡弱肉強食，不是吃，就是被吃。在人生旅途中，我們很容易忘記社會結構下這股真實的暗潮流動。我並不是說你一定要殘忍無情，不過在這段時期，你可能更容易意識到這個概念。當推運月亮在牡羊座時，參與競爭是很有用的，畢竟，什麼是競爭？是當兩個或兩個以上的生物爭取共同想要的東西，無論這是耀眼的戰利品、珍藏的夢想，或者只是一種自尊。如果競爭讓你留下壞印象，不妨想一下過去競爭的成就，然後試著表現自己最好的一面。

五、讓身體動起來

要記得自己內在的動物性，找到身體的力量，移動身體肯定是最有用的一種方法，這也可以讓你有好心情。過去被壓抑的情感正在浮上檯面，如果你沒有地方處理它，或是它在一開始太過強烈，讓你無法在生活或關係中釋放，體能活動是一種釋放能量的最佳方式。你可以透過運用你的身體找到活力和自信，這可以幫助你回到生活中，做好該做的事。你也可以藉此消除過多的精力。如果你沒有地方發洩精力，這可能會重新回到你的身體內，造成更強烈、更持續的壓力與焦慮。

如何避免被浪潮捲入大海？

一、遷怒

戰士的原型是牡羊座很好的代表，但戰士不打仗時要做什麼？假設你在一個情境中，必須站起來捍衛自己，必須對抗。如果因此挫折或生氣了一陣子，但你可能沒有說出口，這股能量就會累積，它不會消失，只會不斷地循環。如果發現自己越來越常生氣，都是因為你沒有找到建設性的方式發洩過去的某種憤怒。這股憤怒會越來越常出現，你很可能把這股憤怒發洩在無辜的旁人身上，而這是很危險的。

在這段時期，你會被要求在必要的地方捍衛自己，捍衛自己的領土。但是這股被強化的能量通過你時，你可能會用分散的方式或朝錯誤的方向發洩。這不是要你挺身戰鬥，但有時候用盡各種方法避免一場戰鬥，反而會導致戰鬥發生。如果你有某種不可以改變或不能被阻止的需求，可以決定要如何應對：用直接的方式，像公羊一樣正面衝撞；或是逃避它，直到覺得被逼到角落，陷入困境。

二、感受灼熱

你可能用意料之外的方式，或是在不相干的狀況下發洩累積的憤怒，所以留意，不要到頭來用了一把機關槍殺一隻蚊子。在這段時間，你很可能殺傷力很強，因為你很難控制這股累積的能量，所以你可能會害怕發洩它時，自己會莽撞行事。不過你到底是因為其中的問題或是逃避而累積憤怒，到底是哪一個原因導致最後的爆發？

推運月亮在牡羊座時，最重要的是，記住這不代表你有一張執照可以去殺人或任意揍人一拳（無論是象徵性或實際上）。這是一股衝動，可以幫助我們消除疑慮或積怨，去處理或釋放衝突，幫助你重新找到自己的意志力和動機。當你在衝突中與一個人交涉時，你要注意反應的程度是否合宜。要確定只說必要的話，只是表達自己的懊惱，但不要把別人當成你的沙包。

遷怒或發怒過了頭，問題可能不只是太過刻薄或傷害別人。當推運月亮在牡羊座時，如果沒有選擇處理衝突或面對恐懼的方式與理由，這些東西很可能爆發，因為我們再也無法忍受了，而它們爆發時，通常比我們想像的更具破壞性、造成更多的分裂，也更傷人。到頭來，我們可能不是跟一位朋友解決衝突，而是互相叫囂大罵，毀了後路。我們可能不是忍受懲罰小孩的不安，而是把壓抑的憤怒發洩在他們身上，真正地傷了他們。這些狀況實在很不好，在這些例子中，我們通常會在問題形成之前，避免主動去做一些明知該做的事，然後我們就會被迫面對問題。此時我們不會覺得自己有能力解決，而是覺得很無力。這就是我們在這段時間學到的負面教訓。刻意地發起行動，有目的地參與——而不是被迫反應或捍衛，就是在這段時期最能療癒你的方式。

三、壓力管理

推運月亮在牡羊座時，衝突和對抗會更常出現，你也會更常覺得自己必須更果斷，但你很可能因為這些狀況帶來的延續壓力變得很脆弱。這個推運時期其實是要試圖幫助你釋放一些過去累積的壓力，但是面對和解決這些問題的過程可能會帶來焦慮，讓你感受到更多的壓力，直到問題解決為止。很多人在這段時間會發現壓力的症狀變得更嚴重，無論這是表現在情緒上，像是很常沒耐心，或是表現在身體上，像是血壓升高。在這段時間，你的生活中也可能出現更多需要面對和採取行動的問題，這讓你有機會去解決問題，放下問題。但是如果你不這麼做，問題只會惡化，到頭來無法解決。

♉

推運月亮在金牛座

你容易疲倦，注意身體發出警訊

「在喧擾和慌亂中平靜前行，記住和平也許就存在於寂靜之中。」

——美國詩人馬克思・厄曼（Max Ehrmann）

轉變的浪潮

當你的推運月亮在金牛座的週期開始熱身時，你會開始發現自己需要更多休息，而這與推運月亮在牡羊座的力量湧現截然不同。你很可能發現自己的身體似乎比平常需要更多睡眠，更容易疲倦。你的本命月亮如果是比較活躍的星座（例如牡羊座或雙子座），你可能會發現不能像過去一樣體力透支地做事，而你可能需要一點時間才會注意到這些來自身體的訊號。

在這段時間，你對日常生活整體混亂的容忍度也會降低。我們很常看到人們在這段時期，更容易被平常不會注意的景象和聲音轟炸，覺得無法負荷。你可能會覺得明亮或耀眼的光線變得更刺眼。巨大的聲音，或是即使只是許多聲音混在一起，像是人們談話時、電視發出刺耳聲響，外面還有車子經過的隆隆噪音，你都會覺得無法忍受，煩躁不安。在推運月亮金牛座的時期，你特別需要平靜的環境，你也可能更容易覺察到侵入空間的事。

真正的方向

推運月亮在金牛座與重新找到寧靜和內在的和諧有關。當你渴望更多的休息，開始無法忍受混亂時，這些都是訊號，意謂著你需要重新找到與自然連結的內在自我。推運月亮牡羊座帶來壓力的副作用，可能讓你越來越遠離自己內在的自然韻律，讓你無法放鬆。你可以在此時做一些事，重新調整自己的內在時鐘，依此行事，而不是遵守自己或別人安排的行事曆。

推運月亮在金牛座也代表要找到生活的穩定和安全感。當我們的日常生活能有一種結構性，足以滋養和支持我們，而不是壓垮或搾乾我們，內在的平衡就會如百花綻放般出現。當你的生活有一種可以預期的規律，你就比較容易放鬆，可以深深地呼吸吐納，而這就是你的心此時最渴望的事。然而，人生並不會因為我們的要求就放慢腳步。你可能會遇到挑戰，學習如何維持內在的平靜，即使外面的世界正召喚你進入它的戲碼和混亂之中。

掌控之道

一、放慢和穩定才能勝出

隨著社會進步，我們很容易找到更好、更有效率的方式填滿時間過日子，以致超出平常的負荷。許多現代的便利及發明，原意是要讓我們在生活中節省時間，做自己想做的事，很多人卻發現自己越來越沒有時間喘一口氣！我們會告訴自己隨時可以休息，會說「放假之後，我就可以……」或是「我只需要完成這個工作計畫，然後就可以……」但是到最後，我們變得完全不再聆聽內心的需求，習慣活在一種虧損不足的狀態中。其實，放慢腳步往往比跟上（或緊追）行程表更花力氣。在這段推運時期，你會接收到身體和心發出的強烈訊息，要求你放慢腳步，但你不會因此自動地改變行為模式。這是要由你來決定，是否要聆聽自己的需求，願意去改變生活，騰出一些空間來滿足這些需求。

二、建立規律

金牛座是土象星座大家庭的成員之一（另外兩個是處女座和摩羯座）。土象星座喜歡務實和井井有條的風格，這能創造真實的結果。當你的推運月亮進入金牛座時，最明智的應對方法，就是思考一下目前的生活規律，有必要的話，做一些改變，讓自己有更多的喘息空間。更加意識自己會對什麼事情說好，為什麼會答應這些事，這可以幫助你知道，可以在哪些地方釋放自己。日常規律不代表限制或禁止自己，特別是在這段時間。這是要幫助你知道——可以預期什麼，能適應融入一種節奏，讓自己能放鬆。如果你能覺察到自己擁有什麼資源，將能幫助你知道該如何明智地運用它。

三、與你的身體重新連結

你可以觀察一般的家貓。貓累的時候就睡，餓了就吃。貓是依循動物的本能過日子，這指的是對身體需求的自然反應。你要讓這種動物性的自然能量進入你的生活。我們當然不可能把行事曆丟到資源回收桶，但我們可以學習如何用一種更自然、更健康的步調過日子，即使我們必須規劃每天的生活，還一定得把事情完成！你要試著感受身體，伸展你的身體，寵愛你的身體，留意你的身體吸收了什麼，添加了什麼。如果你一直在忙碌中進食，老是吃一些耗損能量的東西，或是完全跳過一餐沒吃，現在是一個好時機，你可以思考一下如何緩慢地、有條理地改變飲食習慣。

避免一種自我剝奪的飲食形式。推運月亮在金牛座是要讓你的身體覺得舒適，限制或剝奪自己是沒有用的。你應該聆聽自己的身體對於吸收的東西有什麼反應。你是否在吃了某些食物後，感覺很好、很放鬆？你是否在吃了某些食物後，覺得充滿能量，或是疲憊不堪又浮腫？適量健康地縱容自己，是很合適的做法：吃一些你喜歡的食物，有助身體的享受，但不要過量。在這段時間，你要讓一種對於身體的常識及自然反應來引導自己的行為。

健康的生理規律可以幫助一個人增加內在的幸福感，但是在推運月亮金牛座的時期，這會帶來極為不同的效果。如果有規律運動的習慣，繼續保持！如果沒有，金牛座的運動包括瑜伽、溫和的有氧運動，還有簡單的大自然散步。這不是要你強迫自己的身體，或是逼自己做任何事。試著想像一下，體能的活動可以幫助你找到身體的踏實感和舒適。這些事情不會對你的身體構成太多壓力，但是可以幫助你享受身體（想像一下好好伸個懶腰的感覺）[4]。

四、健康的自我接受

當你留意身體的訊息時，好處不只是身體健康。推運月亮金牛座也會帶來一種情感需求，你必須健康地接受自己的身體。如果對自己的身體有一些不滿意，做一點改變是很好的，這也是健康的做法。但是當推運月亮在金牛座時，你必須務實地看待自己的身體。我們又可以從動物的世界裡學到功課：你可以想像一隻大象照鏡子時埋怨自己的長鼻子嗎？或是一隻袋鼠抱怨肚子多出來的下垂嗎？這些事情不只是天生的，不只是美麗的，也具有功能。我們的身體不會永遠遵守完美的原則或是永遠有最得體的表現，但是身體很神奇。在這個推運週期，你必須努力與自己的身體建立健康的情感關係，必須接受自己的身體，接受它每天為你做的事情，你要照顧它，而不是懲罰它或隱藏它。你的心會要求平靜，所以要健康地接受你擁有的身體，而不是永無止盡地挑剔它，這樣你才能獲得內心的平靜。如果想要改變身體的哪一部分，那要是因為你覺得很好而去改變，而不是因為羞恥、尷尬或是自我懲罰。

五、享受寂靜

建議在此時冥想，雖然這跟身體有關，但是安靜的心也是一種環境，可以導向沉靜和和諧的心。你可能很享受傳統的冥想技巧，但也可能嘗試一些非傳統的方式讓自己安靜下來，像是花點時間走進大自然。如果有任何戶外的嗜好，像是賞鳥、露營、健行或釣魚，你可以花更多時間做這些事。園藝也是一種很實際、親自動手的方式來享受大自然。在你家的庭院、附近公園或樹林享受一段安靜的時光，也有同樣的效果。踏出家門，進入大自然，呼吸大自然的芬芳，傾聽大自然靜謐的聲音，觀察大自然的色彩，都能很快地讓你脫離喧囂紛擾，幫你安靜地與自己內在的靈性建立連結。

你在日常環境中會越來越需要安靜，像是你的家或辦公室。你的生活中如果有些人是出自好意，但是在你的身旁喋喋不休，或是總是要演出一些戲劇性的情節，你可能需要禮貌地遠離他們，或是學習如何從容地應付他們。金牛座有一種天生的常識和務實的態度，所以在這一段的推運週期，可以放下一些以前讓你焦慮不安的事情，不再煩惱。

---

❹ 你可以查一下你的上升星座，還有一宮內的行星，這可以為你的身體健康和需求提供一些線索。

六、不要為小事奔波

推運月亮在金牛座不是要你不動，而是要你有目的的動。金牛座的象徵符號是公牛，在一些世俗占星學的書籍中，會把這解釋成金牛座偶爾會表現的固執（就像牛頭一樣強硬）。但是公牛有一個目標，一個目的，或是一個重心，牛不會只是衝出去，而會朝著某個東西衝刺。在推運月亮金牛座的這段時間，你會被要求擺脫分心的習慣，不能漫無目的地睡覺或閒晃。公牛會專注在目標上，用一種持續且堅定的腳步邁向目標。你不能光說不做，也不能只為了有事情可以忙，就隨性地東奔西跑辦點雜務。

為了不讓自己抓狂暴走，你很快就會發現，當你知道如何讓生活簡單一點，就會感覺非常美好。通常最好的第一步就是把行事曆排出優先順序，這可以讓你的實際生活少一點雜亂。然而，你在此時也很適合檢視自己對於生活中的事物，會有哪些情緒反應。你是否壓抑自己的緊張？你是否太憂慮？你是否很容易生氣？對你而言，這個推運週期將是一個重大挑戰。它會幫助你維持性情穩定，但是如果你能有目的地與這些內在的需求合作，這將會帶來更多的療癒效果。你要練習給自己一點時間體驗情感的洗滌，然後再決定如何反應，如何採取行動。如果要回頭討論一件事，或是多休息一點，或是需要想一想再做決定，那就慢慢來。在做出回應之前，先花點時間讓自己的心穩下來。

這不只是把行動簡化，還要保持簡單的態度。金牛座最佳的箴言就是「事情就是如此」。金牛座的能量等同於常識，這是一種把事情貫徹到底的能力，不會焦慮，也不會大驚小怪。星盤中有很多金牛座能量的人，天生就有一種能力，可以突破某件事情的戲劇化和複雜，看到事情最簡單的形式。這個推運週期是在邀請你打破生命的戲劇化，你也會比較無法容忍別人在腦海中編織愚蠢的念頭。

如何避免被浪潮捲入大海？

一、以內在速度設定步伐

當推運月亮進入金牛座時，你的挑戰是如何踏實，如何找到你的核心，讓自己穩下來。然而你可能發現，當你把事情都應付得很好時，你就很沒精神，很想睡覺。這可能代表在身體上，你過度放縱飲食或是不動，導致長期昏昏欲睡，或是這可能代表在情感上，你覺得很無聊、缺乏彈性。金牛座知道生命的自然韻律的奧祕，而我們通常是透過放慢腳步來學習這件事，不過這裡的目的是，配合並允許我們的內在速度來設定步伐。放慢腳步可以讓人恢復精神，重新充滿活力，但是無所作為會令人麻木，而這也可能是這段推運週期潛在的陷阱。

無所作為可能只是一種懶惰，也可能變成抵抗的態度。金牛座與建立安全感有關，而這通常帶有規律與可預測性的成分。無論如何，在推運月亮進入金牛座的時期，你會被挑戰學習如何分辨外在安全感與內在安全感的差異。外在的安全感通常來自一份穩定的工作、一個家或既定日常規律這些事情。外在安全感是很棒的事，我們不應該阻止，但我們若是只依賴這些東西來獲得安全或安全感，就會發現自己對於失去這些東西，變得比較偏執、心神不寧。金牛座重視的是內在的平衡與平靜，你的身體感覺越踏實，將能幫助你建立內在的安全感。內在的安全感通常來自於一份理解：你知道無論周遭事物如何改變，我們都可以繼續向前，應付挑戰和外界的改變，因為我們內心的自我夠強壯。我們就像河裡的一顆大石頭，會被水流改變形狀，偶爾會被河中的碎石撞擊，但始終不會被沖走。

二、運用核心面對障礙

金牛座是一股忍耐而非抵抗的持久力量。舉柔道的藝術為例，柔道的英文Judo結合「Ju」這個聲音（柔和的意思），還有「do」（代表方法或道路，像是某種哲學）。在柔道中，如果你發現對手推你一把，或是揍你一拳，不要阻止這股力量，或是把它推回去，只要把它掃到一旁，讓這股力量在你的四周揮散，不要讓它進入你，或是回到對手的身上。攻擊者會因為自己的動力失去平衡，你不必抵抗這股力量，將它推回去。你要花更多的精力和能量才能建立一股屏障，這遠比你稍微移動自己、把對手推到一旁更加費神耗力。

這就像在河裡的石頭。如果允許生命的障礙在你四周打轉，並且運用核心來面對障礙，而這個核心是堅定的，深植於你本身的力量。那麼當你在應付外在的力量時，就能維持內在的穩定與安全感。但是你的穩定如果是透過外在控制環境凝聚而成，你會一直處於焦慮狀態，常會掉進水裡，擔心自己會淹死。就如一句話所說：「生命中唯一的永恆就是無常。」

♊

推運月亮在雙子座

你準備好接受新的想法和改變

「我唯一知道的事，就是我一無所知。」

——古希臘哲學家蘇格拉底

轉變的浪潮

當你經歷過金牛座舒適但困乏的穩定之後，會開始覺得準備重生，準備接受新的開始、新的想法和新的經驗，讓你的身、心、靈全面甦醒。金牛座是要我們用一種緩慢且穩定的步調，沉浸於事件的自然流動和生命的自然韻律。進入雙子座後，你會覺得自己準備好了，可以接受改變，但要視你的本性而定，你可能要花一點時間才能讓自己脫離——在推運月亮金牛座時期建立的日常規律。你現在會被很多之前沒有感覺的事情吸引，無論它們是新出現的，或者只是開始對它們產生興趣。此時你會有一種整體的浮躁不安和好奇心，讓你準備好接受新的資訊和經驗。

許多人的推運月亮在雙子座週期，都是從生命的某個轉變開始，無論這是環境的改變、人的改變，或是一種新局勢，都是要給予生命刺激的機會。這就像電腦開機一樣，燈光亮起，磁碟機運轉，生命又開始向前踏步。你的推運月亮通過的宮位，也可以反映情境改變的性質，也許是搬家或轉學，但這通常會讓你再次感覺生命有了新開始。這也許是以心智為目的，像是轉學，但也可能是任何事情。因為無論在任何時候，當有新事物進入我們的生命時，當我們試圖理解新的事物時，就會出現各種新的機會和挑戰。

我已經遇過有些人在這個週期開始時有失眠問題。有時很難找到原因，但最常見的答案是：他們無法讓大腦關機。生命不只是充滿可能性，生命也像是一連串的謎語，會讓你絞盡腦汁，左右思量，很難自動停止思考。而且就如我說的，當你隨著月亮推運進入雙子座時，經歷了一些改變和新的處境，你現在就可能必須解開一些新的謎語。這種改變帶來的自然副作用，就是生活整體變得更忙碌了，或者只是會有一些事情引起你的注意，一些你之前不在意的事。突然之間，似乎就有更多的事情要做。

真正的方向

當我們想到雙子座時，常會從不帶情感的風象元素的特質切入，像是智力的分析或溝通。但雙子座其實是一股好玩的能量，這既像是小精靈的本領，也是科學家的工具。我們會把好奇心當成一種工具，這甚至是小孩（還有貓）才擁有的奢侈品。現在的你已經準備好，讓好奇心再次進入你的生命之中，而當你這麼做時，你所有不知道的事或是之前沒有體驗過的事，都會變得很有趣。這個週期在邀請你睜開雙眼，生命正在告訴你，一切還不只如此呢！當你覺得無所不知時，矯正的方法就是看一點新的東西。你在這個推運週期的任務，就是找到一種你從未嘗試過的方法，去看待和體驗生命。

你現在已經到達一個情感革命的階段，此時你必須對各種不同的經驗和豐富的知識感到驚奇，興奮不已，無論這是來自外界或是你的內在。當你稍微刺激自己的大腦，就可能對你已經看過或已經學會的事情說出一些不同的看法。雙子座就像知識鎖鏈中的一個連結點，知道一件事情並不有趣，除非你說出來！這可能是一個好時機，讓你利用自己的聲音表達個人觀點，分享你已經知道的東西。

掌控之道

一、兩個人，甚至更多！

雙子座的符號是雙胞胎，這代表雙子座想要把人生過得很澈底，學習一些有用及無用的事實，這至少是兩個人的分量，甚至是更多人的！所以你要好好地延伸自己，儘量地寬遠。要讓自己處於一些能激發興趣的地方，如果每天保持同樣的規律，跟同樣的人相處，面對同樣的環境，很快就會覺得很挫折、習慣性地分心。當我們對自己「應該」專心的地方感到厭煩時，就說我們分心了，這麼說有些武斷。當我們不能衝動行事，不能辭掉工作，不能搬到國外，還是有一些方法動搖日常的規律，投資一些新的興趣。如果能替這股好奇心找到出口，就會覺得更完整。

學習一兩種新事物，一定是滿足好奇心的好方法。不過你的推運月亮目前經過的星座，可以看出你應該把注意力放在哪裡，或是說你應該從圖書館借什麼書回家，是九宮的外國文化？十一宮的社會學？五宮的創造寫作？哪一個令你著迷，你就追隨它。雙子座永遠不可能滿足太久，所以要一直跟著好奇心走，到達新的地方。如果一開始無法聚焦，不要太擔心，必須先花一點時間，嘗試所有的方向。

二、視而不見

波卡（pooka）是凱爾特傳說的虛構人物，通常與神話世界有關。它們會改變形狀，或是消失後重新出現，但通常都不是出自惡意，只是好玩，喜歡捉弄人類。波卡這個頑皮愛惡作劇的精靈，就象徵雙子座的能量。你必須允許自己展現輕鬆活潑的一面，引導這個惡作劇精靈的能量，幫助你找到雙子座的核心精神，也就是對經驗保持自由與開放的態度。當有人問：「為什麼？」它會說：「為什麼不？」當有人說：「不，我辦不到。」它就會說：「你為什麼不試一下？」它想知道，當它按下「這個」按鈕時，會發生什麼事。

雙子座的主宰行星是水星（Mercury），在英文中，這個字有多變和無法預測的意思。你要去嘗試。是否有一些你不敢按下的按鈕？每個人都會有害怕的東西，但你要記得，懷著一顆雙子座的心意謂著開放接受探索，而當你害怕或想要控制時，就無法做到這件事。不要因為你可以，就讓一些事情告吹；不要只為了想看看別人會如何做，就去傷害別人，但也不要害怕改變，不要對自己太嚴肅了！你的心需要一點放鬆的經驗。

如何避免被浪潮捲入大海？

一、消耗過度

你渴望同時間朝不同方向前進，這可能讓你變成多工作業的大師。你也可能更容易耗盡能量，特別是心智上，而且常在你發現之前就已經能量見底。如果你很難放慢腳步，至少要學習留意你的「電池低量」訊號已經亮了，你就知道要充電了。你可能同時間過於投入太多的事，以至於忘了注意時間，或是導致當你的身體或心理需要休息時很難脫身。但你如果不這麼做，就會出現一些更嚴重的問題逼你面對，像是更常頭痛或生病。雙子座是很愛玩，但是不斷地吸收東西，對任何人都會構成相當的壓力，即使是抗壓性很強的人也是如此。

當你擅長多工作業時，反效果就是長時間的專注能力變弱了，也無法只專注在手邊的工作。

之前提過，分心有時意謂著我們對於正在嘗試注意的東西已經感到厭倦了，但你如果被眼前所有的事情勾走，就可能很難專注在你真正想要做的事。這跟消耗過度是會連帶發生的，因為當你沒有重新充電時，就不會有充分的精力保持專注。

二、繞著圈子打轉

統計學是一種很棒的工具，可以用於整理及分析資料，或是衡量趨勢，預估趨勢走向。雙子座天生就很喜愛統計學，因為這可以快速學習某一件事的許多知識，看出其中的脈絡連結。統計學、表格，準備充分的論述，或者至少是快速表達的論述，都非常有說服力，而一般人都認為「統計學可以證明任何事」。不過這要看你如何陳述一個問題，否則一份調查可能會帶給人們錯誤的印象。端賴你如何嚴謹地蒐集資料，否則一個實驗可能無效。當你把一個東西反過來看時，同樣的東西看起來就完全不一樣。你的腦袋可能在一分鐘就跑了一哩路，對於學習貪得無厭，你可能發現自己會在一開始就輕信一件事，或者剛好相反，無法相信任何結論，因為有太多種合理的詮釋。如果發現自己的腦袋在繞圈子，感到困惑，你可能覺得無法負荷，所以你要記得你在推運月亮金牛座學會的功課。你需要的不是更多資料，而是一個平靜的核心，而這也許就是晚上好好睡一覺！

♋

推運月亮在巨蟹座

你渴望閉關，想專注探索自己

「溫柔與仁慈不代表軟弱和絕望，而是力量與決心的展現。」

——黎巴嫩詩人紀伯倫（Kahlil Gibran）

轉變的浪潮

此時，你的線路可能已經因為長期的刺激炸開了，所以隱退可能正在跟你招手，要你從對花花世界各種神奇事物的興趣，退回到只有幾種簡單樂趣的寧靜。你甚至發現自己渴望無聊！巨蟹座就像金牛座一樣，喜歡在生活中做簡單的事，因為這可以幫助我們釋放壓力，而當我們的手和腦袋都專注在某件事上時，我們很容易知道自己的感受。你現在可能發現滿足比興奮更能帶來滋養。

月亮與巨蟹座特別親近，因為兩者都重視一個人的內在情感狀態和需求。這時你很可能比較情緒化，你的心情似乎更常改變，也更容易改變。這可能只是因為你更重視對心情的覺察，所以你會更快發現情緒的改變。當你進入推運月亮巨蟹座的時期，這是很有用的，我們很快就會發現這一點。你很可能充滿了懷舊或夢想的心情，你也可能渴望閉關休息，但這要看你的推運月亮正通過你星盤的哪一個宮位。就某些方面來看，你正在深入探索自己，所以有時把自己藏起來，會讓你覺得很舒服。無論如何，你至少可以檢視一下自己的待辦事項清單，把一些比較不必要或沒有意義的事剔除，這將是一個好方法，幫助你減少一些混亂。

這個推運週期有時會伴隨著擔心，這就跟推運月亮在處女座一樣，但這種擔心可能比較不像焦慮，而是更著重於你的安全感，或是你對自己所愛的人、物質或其他東西的安全感。「安全」這個字常跟巨蟹座連在一起，因為你需要覺得自己受到保護才能放鬆，才能表現出柔軟和脆弱的一面。

雖然巨蟹座不僅限於「家和家庭」的刻板印象，不過很多人真的在這段時期實際建立了一個家、訂婚、結婚，或是有了孩子，甚至是養寵物，也會與推運月亮巨蟹座的週期同時發生，因為與心愛的人事物在一起，或是將心思放在家裡，是一種最有力量的方法，能讓你找到自己的心。我有一位個案很驚訝地發現自己在這段時間，竟然很喜歡做家務——像是烹飪和打掃，甚至開始上烹飪課，希望能增進廚藝。熱情洋溢的居家環境、美味的食物，或是充滿愛的家庭都有一個共同點——必然能為你帶來滋養。

真正的方向

巨蟹座的符號是螃蟹。螃蟹有堅硬的外殼，保護柔軟的內在免於受傷害。你在推運月亮巨蟹座的時期，需要找到自己的柔軟、溫柔和脆弱，你需要創造一個安全和安靜的空間，允許你揭露自己的內在，儘管只是向自己揭露。當這個時期要進入尾聲時，你會找到滋養你的事物，認清你想要滋養的對象。推運月亮巨蟹座，不會像推運月亮處女座一樣帶來激烈且無情的成長。前者是透過創造一個安全的環境，讓某件事在其中醞釀發展，然後透過溫和的方式鼓勵成長，後者則是偶爾透過嚴厲地分析缺點，藉此找到問題（還有解決方法）。抓住自己，稍微沉浸在自己的感覺裡，可以幫助你聆聽內心的需求，進而激發溫和的成長，帶來療癒。

在推運月亮雙子座時，你是憑著直覺去摸索，但是在巨蟹座時，必須完全掌握自己。推運月亮經過的宮位，不僅能看出什麼令你樂在其中，你需要從哪裡獲得最多的支持，也可以看出你在付出哪一種支持時能獲得滿足。之前討論過，巨蟹座也是代表母親的星座，這顯然與家庭和滋養的渴望有關。你關心什麼？你想做什麼來幫助成長？你如何幫助自己和別人成長茁壯？

掌控之道

一、建立自己的家庭基地

美國作家法蘭西絲・梅耶斯（Frances Mayes）說過：「家保護做夢的人。」家不應該只是四面牆，還必須是一個能保護你的避風港，也應該能替你在家裡或家外建立的生活提供基礎。這是你每一天開始和結束的地方，一定會支持或妨礙一天之中發生的任何事情。你要觀察並考慮一下，你的家庭環境如何支持你，或無法支持你，你又能做什麼加以改善？你的「殼」應該要能保護你，留住你，現在是這樣嗎？裡面是否有雙溫暖的手可以接住你，是否有一個柔軟的地方可以降落？你是否允許裡面的人接住你？你的殼是否提供一個安全的避風港，還是監獄？

就實際而言，此時你可能喜歡投資家的空間，無論是結構性地改善建築本身，或是內外的裝潢。有些改變是比較永久的，像是油漆或新的地板，有些改善則是持續的，像是園藝、每個禮拜換新的花，點芳香蠟燭。這些不僅能創造一個溫暖的家，還能反映出你的狀況，因此能鼓勵你放鬆，感受你需要的保護和支持。在這個推運週期，如果覺得想要閉關一下，至少確定有一個舒服的地方可以放鬆！每個人都必須在生命中擁有合適的支持，你要實際注意家裡的一切，這將可以幫助你嚴肅地看待這件事的重要性。

二、療癒者

推運月亮通過的宮位可以看出，你可以在哪一個領域發展治療他人的自然本能。照顧需要的人，並不一定要當護士或幼稚園老師。例如推運月亮在八宮，你可能會很自然地出現一股渴望，想要幫助別人治療心理創傷，或是幫忙他們面對恐懼的情境，而你只是聆聽，或是讓他們靠在你的肩上哭泣。在十二宮，你可能想幫助別人找到心靈的庇護所；在五宮，你可能透過藝術展現治療的天賦，或是幫助別人表達自己。當你透過天生的滋養本能、透過自己的方式表現柔軟的一面，你也能獲得療癒。這就像當一位母親抱著她的孩子安撫孩子，親一下孩子的小傷口，她也會覺得很美好。我們可以從你的完整的星盤找到答案，但是推運月亮在巨蟹座時，是一個好時機，你可以開始為這股療癒的渴望尋找出口。

在這個推運週期，任何必要的療癒都應該從自己身上開始。自我滋養是這段時間的重心，這就是為何我們會如此渴望閉關，渴望深深進入自己的世界，沉浸在自己的感受裡。你可能無法意識到自己的感受和需求，除非願意接受自己需要一些「私密時間」，你才能覺察。推運月亮通過的宮位可以提供一些線索，看出哪些活動可以幫助你接近自己的感覺。無論是哪一種情況，在這段時間，你要把注意力放在個人和主觀的經驗上，這對你的情感健康極為重要。

如何避免被浪潮捲入大海？

一、小心泅泳在內心世界

在這段時間，你可以遐行沉浸在自己的世界裡，但別溺斃了。當你在自己的感覺和內心世界裡泅泳漂浮時，很容易沒有注意到周遭發生的事，也無法去理解。你內在的所有東西感覺如此龐大：你的恐懼和需求，你的夢想和愛，可能都令你無法承受。我很肯定，你已經知道周遭的人無法讀你的心，所以當你如此浸淫在自己的經驗裡時，可能以為你已經向某人表達過某一件事，或是你正在與某一個人共同經歷一件事，事實卻非如此。不要忘記對外與人溝通你的期望、需求和想法，別人才可以幫助你平衡內在與外在的世界，你才可以理智地看待自己。

二、信任跌落的遊戲

在每一種訓練課程中，你可想見的經典「遊戲」就是「信任跌落」。這就是一個人背對著另一個人，大概兩呎的距離，一個人往後倒，讓後方的人接住自己。當我們知道預期的結果時，這個遊戲的強度就會少了一點，因為大部分的人都認為會被後方的人接住，不認為自己會跌到地上。不過這裡的概念在於往後倒的人不確定自己何時會被接住，或是不知道自己到底會不會被接住。

就許多方面而言，巨蟹座一直在玩信任跌落遊戲。你知道什麼時候適合下場試試水溫，你會在這裡稍微踏出一步，然後又在別的地方小試一下。愛與支持，永遠跟脆弱形影不離。如果不讓別人知道你很珍惜、你很需要，或是你不相信別人可以做到，你就永遠不會被接到、不會被抱住，也不會得到支持。在推運月亮巨蟹座的時期，可能必須解決你不讓別人滋養你或支持你的後遺症，這可能是在過去某些時刻，你覺得孤單、不被愛，覺得需要父母的滋養，父母卻不知為何無法如此對你。推運月亮經過的宮位可以看出你的態度、你之前的滋養經驗，或是缺乏滋養的經驗，然後你就知道該如何在必要的時候改變作法。

如果你必須在某個生命領域中接受治療，可能會為了兩種欲望掙扎不已：被愛的渴望，以及對安全的渴望。你可能會有一些破壞性行為，像是生氣；或是希望有人能注意你，問你一切還好嗎？而不是直接表達對愛的需求；或是製造一些間接或微妙的方式去「試水溫」，透過所有的方式來向自己證明愛的存在，而你可能在伸出一隻手抓住一個人的同時，又把另一個人推開。當你揭露自己的需要時，可能會被拒絕或忽略，但是你必須敞開自己，勇敢付出，同時接受你想要且需要的愛和關心。

三、確定生活的主軸

在這段時間，你必須再次確定生活的主軸就是滋養自己，這是非常重要的事。如果你習慣先照顧別人，再照顧自己，或是不接受別人的支持，那麼在這段時間，這些習慣很可能以直接或間接的方式表現出來。打開心門的付出，或是出於強迫性的付出，這兩者的差異在於，當你是後者時，通常不會獲得回報，只會被榨乾，再也沒有東西可以給。你沒有東西可以付出，是因為無法從拒絕接受的愛之中補充能量，重新充電。這其實是你偷偷保護自己免於受傷的方式，因為這正如我們提過的，你如果一直在付出，焦點通常會放在接受的人身上，還有他們的需求上面，接受通常比付出更容易受傷。

這種行為還可能出現極度需求的副作用。在這段期間，如果你覺得特別需要別人，特別匱乏，並不一定代表你付出太多，而是一種警訊。如果時常想起過去如何缺乏滋養，或是一直認為沒有任何人對你付出足夠的關心，可以滿足你的需求，那你也許必須認清——你是否用某些方法抓著身旁的人，又不斷怨嘆所有人都離開你，或是沒有人愛你。在這段時期，這些匱乏和令人窒息的行為，還有逃避，都會引導你走向自我破壞和疏離的道路，向下沉淪。

♌

推運月亮在獅子座

你想做自己，讓別人知道真實的你

「創造不只是發現一個東西，而是在發現它之後，從中創造出一些東西。」

——美國詩人詹姆斯・羅素・羅威爾（James Russell Lowell）

轉變的浪潮

人總是這樣，在你長時間專注於內心世界之後，當這個推運週期開始時，你越來越渴望爆發。即使你的推運月亮正通過專注於內在的水象宮位，像是四宮、八宮或是十二宮，你仍然能開始感受到自己正在散發一種溫暖。你一度認為巨蟹座的殼能保護你，躲在裡面永遠都很舒適，如今卻開始覺得受到限制，枯燥無聊。你現在覺得比較輕鬆自在，就像你想要自在地做些蠢事，做自己，不用擔心別人的眼光。之前你可能比較想低調隱藏一點，現在卻想表現出來，讓別人知道你是怎麼樣的人。不過這不代表——對你而言這個過程比平常來得容易或更自然，要看你的性格而定，不過你會越來越渴望這麼做。你要如何面對這股渴望，由你作主。

你可能發現自己在很多地方自問：「那我呢？」「有任何人注意我嗎？或是關心我能有什麼貢獻？」你會開始需要別人給你應得的關注。但是如果你對於主動要求這件事感到不太自在，或是一直忽略自己，你可能發現自己過去幾個月或多年來一直很飢渴的生命領域，會突然躍上檯面。你的推運月亮通過的宮位可以告訴你，你生命中的哪一個領域需要關注和感激。你是否需要伴侶表達更多的愛意，更注意你一點？你是否需要工作上的付出獲得肯定？這些都是你之前有所保留的生命領域。你可能是出自禮貌，或是害怕別人會對你特別厭煩。

真正的方向

你可能覺得越來越需要被欣賞，還有明顯的關注，這種月亮推運不只是要你跺著腳，要求自己成為眾人眼中的那顆星。你有時必須這麼做，因為獅子是獅子座的象徵，我們有時的確需要吼一兩聲，讓別人知道我們的存在，他們才不會踩到我們的頭上來。但是推運月亮在獅子座，比較關心的是你要記得，為何你在一開始值得受到關注？為何要替自己慶祝？為何要表現自己？你內在的哪一面想要拋頭露面？表現自己，並不是像青少年穿著奇裝異服標新立異，而比較像是一個小女孩自在地唱著歌，或是在廚房裡跟洋娃娃一起跳舞。她這麼做不是為得到任何人的注意，而是因為感覺很好。她內在的某個東西想要唱歌，所以她就唱了。可能有人聽見她唱歌，對她唱歌有些意見，但她不在乎。她只是享受這一刻，毫不在意，也不覺得需要道歉。

推運月亮通過獅子座是要你知道，自我並不是一個骯髒的字眼，而擁有自我不意謂著你一定要當第一女主角（或男主角）。就像太陽需要散發耀眼光芒，只因為這就是太陽做的事，很自然就會這麼做，而我們也是一樣。當我們試圖得到關注時，我們會覺得很彆扭、很匱乏，而這不是推運月亮獅子座的意義。能成就你的事物，現在都會散發光芒。別人會看到你發光，這是不打緊的。你的心正渴望自在地蒐集讚美，忽略嫉妒的批評，不要因為讚美或批評阻止你做自己。

掌控之道

一、接受讚美

當我們還是孩子時，常被教導要分享，要考慮別人，不要為自己爭取太多。當我們希望能成為社會的一份子時，這當然是一個好建議，好的態度永遠不是件壞事。但是對於有些人而言，這種概念會深入靈魂的裂隙之中，變得不太願意獲得應有的重視。我們會對恭維置之不理，儘管我們非常渴望。當你要讓推運月亮獅子座進入你的生命時，最簡單的做法就是學習親切地接受讚美。恭維、讚美和欣賞都是給予愛的方式，你若是接受它們，就是接受這份愛，接受值得這份愛的自己。對於有些人而言，這與內心根深柢固的想法相互牴觸，他們以為愛是必須贏來的，或是會認為：「他們如果了解我，就不會說出這些好話了。」而你在這個推運週期背負著雙重任務：第一個任務就是學習接受讚美和欣賞，第二個任務就是學習在一開始就秀出自己。

二、秀出自己

如果要健康地表現獅子座的能量，不是要吸引所有的注意力，而是減少被忽略。在月亮推運在獅子座時，如果發現自己在問：「為什麼沒有任何人考慮我？」你可能要看一下自己的行為模式。你是不是總是坐在更衣室裡，卻沒有離開更衣室，站上舞台？你是否有大聲說出自己的想法，或是只是在腦海中不斷地想？你是否有跟別人講過自己的需求，還是只是坐著等待別人發現你，然後再滿足你的需求？你是否有所保留，如果是如此，為何你會這麼做？如果不表現出來，人們不知道你有多酷、多麼特別。這個推運週期是要你表現自己天生的樣子，不要有任何壓抑。

允許自己被看見、被欣賞，這件事並不像聽起來這麼容易。你現在盡可能生動地想像一下，當你一絲不掛地站在舞台上，刺眼的鎂光燈打在你身上，好幾百人圍在你身旁，對你仰慕不已。你對這一幕有什麼感覺？也許有人會說，這實在棒極了，就讓這發生吧。但我懷疑大部分的人都會覺得非常脆弱，還有……毫無遮蔽！每次當我們表現自己時，一定都會有不被欣賞的風險。我們可能換來一片噓聲，或是更慘，根本被視而不見。我們都需要一點勇氣，讓自己擁有表現自己的自由，這是真實內心最直接、最坦率的表現，不必塑造自己的形象，也不用遮掩我們以為會被別人批評的部分。

三、創造！

當我們和一些人聊到創造力時，他們會說：「喔！我們沒有任何創造才華。」這是一種很常見的誤解，以為創造力一定要跟某種才華有關，或是只能運用在藝術領域。獅子座是由太陽主宰，而太陽就是生命的本質，本身帶有溫暖。創造力只是把你內在的東西拿出來，用外在的形式表現。無論你正在唱歌、寫作、說笑話、塗鴉或重新布置你的客廳，你都在運用你的創造力！推運月亮在獅子座時，你常會出現創造的欲望，因為你有參與、玩樂和表現自己的需求。你要把才華的想法拋到窗外，而你如果想要創造，但不知道該如何做，那就去學習一種新的嗜好！沒有什麼事能像使用新的材料一樣，更能運用我們腦中的創意了，無論這是陶藝課裡的黏土，或是寫下的文字。

下面這一段話來自美國作家瑪麗安．威廉森（Marianne Williamson）的《愛的奇蹟課程》（*A Return to Love*），這是廣為人知的一本書，值得在此重複引述，因為這就是獅子座旅程的本質：

> 我們最深沉的恐懼不是我們的不足。我們最深沉的恐懼是我們的力量無法衡量。最令我們害怕的不是我們的黑暗，而是我們的光。我們會問自己：「那個如此出色、如此美麗、如此才華洋溢、如此優秀的我，到底是誰？」其實，這如果不是你，那你是誰？你是上帝的孩子。妄自菲薄並不適合這個世界。退縮不會帶來任何啟發，而你周遭的人不會如此侷促不安。我們所有

人都像孩子一樣，注定要閃耀發光。我們生來就要展現內在的神性光芒。這並不只是某些人才有的，這存在於每一個人的內在。就讓我們自己的光芒閃耀，我們也要在無意識中允許別人做同樣的事。當我們從自己的恐懼獲得解脫時，我們的存在自然就能解放別人。❺

不以自己為恥，不畏懼自己的人，才能散發最真實的個人魅力。觀察一下生活中一些具有個人魅力的人，他們似乎都有一股令我們陶醉的引力，將我們拉向他們。這通常不是因為他們是最美麗或最富有的人，而是因為他們會散發一種溫暖的氛圍。這種溫暖來自於他們對自我的感受，也來自一股分享的欲望，想要與別人的自我進行對話，而別人的自我也渴望能敞開心房。別人內在的光可以幫助我們用自己的光回應他們，而這就是你在推運月亮獅子座時期要學習的事，你將會知道，自己可以做到這一點。你會明白一個人對自己有足夠的信任與愛，並有勇氣自然地流露出來，這就能激發別人心中的光芒。

不要害怕分享你的才華，不要害怕談論你喜歡的事情，或害怕說個笑話。在這段時期，你要做更多喜歡的事，更輕易地表現自己，帶著一種參與的心情進入生命。我的一位個案告訴我，她在推運月亮獅子座的週期時，想要生命更完整，重點不是把事情完成，而是要享受過程中的豐富！

❺《愛的奇蹟課程》（橡實文化，2012）。

如何避免被浪潮捲入大海？

一、表演的猴子

你要記得在這個推運週期，最重要的是試圖重新找到讓自己發光的事，以及能幫助你自我感覺良好的事，你才能欣賞自己，愛上自己。獅子座就像表演者，而一個表演者通常都會與觀眾有充滿活力的連結。在這段時間，你可能發現自己對掌聲（或缺少掌聲）變得更敏感。我在最近一次的推運月亮獅子座週期，感覺一股內在壓力，一直想要很耀眼，表現出自己最好的一面：風趣、精心打扮，沒有一天是披頭散髮的。當你得到越多注意力，或是你越渴望引起別人注意，你就越容易受傷。你會發現，自己會為了從別人身上得到渴望的回應，去修正改變自己的行為。如果你緊抓住這一點不放，就可能淪為一隻表演的猴子。你會為了愛和關注耍一些把戲，而不是分享自己。如果你總是在意別人把你想得很好，就會很明顯地缺少自然和真實感。因為當你在乎別人如何看待你時，就會事後批評自己，而這剛好與你目前內心最渴望的狀況背道而馳。你要自由地、自然地表現自己，不要在別人面前隱藏自己，但也要記得，你不是為了別人閃亮發光。

二、「第一夫人」

義大利語的「Prima donna」代表「第一夫人」，但比較通俗的用法，指的是一個人總認為自己比身旁的人值得更多的關注、更多的服務，值得占據超出合理的地位。這跟自愛或自我欣賞不一樣，當你內心出現這股渴望時，常是因為你沒有安全感。這股想要跺腳、要求被關注的渴望，其實是很好的線索，可以幫助我們知道必須糾正生命中的一種不平衡。你便能利用這份覺知，找到自己內心的傷痛，找到那個需要認同和愛的孩子，或是你一直用來保護自己、不讓自己接受愛的任何東西。無論你只是太長時間忽略了自己的需求，或是因為害羞或沒有安全感讓自己躲起來，「第一夫人」都會說：「這真的夠了！」但你除了亂發脾氣之外，還有很多更有效率的方式，讓別人聽到你的心聲。

♍

推運月亮在處女座

你更常擔憂自己或事情有缺失

「我把星星放在如此高的地方，才能不斷地朝它前進。」

——美國奧斯卡黑人影帝薛尼・鮑迪（Sidney Poitier）

轉變的浪潮

當你從火元素轉移到土元素時，當你經歷過獅子座的擴張能量後，最典型的表現就是你會準備再次整合自己，「回到現實」。當你開始進入這個推運週期時，內心會醞釀一股渴望，希望事情都有條有理，或是開始進行一個計畫。處女座的主宰行星是水星，水星代表心智，這也代表希臘天神赫耳墨斯（也就是羅馬神話的天神墨丘利）那雙帶有翅膀的腳。你可以列出一些清單，好好檢查兩次，因為在這段推運週期，你將要開始忙起來，可能會完成更多的事，勝過於至今經歷過的所有推運週期！

很多人發現自己在這段時期比較焦慮。你會擔心錯誤的事，或是可能出錯的事，你會更常擔憂。每個人每隔一段時間都會思考，生活中可能有什麼事情做錯了，但是在推運月亮處女座的週期，你會一直有這種感覺。既然外在的生活會反映內心的意識，那麼也許你現在的生活中有了更多令你煩惱的事，但更可能是你只是注意到一些本來就已存在的事物。

當你開始意識到自己有很多事情不對勁時或是不夠好時，你的焦慮就會緊跟著不安全感出現。當這個推運週期開始後，我的幾位個案曾經歷一些事件或挫敗，似乎要讓他們收斂一下自信。不過大部分的人通常不需要外力幫助，就會把自己放在顯微鏡下檢視，變得謙卑。你也許害怕，沒有能力應付現在擔憂的挑戰，或是一直專注於覺得不足的地方。對於你的自尊而言，推運月亮在處女座可能是一個很困難的週期，所以你在推運月亮獅子座週期吸收活力，這是一件好事。這裡的重點不是沒頭沒腦的擔心，也不是自卑情結。我們很快就會發現，你會專注在如今看似更明顯的缺陷，無論這是你周遭或內在的缺陷。這只是要告訴你，你現在該針對它們做點事情了。

真正的方向

我常會說，在推運月亮射手座的週期，當你躍身縱入擴張延伸、充滿可能性的世界裡，對於每天可能發現的事情抱持著熱情，你很自然就會關心潛力這件事。推運月亮處女座並沒有同樣的心境，但你的確會有一種類似的動機，想要發揮一個人的潛能。處女座是土象星座，它的天賦之一就是嘗試，可以理解任何情況的現實面，但它也帶有理想性，所以常會卡在兩種狀態之間。要知道，不安和渴望可以驅策我們向前邁進。

當你進入推運月亮處女座的週期時，你的情感進化已經瀕臨一個關卡，你渴望變成有能力變成的模樣。為了做到這一點，你的周遭就會有一堆「必須改善的事」。你的焦慮，你不斷關注自己的缺點或是目前狀況的缺失，都會成為一股必要的推力，促使你做一些務實的自我分析，看看自己必須在哪裡努力，看看現在有什麼擋住你的路，讓你無法到達想去的地方。我們常看到象徵處女座的女子，手中拿著一束麥子。這提醒我們，處女座想要結成「果實」，想要用一種真實又實際的方式，為自己和其他人的生活帶來可以衡量的差異。你在這個週期的最高任務，就是把自己想像成一種原料，可以透過努力改變形狀，還要學習一些能帶來真實貢獻的必備技能。

掌控之道

一、不喜歡？那就改善！

正如前面提過的，我們偶爾都會擔心自己的不足，怨嘆自己的缺點，但是在推運月亮處女座的週期，這種念頭會加倍出現，可能足以把你打敗，或是你有時必須被打敗。不過你遲早都必須站起來，確定自己的方向，停止自怨自艾。一旦你能將這股不安付諸計畫或行動，你就會覺得好多了。土象星座的推運週期通常都與實際的結果有關，所以你越能跳出思考，進入現實世界，做出真實的進展，你的感覺就會越好。看到不喜歡的東西，那就改善！如果不能改善全部，那就列出優先順序，制定一個計畫，改變你能做到的事，至於剩下的，就學著「憋氣忍耐」。你無法在兩年之內就變得完美，甚至八十年都做不到，所以不要試著變得完美，只要朝「更好」邁進，你只需要做到這件事。在這段推運週期，最能令你感到滿足的是努力，而不是成就。

二、讓自己成為有用的人

依我所見，你有兩種方式讓自己變得有用。一種方式是立即的直接參與，像是清理公共區域，或是幫忙母親打掃家裡，或是協助女兒做回家功課，這些都是立即的方式，你的存在和你的服務可以為另一個人的生活帶來變化。這些行動都特別能加強、滋養你現階段的內心需求。另一種比較不具立即性，但是能賦予你力量、比較持久的方式，就是培養一種特殊技能或是一套技能，其中的專業和練習能讓你變得非常擅長一件事，而你可以把這件事當成一種對他人的服務。處女座很欣賞專業，他們會因為專注於小事情的樂趣，非常擅長深入鑽研一件事，學習其中的每一個細節。深入鑽研一套技能，不僅能讓你用一種特定的方式提供服務，也能讓你覺得自己更像專家，而非業餘人士。這不僅能幫助你建立信心，同時也能滋養心靈。

在現代社會裡，人類會想要增長技能，其中一個主要原因，顯然就是幫自己找到一份工作或建立事業。而當推運月亮在處女座時，特別適合做這件事，所以不要限制自己，不要只是想著這些關鍵字。一個人運用技能最有效率也最具生產力的方式，就是一份工作或事業（處女座喜歡有效率，有生產力），這可能會讓你只限於思考一些你必須繼續發展的技能，但處女座更重視改變的樂趣。所以如果正在從事合適的職業，你很幸運！如果不是，不妨考慮一下你喜歡做什麼，即使這只是一個嗜好，然後去培養相關的技能。如果不確定自己渴望讓什麼東西變得更好，只是想改進某個東西，那就看一下推運月亮目前正通過哪一個宮位，這一定能提供你非常需要的線索，告訴你能從哪裡開始。處女座與學徒的概念有關，所以如果想變得更好，就需要一位老師，而現在最適合找一個人幫助你改善你的技能。

你還可以考慮一件事，我看過很多人（包括我自己在內）在工作之餘，還在某個生命領域培養技能，帶來心靈的滋養，最後發現自己的「嗜好」已經超過平日的工作！處女座會用一種實際動手的方式運作，所以你就去做任何你欣賞的事。當你在做時，練習會循序漸進變成技能。處女座的箴言就是一次走一步，你不妨想一想，兩年內你可以走多少步！

如何避免被浪潮捲入大海？

一、通常會安然無恙

在這個推運週期，當你知道自己或自己的生活有哪裡需要一點改善和加強時，就很容易開始實行。你可以在需要改善的清單上列出一些突然變得很明顯的事。這份清單可能馬上就變得有一哩長，讓你覺得無法負荷，好像墜入了一個無底洞。在這個時候，你的擔憂很可能失控。我有一位個案發現她太過焦慮，嚴重到得了腸躁症[6]，必須吃抗焦慮的藥物才能控制憂慮。無論你的本命月亮是什麼星座和宮位，在這段推運週期，如果你想要的話，都可以使用一種非常強大的武器來恫嚇自己，讓自己看不到希望，這個武器就是自我否定。你要小心，別讓任何有害的內心對話變得越來越大聲，因為我們很容易不了解我們每天拿來嚇自己的事。這會在我們還沒起床之前就把我們打敗，讓我們潰不成軍。支持你的家人和朋友能提供你需要的理解和鼓勵，讓你知道你不是全都毀了，而且事實上大部分都是安然無恙的。

[6] 腸躁症是一種腸胃疾病。處女座主管身體的消化系統，你很容易看到這裡的關聯性。

二、提高標準

這段時期可以幫助你對一個正在試著成長的方向，衡量目前的進度，因為你在其他時間都很難看清楚。處女座是一股焦躁不安的能量，永遠不可能滿意太久。所以在這段時期，你很容易不斷地提高標準，卻不知道你已經完成了什麼。永遠有人比你更好、更聰明或更快，或是隨便拿一件事來比，你就輸了。這種行為可能讓你陷入永無止盡的沮喪和鬱悶。在這段時期，你可能覺得自己不斷失敗，即使你可能比過去很長一段時間都進步更多。在這段時間，你可能不是個人價值的最佳評審，所以小心，不要貶低自己的成就。

♎

推運月亮在天秤座

你渴望改頭換面，重視社交生活

「重複別人說過的話，必須透過教育。要挑戰別人說過的話，必須用腦。」

——美國作家瑪麗・派蒂彭・波爾（Mary Pettibone Poole）

轉變的浪潮

你在之前的推運月亮處女座週期可能因為努力工作弄髒了雙手，現在該清乾淨了！雖然還是要參考推運月亮通過哪一個宮位，但是當推運月亮天秤座的週期開始加溫時，很多人都會渴望重新改造自己的外表。天秤座是由金星主宰，金星代表人類對於愛與美麗的欲望，所以你可能開始更注意自己的外表，也會開始更常注意周遭環境。而當環境經過特別的照料和美化，變得很乾淨時，你也會特別欣賞。很多人會在這段時期感受到創造力的甦醒，無論這是自己投入藝術創造，或者只是想要沉浸在文化藝術之中，像是音樂或戲劇表演。這些例子都能把美帶進我們的生命之中，可以讓我們覺得滿足。

你也可能開始更加意識到自己的社交生活，還有周圍的社交環境。周遭的事物，像是注意人們如何對待彼此，例如友善或不太友善的行為，都可能引起你的注意，而你也會變得比較無法容忍不體貼、不圓滑和粗魯的行為，比以前更加在意這些。你可能更關心自己的社交生活，也許渴望有更強烈的社交連結，或是覺得想要加強友誼，培養新的友誼。

在這個推運週期，有些人發現，會有人進入他們的生活中，挑戰他們的觀點，有時會踩到他們的地雷，但也會引起他們的興趣。天秤座是代表對立面的星座，代表在兩個對立面之間找到一座橋梁。你很快就會發現，你會有機會與觀點不同的人做這件事。

真正的方向

天秤座的符號是一把秤，而天秤座在秤處於平衡狀態時，感覺最自在。藝術和雕塑裡的正義女神是蒙眼拿著一把秤，象徵公平。平衡原則的例子之一，就是兩種意見之間的平衡，不偏袒其中一方的觀點。也就是說，在決策的過程中，我們會「衡量我們的選擇」，考慮一下這個角度，又考慮另一個角度。在推運月亮進入天秤座時，你正在學習平衡的過程：如何真正地達到平衡，如何認清你沒有達到平衡。

你可能會吸引來一些人和經驗，代表與你對立的知識或觀點，幫助你達成平衡，幫助你找到另一種方式，不同於你習慣的做法、反應和相信的方式。天秤座也被認為是關係的星座，這不是因為他們沒有了重要的另一半，就變得不完整，而是因為所有的人和想法都有對立面，一個真理中包含兩個一半的真理，可以讓彼此變得完整。天秤座知道永遠有另一種方式看待事情，另一種方式是去理解事情，而當我們這麼做時，才能找到一些共同點。

你也在學習內在的平衡。你的推運月亮目前通過的宮位可以告訴你，你會在哪一個生命領域努力找到平衡，也可以看出哪一個生命領域最容易因為你沒有取得平衡而爆發問題。當推運月亮經過六宮時，你可能在學習平衡你的工作，無論是工作量或個人問題。當推運月亮經過四宮時，你的功課就是家裡的和諧，檢視你的家是否能滋養你，還是一團混亂。一宮的功課可能就是如何讓自己平衡，像是你實際的身體健康或是外表，或是保留一點空間，學著在生活中更加照顧你自己的需求。

掌控之道

一、填補空缺

這裡有一個很明顯的建議，不妨檢查一下，你的生活中缺了什麼，然後試圖糾正它！如果你花太多時間工作，就多安排一點時間在家裡，或是投入嗜好。如果花很多時間跟家人相處，覺得需要一點「自己的時間」，那就調整一下。你在這個時候要特別注意渴望什麼，還有夢想能做什麼，因為通常是你生活中欠缺的東西，還有必須做到的事情，可以為你的生活帶來平衡。這就像一張兩隻腳的桌子，必須有第三隻腳來支撐結構。你現在要認清生活中需要的第三隻腳，把它接上桌子。

二、找到共同點

天秤座是連結想法和人的能量，方法就是透過找到兩者之間的共同點，在兩者之間搭起橋梁，無論這是兩個人之間的和諧，或是扮演魔鬼的代言人，表達相反但平等的觀點。你在本命星盤中可以找到天秤座能量的宮位，以及推運月亮現在通過的宮位，這都代表你在這個領域可以變成意見傳遞或人們的連結者，而且擺出合作的姿態是會有回報的。當你檢視如何從與別人的合作中獲利時，你也可能想要思考一些失衡的生命領域中的關係互動。天秤座的優點在於，可以在同一件事情裡面看到好幾種觀點，但有時候會因為太過迎合他人的觀點和欲望，卻忘記了自己的，而因此容易受傷。如果在自己的人生中，會在某些方面扮演配角，這時也許剛好可以檢視一下，解決問題。天秤座雖然是關係的星座，但不只是人際關係，也可能是我們與任何事物的關係，所以要更廣泛地思考，也可以從推運月亮通過的宮位找到線索。

如何避免被浪潮捲入大海？

一、以智慧做出選擇

推運月亮天秤座的負面表現，就是因為猶豫不決導致怠惰。當你敞開心胸發現新的觀點，挑戰任何你一直相信的單方面信念，你就能用全新的眼光看待所有的人和情況。不過當你能看到一種以上的合理意見、決定或結果，當你充滿選擇時，你可能很難知道該選哪一條路。就如雙子座的符號中有雙胞胎，天秤座也有一把秤；兩個符號都帶有某種雙重意味，所以你可能覺得體內有兩個自己在試圖找到出口，每一個部分的你都會看到一條充滿可能性的道路，但也會關上另一扇機會之門。

你的本命月亮如果已經是風象星座，可能很難意識到自己對於可能性的感覺，最後就會不斷地在心智的迴圈中打轉。你的本命月亮如果是火象或水象星座，你也可能很迷惘，用一種不同於平常的方式批評自己。對一個狀況長期地猶豫不決，也許意謂著你心中有恐懼，你會害怕做了錯誤的決定，或是害怕做的決定會讓別人受傷或失望。有時認清恐懼，可以幫助你知道自己偏好哪一個選擇。無論如何，你最好的做法就是用現有的智慧做出選擇。暫停參與不能讓你維持穩定或安全，畢竟不做任何選擇這種做法，會是你最後的選擇，而這有時會導致令人非常不滿的結果。

二、通過是唯一的出路

我們已經知道，你現在可能開始檢視某個生命領域中的平衡與失衡。天秤座是透過平衡來運作，逃避或少做一點都無法達成平衡，你必須扮演一個平等的角色。之前談到，你可以檢視自己在哪個特定的生命領域中失去平衡，這有時是因為你不讓自己追求公平。人們在運用天秤座的能量時，有時會試著用「不要搗亂」（我們常用這個字來形容天秤座）的方式來創造和平與和諧。但是衝突和帶有敬意的對質，即使只是你跟你自己，都能帶來真正的和平，而不是只有假笑和內心冷漠的表面和平。在這段時期，你要允許改變，允許考慮所有觀點，但小心不要只用逃避壓力的方式，來回應內心對於和平的渴望。

推運月亮在天蠍座

你享受獨處，迎來生命重要轉化

「悲傷在你身上刻畫越深，你就能擁有更多喜悅。」

——黎巴嫩詩人卡里．紀伯倫

轉變的浪潮

從推運月亮天秤座進入推運月亮天蠍座，最明顯的轉變之一，就是減少了對社交互動的強烈欲望。無論你總是跟不同的朋友出去，或是喜歡自己一個人出門打發時間，你都會發現自己渴望少一點社交互動。這時彷彿有一股力量把你往內扯，往下拉。這就像進入洞穴或是浸入水中，這些都是很貼切的比喻。

你會發現自己的情感更加波動，彷彿有一個東西在你的內心劇烈翻攪，但是你更難在顯意識中覺察它，更難形容目前的感受。最明確的形容可能是「我有事情發生了」。你的推運月亮如果剛好在三宮，或是與水星有相位，你可能更容易與人溝通內在的感受。即便如此，當你更深入探究自己時，沉默和孤立會更吸引你。

你可能變得更情緒化，發現自己的想法比平常更黑暗。即使你是非常樂觀的人，這時也免不了用憤世嫉俗的眼光來觀察世界。你身旁的人可能正在死去、正在離婚、正在互相傷害，這其實每天都在發生，但你的眼中現在似乎都只有這些事。外面的世界會反映你的內心世界，而當你的推運月亮在天蠍座時，你生命中的事件可能出現困難的轉折。你的人生或身旁的人的人生可能會有戲劇化的演出，讓你更加感受到生命令人痛苦和恐懼的一面。

真正的方向

天蠍座的象徵符號是蠍子，也許因為蠍子有刺，所以天蠍座最有名的就是快狠準地切中要害，揭露赤裸的現實。不過，鳳凰是更能代表天蠍座的符號，它能表達這個常被誤解的星座最真實的美麗。鳳凰是神話中的鳥，非常長壽，但在生命結束之際，會點燃火焰，將自己燒成灰燼，再從灰燼中重生。就本質而言，它的生命其實沒有結束，只是獲得重生。你會在推運月亮天蠍座的時期，經歷到類似的重生。

當事情按照我們的方式進行，我們處於順勢時，一切都非常具有力量。但是我們通常是在最困難的時候被奪走安全網，失去安逸和確信，此時就會揭露我們真實的力量。當我們能面對自己的恐懼時，就會出現真實的力量。我們可能只是體驗這些恐懼，結果就像已經觸及谷底，無處可去，只能向上。當我們在面對最恐懼的事物的可能性，感覺就像在緊張的情境中準備把另一只鞋也扔了。推運月亮天蠍座不是非要體驗黑暗或痛苦的事，而是要讓我們知道，當我們釋放自己的恐懼時，我們會有什麼樣的改變。有時釋放恐懼的唯一方式，就是實際去體驗我們害怕的事，想辦法熬過去，活下來。

在此鄭重強調，很多人在推運月亮天蠍座的週期，並沒有經歷死亡或離婚！這就像一個小孩害怕衣櫃裡有怪物，即使我們非常想要躲在棉被裡，但有時唯一的解決方法就是打開衣櫃，面對衣櫃裡面可能真的有怪物。你在推運月亮天蠍座的週期，沒有辦法躲在棉被裡，因為怪物已經在你的心裡了。但是當你面對這些恐懼時，你可以開始釋放它們，當你這麼做時，你就可以發現推運月亮天蠍座的真正目的：發現你的靈魂的力量，重新排列內心深處的優先順序。

掌控之道

一、面對野獸

如果可以的話，請先深呼吸，然後轉身看一下是什麼在追著你。試想當最壞的事情要來臨時，會發生什麼事，即使只是稍微想一下也好。我們常常會太害怕發生某一件事情，因此深陷於預防與抗拒的狀態中，導致我們無法思考，眼光也無法超越它。你到底在害怕什麼？

「我害怕失控。」

「我害怕孤單。」

「我害怕會破產。」

然後呢？如果失控、孤單或破產了，那會怎麼樣？接下來會發生什麼事？脫離恐懼的最佳方法就是經歷它。這不是一種道德性的命令，而是合乎邏輯的解決方法。這當然是說的比做的容易，但是如果找到熬過某一件事的方法，這件事就不再如此強烈了。如果沒有犯錯，這就不是英雄之旅。這代表你不會在兩年結束之際聽到勝利的號角響起，也不會有讚美。你可能會短暫覺得無力，覺得害怕，但這不會是你的世界末日，而恐懼很快就會消退。有時力量和無力之間的差異只是一個決定，一種心態。如果生命和恐懼正在撲向你，你可能覺得很無力。但如果決定站起來，面對狀況，即使這已經超出你的控制，結果就會是擁有自主權力。

二、溫柔對待自己

當你經歷一些必要的、經常是很緊張的事情時，不要覺得休息一下是懦弱、可悲的表現。當你想要避免一些超出負荷的事情時，這些事可能造成新的問題，你要找地方逃避一下。若不想和顏悅色、不想交際，不想表現得很開心，不用覺得抱歉。當別人問候你時，如果不想微笑，就不要逼自己。這段時間，你正強烈地對抗自己，所以越能透過其他方式溫柔地對待自己，狀況越好。

允許自己閉關，找出時間做這件事。如果維持忙碌可以幫助你處理困難的狀況，那無論如何都要讓自己忙著！但有些時候若想要躲在棉被裡，也要盡可能辦到。無論任何時候，當內心世界在呼喚你時，外面的世界有時必須稍微退居二線，特別是在這段時間，你已經沒有太多舒適的事情了。如果太沉溺於情緒化，閉關休息有時真會讓事情變得更糟糕，但有時稍微平靜一下，暫時退隱，是很有幫助的。

三、仿效鳳凰

試想一下，一個小孩在這世上成長的過程中，終究會明白痛苦是一種有用的工具。我們如果不聽父母的話去碰熱鍋，就會被燙傷。痛苦是預防我們再次受傷的有效方法。當我們害怕痛苦重複時，我們會學習避免傷害，方法就是避開第一次讓我們受傷的東西。這就是防衛機制的運作方式。

人生會透過許多細微的方式傷害我們，我們都受過許多不同的傷。這可能是我們告訴朋友一個祕密，對方卻背叛了我們的信任。或是我們透過各種不同的方式要求父母的肯定，卻被拒絕或忽略。我們可能開了一家店，最後失敗收場，投資損失，也失去信心。大多數的人都能靠邏輯認清一件事，我們不會因為在某種情境中受過一次傷，就代表我們永遠都會受傷（熱鍋就是一個很明顯的例外）。但我們的潛意識很難明白這個道理。記住，防禦機制的形成是保護我們避免痛苦，但即時的威脅過去後，我們仍會長期維持這種狀態。恐懼可以讓我們安全，但也會束縛我們，阻礙我們成長。如果我們永遠不重複受傷的情境，就不會去約會，不會生小孩，甚至再也不會踏出家門。

四、死亡

我們常會把轉化這個字，與天蠍座的能量聯想在一起。但這到底是什麼意思？這不是一種流行的化妝！鳳凰如果不願意先赴死，就不可能重生。在這段時間，你必須放下一些恐懼和防禦，這些顯然能讓你安全，卻真的成為你的阻礙。此時更可能發生的情形是，你需要放下一些儲藏和隱藏恐懼的情境，像是失去一段有害卻很舒服的關係，或是一份穩定卻讓你不快樂的工作。你不能繼續逃避這些經驗，而是要經歷它，或是至少直接面對，知道它可能無法壓垮你，知道一切其實跟你想的並不一樣。

五、重生

當你恐懼的事物一旦進入你的腦海裡，無論是透過環境、對抗或深思熟慮，而你可以面對它，站在它的面前，你就會開始有一種奇怪的放鬆感。我們必須耗費很多精力去避免害怕的東西，焦慮還會在我們體內建立一個壓力的儲存槽。你會開始發現，你走進的洞穴的確黑暗又令人害怕，但是結果與你剛進入時想像的不一樣。雖然黑暗的重量壓在你肩膀上，壓迫著你的心，但這不是你的末日。無法殺死你的東西，都會讓你變得更強壯。你會發現自己不是正在死去，而是變得更有生氣。我們的內在都有一股永恆的力量，會在我們需要時、我們想要使用它時冉冉升起。當你走到了推運月亮天蠍座週期的終點時，光明會再度回到你的生命裡。至於你被剝奪的所有東西，你現在只剩下自己：一個原始、狂熱但穩定的自己。

如何避免被浪潮捲入大海？

一、憤世嫉俗

當光突然熄滅時，所有一切似乎都黑得令人震驚，讓我們找不到出口。但經過一段時間後，我們的眼睛適應了，開始習慣周遭環境處於最微弱的光線中。此時如果有人突然打開明亮的光源，我們會很痛苦，很迷惘，暫時失去視線。當你經歷推運月亮天蠍座的週期時，就像在一個假想的地下室裡四處挖掘，裡面沒有太多的光。你的觀點會比較黑暗，也許你會覺得疲憊、憤世嫉俗，甚至憂鬱。你正在理解不是所有一切都如表面上的天真無邪或樂觀，你會被任何假裝天真無邪或樂觀的事物激怒，而這會干擾你看到真正的好東西。你現在可能很難有理性判斷，而你要留意，不要完全被黑暗吞噬，試著隨時找到方法而一笑置之。

此時的生活看似變得更激烈，可能的確如此！不過你要是認為這會一直持續下去，就會在情緒化、心情陰鬱的時候做出可能讓你後悔的決定。再提醒一次，這是要你試著保持理性判斷，知道你還是擁有未來，屆時你又會想要一些東西。不要永遠推開某個事物，除非你的放手是為了個人的成長和健康。

二、消耗與投射

當我們的內在恐懼變成生活中的外界現實時，我們把這稱為投射。在推運月亮天蠍座時期，我們不只在對抗自己的恐懼，也在對抗恐懼帶來的無力感。當我們把這些恐懼向外投射時，我們有時也會向外投射一種我們不知道自己所擁有的力量。這感覺就像當我們覺得自己很渺小又無助時，我們想要或需要的東西都在外面的世界。當這種情形發生時，就會出現天蠍座最典型的迷戀原型：當我們想要一樣我們所沒有的東西時，我們就會迷戀地追著它，無法專注在其他事物上面。

舉例來說，想像一對情侶不是因為達成共識分手，而是其中有一個人離開。當我們是被拒絕的一方時，通常覺得很受傷，自覺是受害者，而我們出自本能的一種對應方式，就是試著拿回我們失去的一切。在這種情形下，我們想挽回，可能不是因為思念，而是因為感覺被拒絕了，覺得自己很卑微，因此失去控制。而當我們無意識地試圖挽回我們失去的一切，沒有認清這等於賦予前女友或前男友一股控制我們的力量。認清這一切，當然不像彈手指這麼容易，但如果能認清自己對外界事物的迷戀，其實是源自於自己的內在，就可以開始從我們害怕或傷害我們的事物上找回自己的力量。如果為了找回失去的東西，試圖操縱或誘惑別人，或是玩弄一些狀況，結果很可能會事與願違。

♐

推運月亮在射手座

你想遠走高飛，體驗生命的美好

「當你走到所有光明的邊緣時，必須踏出一步進入黑暗和未知的國度時，你可能會相信其中一件事：你可以站在一個穩固的基礎上，或是你將學會如何飛翔。」

——美國作家派翠克・奧弗頓（Patrick Overton）

轉變的浪潮

射手座是一名弓箭手，把箭射向天際。當推運月亮射手座的週期開始時，你的心裡會開始充滿遠走高飛的欲望。經歷過推運月亮天蠍座的週期後，你開始覺得心情比較輕鬆。而你可能在天蠍座週期做了一些重要的轉化，現在應該很歡迎這種能量轉換。

你會發現一種擴張和甦醒的感受迎面而來。理想開始在你的腦海中翻攪，你也開始看到可能性。對某些人而言，這個推運週期的一開始會出現一些事件，啟動一個自由的機會，像是結束一個情感的僵局或難題，或是一兩個月前沒有出現的機會。推運月亮天蠍座週期的副作用，是讓你能更深入地了解自己，這可能幫助你先清出一條路，讓你可以開始享受這份自由，但也可能讓你還是有點生澀或憤世嫉俗。現在你該讓自己的熱情滋生洋溢，不需要謹慎或限制。記得生命可以再次美好，甚至有趣！

你可能發現馬上想要去所有地方，做所有的事。木星是射手座的主宰行星，也是所有行星中（除了太陽）體積最大的行星。木星是擴張的行星，與變得更大有關！你現在看到的每一個機會，無論是出自你的內心或是來自外面，似乎都是有史以來最棒的一個機會。在推運月亮天蠍座的週期，你會面對「這到底是什麼」的真理，而當你進入推運月亮射手座的週期，你開始轉向探索「這可能變成什麼」。

真正的方向

在二〇〇九年電影《沒問題先生》（*Yes Man*）中，男主角卡爾的人生走到死胡同，工作也看不到未來，每天晚上窩在家裡看電影，拒絕所有的邀約，如行屍走肉般過日子，關上心房，不願意睜開眼睛看看外面的世界，還很憤世嫉俗。他在一個很偶然也非常古怪的機會中遇到了老朋友，開始發生一連串的事。最後他去參加一個講座，接觸到「對所有事情說好」的哲學。卡爾遵行這個唯一原則，無法對眼前任何一個機會說不。他快樂了一陣子，但最令人感傷的是開車回家時：當你說好時，你的心打開了，你的人生就改變了。

我並不鼓勵你對每一件事說好，不過推運月亮射手座的目的是要打開一條路，讓可能性和新鮮空氣進入你的心和生命中。推運月亮射手座是要你擁抱探索的能量。就像其他火象星座一樣，你的內心會開始有一把火在燒：這是充滿可能性、願景和成長的火焰。現在你應該打開心房去體驗。你知道什麼？你相信什麼？你準備好超越已知的一切，進入新的領域嗎？這段時間也很適合認識可能性：每個新的一天都有探險和改變的可能性，這還包括你內在的潛力。你現在有什麼能力，而你相信潛力嗎？在推運月亮射手座的週期，你很適合用希望和樂觀重新開始一段關係，積極追求你想要的東西，對這些東西說好。你要抱持實驗的精神，無論這只是改變日常生活規律的小事，或是新的工作機會，甚至像是改變一段關係或搬家等大事。你把人生晃動一下，來點震撼，看看它會在哪裡降落！

掌控之道

一、探險

在推運月亮射手座的時期，治療師常會建議個案去旅行，無論規模大小都可以，不過這大部分還是參考推運月亮通過的宮位。有誰看了夏威夷茂宜島哈萊亞卡拉火山的日出後不會感動？有誰走在古老的土地上不會感受到虔誠？不同的領域和觀點，有時會讓一個人陶醉不已，卻讓另一個人覺得枯燥乏味，但要是一直無動於衷，就等於一直保持疏離。單獨旅行不能帶來你盼望的甦醒，這只是一種靈感的運作方式。你隨時都可以到任何國家，帶著你自己喜歡的零嘴點心，一直窩在旅館裡。但是推運月亮射手座重視的是參與，所以只讓自己置身於另一個地方是不夠的。就像占星家史蒂芬．佛瑞斯特說的，在這段時間，你需要一些「文化震撼」。你必須對一個地方或一段探險說好，讓它們進入你的生命。你要累積一些經驗，聞一聞那裡的空氣，觀察當地的習俗，嘗試食物。當你從已知世界的邊緣墜落時，你可以藉由觀察發生的一切，超越自己。

二、跳下懸崖

在電影《聖戰奇兵》（*Indiana Jones and the Last Crusade*）裡，主角印第安納瓊斯在尋找聖杯的過程中經歷許多考驗。在某一刻，他已經到了峽谷的邊緣，找不到明顯的路通過，前方既沒有橋，距離對面也太遠，無法一腳跨越。這一路以來，他一直遵循線索通過每一次考驗，所以他就根據當時的線索做出結論，知道自己必須信任地往下跳。他閉上眼睛，伸出一隻腳懸在空中，任由自己墜落。但是他沒有墜入深淵。他的腳踩到了一座橋，在那一刻之前橋是隱形的，偽裝成周遭的石頭。他現在看到路了，一切就像是奇蹟。

在推運月亮射手座時期，你正在試著與自己的潛力同步前進，這是什麼意思？你怎麼知道自己的潛力？重要的是，你其實不知道自己的潛力。我們永遠不知道或無法發揮自己全部的潛力，因為這永遠還能更進一步。但是我們可以意識到它的存在，可以朝它前進，而在推運月亮射手座的週期，你會想要這麼做。這就是為何你想要朝每一個方向前進，因為你意識到未來的自己充滿了無限的可能性。你是否曾想過成為搖滾巨星？化學家？模特兒？職業摔角選手？在這段時間，你曾經有過的任何興趣都可能浮上檯面，因為你現在想要看看什麼是可能的，想要知道自己的內在有些什麼。

在塔羅牌裡，愚人牌代表信念、自信和自發性，還有一點點天真。在大部分的牌中，他都是準備跳下懸崖，而他現在正在邀請你這麼做。當我們帶著信念和目的去實現最真實的欲望時，橋就會出現。

三、直覺

所謂的陳腔濫調，指的是一種說法或一種觀念在通俗文化中被過度使用，導致它的力量被沖淡了，我們也對它的意義免疫無感了。一句話無論多麼一針見血或多麼真切，一旦變成陳腔濫調，就會被我們的大腦彈開，而不是進入我們的心裡。舉例來說，我們對孩子的典型想法，就是總是渴望現在能多珍惜他們，因為「他們很快就長大了」。不過當你是一個充滿愛但疲倦又挫折的父母時，懷中抱著一個尖叫的嬰兒，或是追著一個剛剛才打你又跑開的小娃兒時，你只會覺得他們長大得太慢了！即使當你抱著沉睡的孩子時，「他們很快就長大了」這句話仍無法真正地穿透你的心，進入你的意識之中。我們當然知道這句話的意思，我們也通過字典的字義測驗。我們會點頭說：「喔對，這句話太對了。」但在我們看到孩子長大成人之前，我們真的能理解這句話的分量嗎？還是要等到我們當了祖父母，看著我們自己的小孩結婚了，懷中抱著他們的小孩時？

射手座與重新賦予意義有關。當我們用正確的眼光看待偶然的經驗時，會發現它們對我們的影響，絕非偶然。我們的個人經驗塑造了我們的人生觀。在這段時間，生命正邀請你去思考，什麼是你認為真實正確的事，這不是因為你能用事實證明，也不是根據你在學校裡學到的知識，而是因為你的個人經驗教會你這件事。在這段時間，新的經驗和真理會挑戰你。你此時要更注意自己的直覺，它有時比你的腦袋知道得更多。

如何避免被浪潮捲入大海？

一、不要往下看……做就對了！

推運月亮射手座是要擁抱希望和可能性，這意謂著向前看，接受冒險。有時你必須跳下懸崖，然後飛翔，但是留意自己會在哪裡降落，也是個不錯的想法。在這段期間，你不知道什麼是冒險、什麼是天真，希望事情一切都會自行到位，你很難在這兩者之間取得平衡。當然有時候，當我們把事情放下時，一切反而能自行釐清，進行得更順利，比我們小心翼翼地處理還要好。而在推運月亮射手座的週期，生命會鼓勵你在處理事情時不需要計畫，任其發展到某一個程度。你要練習保持彈性，隨時準備接受任何事物。你要很清楚地把心放在充滿可能性的國度裡，裡面沒有界線，也沒有深淵裂縫。把一種想法轉化成現實，有時比你知道的更費時、更複雜，而你有時會發現自己渴望的是對某件事的想法，而非實際的經驗。在這段時間，經驗的廣度遠比經驗的深度，更能令你感到滿足。必須小心，不要把注意力分散在太多的方向，把自己搞得精疲力盡，你就會發現多樣性正是你最渴望的東西。

二、小心做過頭

你要小心自己可能會做過頭，因為你在此時很容易因為過度擴張而受傷。過度消費、吃太多，或是行程安排爆表，都是「可能性」這個國度裡面的陷阱。在這段時間，你正在盡可能快速地擴張，為了應付這一點，可能會陷入一些習慣中，看起來能幫助你在現實生活中覺得很自由、很有趣。很多人會把目標轉向食物或金錢，所以要小心因為過度擴張或「先玩再付費」的心態，導致腰圍變大或負債增加。

就理論而言，當你每天起床時，可以做任何事；推運月亮射手座的週期就是要你重新找回某種可能性的感受。但是當你按照自己的選擇投入時間和金錢時，你不可能同時在其他地方做別的事。去高空跳傘、學習外語、寫一本暢銷小說，這都有可能發生，但是不可能在同一天做到，對吧？你也許會覺得同時間被拉往許多方向，但如果你是同時朝所有方向前進，現實馬上會用某些方式敲醒你。忙亂瘋狂的日子會把你榨乾。不過你現在不需要太關心成果和計畫，只要蒐集經驗，這樣是沒問題的。計畫和重點馬上就會出現。現在只要重新找到意義和天生的熱情，這將會陪伴你朝著設定的目標努力，而這正是你探險的結果。

♑

推運月亮在摩羯座

派對結束，你有被拉回現實的感受

「不能掌控自己的人就無法自由。」

——古羅馬哲學家愛比克泰德（Epictetus）

轉變的浪潮

經過過去兩年沒有盡頭的自由之後，當你進入推運月亮摩羯座的週期時，你首先會注意到某種約束感增加了。之前你會因為一種焦躁不安覺得興奮，覺得充滿熱情開始新的一天，一切都充滿了可能性。但你現在對這種浮躁很不耐煩。當你想到數以百計的可能性，可能會覺得無法負荷，而不是欣喜若狂。無論如何，你現在開始在射手座開放的遊樂場邊緣搭起一些圍牆，當你能控制這種焦躁不安時，就會開始追求更多東西，像是野心、幹勁和重心。你可能會覺得受到限制，也可能在當你被邀請「開始幹點正事」時，感覺精神一振，這必須要看你本命月亮的位置而定。

當你轉變進入推運月亮摩羯座的週期時，壓力會開始累積，你的心會有點沉重。你在心裡很清楚，這是你想要開始某一件事的感覺，你需要開始咬緊牙根。有些人發現此時會出現一些外界的影響，呼應自己的心態轉變，像是生活中出現一些狀況，必須擔起更多責任。這可能是工作升遷，或是生活中多了孩子，或是需要更多的關心。這些外在的際遇無論是計畫好的，或是心所期盼的，或是預期之外的發展，全都有一個共同點：要求我們扛起更多重擔。這可能像是宇宙在對你說：派對結束了，或是感覺像是無憂無慮的日子現在必須退場了，這必須要看你本命月亮的位置而論。但這不會像是有一個枷鎖套在你的脖子上，只是有一個東西把你拉回現實而已。

真正的方向

與摩羯座最有關的符號就是山羊。山羊可以穿越險峻和狹窄的山隘，很少有其他陸地動物可以辦到這件事。牠們可以爬到極高的地方，而且當你在山頂上放眼望去，地貌就在你眼前無盡延伸。這就是推運月亮摩羯座的願景和目的之一：你要看到更大的藍圖，好好計畫，知道暫時的享樂和缺乏自律，將會妨害更偉大的目標。摩羯座知道專心致志、努力工作可以累積實力。當你省下一筆錢時，可以買到比衝動亂花錢時更有價值的東西。你如果制定計畫，跟著計畫走，你就能更有成就，勝過於你在一時之間搜刮湊集資源。

在推運月亮摩羯座時期，你正在學習如何當自己的主人，如何駕馭你的意圖，把它變成重心、紀律和真實世界的努力，達到你想要的目的。你現在擁有堅韌、魄力和紀律的工具，只要你願意將它們握在手上。當你為了偉大的成就努力時，過程中常必須暫停短暫的樂趣，而專注且持續的努力會得到回報。推運月亮射手座關心的是願景與潛力，但你如果沒有利用它們創造真實的東西，這些就只像是思想的泡沫而已。沒有行動的動機不會創造結果。你現在的嚴肅態度，甚至是沉重，都可以為你創造一些必要的重量來支撐夢想，讓夢想成為現實。

掌控之道

一、承諾

電影《星際大戰》（*Star Wars*）中的尤達（Yoda）說過：「沒有嘗試這回事。你要就做，要不然就不做。」這就是推運月亮摩羯座的功課。我們在這世上會許願、希望、計畫，再加上所有的目的，但這只是開始。唯一可以被衡量的是我們做或不做的現實，而你必須專注在結果上面。我們如果動搖了只吃健康飲食的承諾，也許就會說：「我試過不吃那個甜甜圈，但我必須讓步。」但就如一句老話說的：「通往地獄之路都是由美好的意圖鋪成的。」在推運月亮摩羯座期間，光是善意不會咬人。但我們要認清這裡的魔術底線：甜甜圈到底是被吃掉了沒有？你正在學習，意圖可以將一件事化為行動，但是關鍵在於如何將這件事變成現實，你唯有結合意圖和行動才能達到你承諾要做的事。這不是說，動搖是不好的！但是「我會試試看」跟「我會做」是不一樣的。有時計畫會出錯，但是當它出錯時，承諾會找到另一條被「我會試試看」放棄的出路。

二、制定自己的規則

你是否玩過毫無規則的遊戲？這在一開始聽起來很棒，不是嗎？舉例來說，讓我們來玩大富翁。如果沒有規則說你不准搶銀行，那你只要把銀行所有的錢都搶走，就更容易贏了。如果沒有把規則說清楚，輪到你時，要看丟骰子的點數決定你可以走幾步，那你想走幾步就走幾步，盡可能地走到「Go」，一次買下所有房子，或是你根本不用買就把房子占為己有，因為沒有規定說你必須要付錢才能擁有房子。你開始看到這種想法的缺點了嗎？沒有規則的遊戲可能玩得很快，或是根本無法開始。這裡的祕訣就在於，沒有任何遊戲是沒有規則的。沒有極限代表不需要策略，這麼一來，我們就錯過了重點，因為成就感就是來自於超越這些極限。

當我們想到規則時，我們總覺得規則的存在只會阻礙我們。但規則其實提供了一種架構，我們可以根據它來建構自己想要的東西。任何穿過合身束腹的人可能都會告訴你，當他們穿上它時，其實很舒服，因為他們幾乎可以在裡面放鬆，讓它來支撐他們挺立站著。即使一個看似約束的擁抱，大部分的人還是會覺得很舒服，覺得獲得支持。這裡的概念在於，你要跟規則當朋友，因為當你朝著目標邁進時，它們可以成為你的指導方針。

你要做一張表格，列出想要的東西，寫下你可以做什麼來達成目的，特別是你能做哪些小事情，幫助自己達成目的。除了單靠自己的意志力，除了不斷責罵或羞辱自己，告誡自己必須當一個「好男孩或好女孩」，還要想出一些方法可以改變你的生活，支持你朝著想要的成就邁進。舉例來說，如果想要變瘦，就要建立一個架構支持這件事，像是列出購物清單，買一些健康但也很好吃的食物，你才不會覺得生活受到限制。你要制定規則，事先準備好所有午餐，才不會在很餓的時候沒有計畫，囫圇吞棗。如果想要跟重要的另一半有更好的溝通，也許你們應該制定規則，每天晚上八點就關掉電視，或是每週五一起出門，或是移除讓你分心的因素，創造一些空間與對方好好溝通。

光是一個行程或規則，不會取代你持續的努力和自律，因為你可以決定是要打破規則，或是不要繼續下去。然而，一個具有支持性的結構，可以在你繼續向前努力時幫助你撐下去。我的一位朋友說他在推運月亮摩羯座的時期，覺得生命是如此平衡，彷彿一切都在掌握之中，因為他覺得可以控制自己的選擇和人生方向，透過照顧自己的身體和情感需求，讓所有的生命領域都變得更有生產力、更健康。他為自己的人生建立一個架構，才達到這種地步。他替這個架構取了一個很有詩意的名字——「選擇的生態系統」。他一手打造自己的生態環境，還有自己的日常行程，方法就是鼓勵自己做出健康的決定，讓自己更難做出不健康的選擇。

三、接受責任

在這段時間，如果你的生命中出現一些機會，要求你擔負更大的責任，無論這是增加責任的數目或程度，都要考慮接受挑戰。我不是鼓勵你忽略自己的極限，或是在職責外承擔更多的責任，而是要認清接受責任也會帶來機會，讓我們有機會發揮、還能向自己證明自我管理的能力，甚至是領導能力。摩羯座不只是把事情做好，或是根據規則過日子，而是認清在做這些事情時，我們完成了更偉大的一件事：一種自主感，覺得我們可以做到自己決定的事，我們是自己生命的主導者，可以做出最後決定。這就像一種解藥，避免讓無力感在我們的生活中創造一種被害者行為模式，讓我們覺得無法自己做選擇，只能任由外力打擊。

物質成就只是一個出入口，我們可以從此進入，認清掌控生活的能力及必需品。這個原則不是把生活中發生的所有事或沒有發生的事都怪在自己頭上，而是認清在每一件事中你都有選擇，即使只是決定在意外發生後該如何回應，或是決定接下來該怎麼做。認清你的行為或無所作為，導致現在的生命處境，這並不是一種懲罰，而是現實。這意謂著當我們願意為生命中發生的一切負責時，我們就有自主權做出改變，也能享受一種瞭然於心的樂趣，感謝自己努力把一些美好的事物帶進生命裡。

如何避免被浪潮捲入大海？

一、頑固地堅持下去

之前提過，你可能遇到一些情境需要你肩負更多責任，這可以加強你對自己的能力的信心，知道自己可以處理生命中的突發事件，但你也可能感受到沉重的負擔。推運月亮在摩羯座的週期，可能挑起你生命中的一些問題，可能是你承擔太多，或是讓自己肩負太多責任，沒有喘息的空間。推運月亮在摩羯座，可以教導你如何利用自己的內在資源，找到尚未開發的力量和耐力，讓自己振作，把事情搞定！但你也可能陷入一種堅忍和極度絕望的心態。此時最重要的是，知道什麼時候已經到了極點，這意謂著你不行也不應該靠自己做到這一切，屈從不再是一種忍耐，而是一種挫敗、悲觀、緩慢地死去。希臘神話中的泰坦巨人阿特拉斯撐起了整個世界[7]，但是你不需要！因為你不是泰坦巨人，做不到是不打緊的。

[7] 其實在古代神話中，阿特拉斯並沒有撐起整片天，而是眾天神撐起來的。但我們常認為阿特拉斯撐起整個地球，代表他承受所有的重量，承受一種最極限的負擔。

二、冷酷的決心

推運月亮在摩羯座代表學習放下暫時享樂的好處，以期獲得更長遠的成就。這通常是控制自己的突發奇想，繼續工作，即使你根本不想工作。這當然可能扯遠了，不過既然我們談的是月亮，那麼最重要的是確定你正在試圖完成的事，要能符合你心裡的想望。我們有時候會埋頭衝向終點，卻忘了自己一開始想要什麼。雖然這可能只是偶爾發生，但是你的生活如果變成只是按照計畫進行，卻忽略了情感，你就錯過了重點。你可以把突發奇想掃到一旁或稍後再管，不過經常一再發生的情緒可能是一個重要的線索，代表有些地方不對勁。你的心希望你能有自主能力，以自己為傲，但你如果不給自己任何機會休息，或是不讓自己確定一下，你是否還想要那些自認為做到的事，那你不會有任何感受。

♒

推運月亮在寶瓶座

你想從例行公事中抽離，打破現狀

「你需要勇氣成長，變成自己真正的模樣。」

——美國詩人E・E・康明斯（E. E. Cummings）

轉變的浪潮

你受夠了遵守規則嗎？像是你自己的規則、社會的規則，或是你已經維持現狀太久了？你也許開始覺得想要突破某個東西？這也許是因為憤怒，但更常只是因為你會漸漸領悟，如果你可以在自己選擇的任何時刻做一點不同的事，為什麼不這麼做？有時別人會對我們發號施令，交代他們對我們的需求和期望，這可能是他們有權這麼做，或是我們允許他們有權力這麼做。但有時，我們只是昏昏沉沉地跟著鋪好的道路走，因為這已經成為日常規律。我們只是「按照計畫走」，因為我們一直都這麼做。不過這段時間，你會出現某種程度的超然，可能是罪惡感和義務感越來越麻痺了，你這時會想抽離出來，客觀地看待自己為什麼要做這些事。你可能開始覺得自由，這會透過一種很奇怪的方式，好像你完全不記得為什麼你會卡在某些事裡，而這些事對你的支配力突然減少了。在這段期間，我的一位個案發現她感覺自己突然放下了所有自我審查的行為，而她過去一直努力符合標準，只是為了讓別人舒服。

當這個週期開始時，許多人會重新發掘過去的興趣或某些被遺忘的自己。這可能是生活中的一些情境要求他們投入這些興趣，像是一位新手爸媽可以留更多時間給自己，因為孩子已經較能自理了；或是被一些限制性的生命情境勾起，例如他們在一段關係中只為了配合對方，放棄了太多的自己。所以你可能會發現自己過去的碎片開始重新浮現，就像你重新拿起一件老樂器，再次彈奏它，或是想起你喜歡打網球，或是看B級電影。無論這是什麼，現在就是要你探索個體性，所以如果你發現有一些興趣，甚至是性格特質，在你的生命中缺席一段時間後，又重新進入你的腦海裡，這可能只是因為你必須再次記起自己，或是因為你過去的某個部分必須融入新的你，成為其中的一部分。

這與經歷青少年時期的叛逆大不相同。許多青少年甚至不知道自己是誰？你很可能發現自己正站在生命的十字路口，突然不知道自己身在何處，不知道如何走到這一步，不知道如何變成現在的模樣。當你經歷推運月亮寶瓶座的週期時，你將會回答另一個更重要的問題：「我是誰？」

真正的方向

寶瓶座的象徵符號是盛水的容器，許多人很容易把寶瓶座當成反抗者的星座。反抗者的能量來自於異議、反對和混亂。寶瓶座的心並非如此，雖然這是可能的副作用。在這段時間，你可能會發現如果你要糾正生活中的一些不平衡，而當事情與你個人的自由權或做出自己的抉擇有關，你會態度堅決或不願合作。然而，寶瓶座的更高道路其實根本不是一條路；這像一條路線，你必須跟著內在的指南針走，靠自己擊退一切。你現在被賦予的責任就是把你一直扮演的角色，與你真實的本質分隔開來。你用什麼造就了你？在這段時期，你可能會進入不知道的狀態，或是你以為你知道但很清楚對你而言不僅於此，遠勝過一些人期望的狀況。你的生活是否反映了你？如果不是，你就會面臨挑戰去改變它，這當然是說的比做的容易。有時當我們做出自己的選擇時，我們會傷了一些人的心，對方會希望我們做出不同的決定。但我不是要說，傷心跟打破模式是同一回事。反抗者會破壞規則，但盛水的容器會承載自己的生命。

讀完高中。大學畢業。找一份薪資好又穩定的工作。年輕時結婚，但也不要太年輕。生小孩，不只一個小孩。計畫退休。不要惹麻煩。不要引人注意。不要多拿不屬於你的東西。不要穿紅色搭粉紅色！當我們檢視每一個地方時，都有一個標準。要做正確的事，要有完善和聰明的計畫，如果我們很聰明，如果我們想要快樂，我們就不應該偏離計畫。快樂的公式就是A＋B＝C。你的推運月亮通過的宮位可以告訴你，你在哪一個生命領域裡，沒有任何人能給你正確答案，任何標準建議都不管用，因為你只要做感覺對的事情。有時受到限制、遵守規則是很舒服的，因為至少我們知道界線在哪裡，即使我們會抱怨。但是在這段推運週期，你必須打開牢籠的門。你自由了，但你必須了解它，活出它。

掌控之道

一、做自己

當我們在回溯過去時，閱讀一些知名的發現和發明家的故事，會覺得他們聽起來太浮誇了。當我們聽到「天才」和「革命性」這些字時，我們會對這個人的非凡特質感到驚奇。歷史讓他們像巨人一樣：特別又獨一無二的人，高高聳立在人群之中。但是身為這樣的人是什麼感覺？他們沒有挫折嗎？他們沒有缺點嗎？他們的生活和工作中沒有盲點嗎？愛因斯坦沒有計畫成為《時代》雜誌的「世紀風雲人物」，華特·迪士尼創造米老鼠時，並不是要它成為全世界知名度最高的偶像之一。他們都只是對自己感興趣的事情做出回應。我們常把「做自己」這個詞左耳進右耳出，但這可能是最好的建議，而這對所有推運月亮在寶瓶座的人而言，也當然是一個很好的建議。做自己代表不要向外尋求答案，問問自己該做什麼樣的人，什麼才是做某件事的正確方式，或是該在乎什麼。最富革命精神的人其實只是平凡人，只是允許自己享受自由，去做感覺對的事。

二、天才的工具

你在這段重新發現自己的時期，有時會揭露一些關於自己的新東西，這是連你自己都不知道的，而找到它們的唯一方法就是實驗。在你的手碰到一些工具之前，或是你的思維發現某些可能性之前，你可能都不知道自己有某種興趣或才華。實驗就是我們如何去測試自己，發現自己內在的東西。這也是一種很棒的方式，可以重新接觸自己的本質。愛因斯坦說過：「想像比知識更重要。」無聊的人會把事情做對，奇特的人則會按照自己的方式做。你要實驗，讓自己變成你所知道最有趣的人。你要重新與內在的自己連結，不要害怕打破規則，或是害怕這樣做很古怪。在這段時間，你的道路很可能偏離「常軌」，而這也是必要的！

如何避免被浪潮捲入大海？

一、反抗者和被放逐者

在一九九八年電影《超異能快感》（*Practical Magic*）中，莎莉和姊姊吉莉安是在小鎮長大的女巫。她們因為和別的小孩不一樣，遭到眾人排斥。吉莉安因此變成很叛逆又愛挑釁，莎莉則渴望當個「正常人」。她們透過各自的奮戰，最後必須一起打破一個針對她們家族的古老詛咒。她們開始明白試圖逃跑、試圖脫離真實的自我要付出什麼代價，這裡指的不只是女巫，還有身為女性必須付出的代價。

她們倆姊妹都代表了寶瓶座的一面。吉莉安不想任何人告訴她該做什麼，因此激怒了一些被她嚇到的人。莎莉覺得很失落，試圖活出一個無法完全代表自己的人生。莎莉代表被放逐者，這就是寶瓶座的其中一面，他們會試著保留部分的自己，以化解做自己和不想傷害別人之間的緊張對立；或是當他們露出自己是「常軌」之外的一面時，就會被排斥。小鎮裡的每個人都知道莎莉與眾不同，所以會用不同的方式對待她，而她自己的行為讓自己更被孤立。在這個過程中，她試著融入，試著隱藏大部分的自己，最後卻活得像個鬼魂。在推運月亮寶瓶座時，你會像其他人一樣遇到挑戰，必須自我揭露。你也許很害怕，不相信別人會接受你，但是你在生活中隱藏部分或全部的自己，只會令你精疲力竭，感覺與世隔絕。在這段時間，你可能會問自己，這樣做值得嗎？因為你的情感演化已經到了一個關鍵點，你會想要自由地做自己。

吉莉安代表了反抗者，這也是寶瓶座的一面。他們有時會硬是要踩到別人的地雷，證明他們不會按照別人的遊戲規則玩，一切只聽自己的。當我們試著仔細檢視別人、文化和我們對自己的所有期望時，真的很難看清楚什麼是真正的你，什麼只是你照單接受的東西。我們有時候需要顛覆生活，給生活一點震撼，才能再次把自己看清楚，如果這麼做有幫助的話，這就是一件好事。不過如果這個推運週期早已在醞釀了，如果你已經覺得被困住好長一段時間了，你就會因為受夠隱藏部分的自己，渴望打破一些東西，而這可能會令人無法負荷、把事做絕、亂發一頓脾氣，這當然可以讓我們覺得自由，不過這也會造成一些不必要的災難。

♓

推運月亮在雙魚座

你變得敏感，情緒更容易被擾動

「只有兩種方法可以活出你的人生：一種是以為沒有任何事情是奇蹟；另一種則是認為所有一切都是奇蹟。」

——科學家愛因斯坦

轉變的浪潮

警告：推運月亮雙魚座可能造成白日夢，更容易分心和健忘。不要在推運月亮雙魚座的週期操作重機械。

當你進入這個推運週期時，可能開始覺得自己有點瘋狂，這要看你已經多熟悉雙魚座的能量！當精靈的世界在呼喚你時，這會有副作用，此時很可能出現一些「症狀」。有些人會發現自己很有想像力，也很有創造力，感覺很美好。有些人則會因為迷糊和困惑，感到很沮喪。其實在這段時間，所有的可能性都可能發生，這只是要看你有多麼願意臣服於呼喚你的東西。

你可能會變得更敏感，以前不會困擾你的事，現在都會讓你心煩。這一開始可能只像是偶然的情緒化，但你很快就會發現自己更有同理心了。最典型的例子像是更容易因為電視新聞生氣，或是意外地因為某個人的善意戲弄覺得受傷。你的本命月亮的位置，還有星盤中的其他配置，可以反映出你會如何面對這種敏感。

敏感當然有優點。當你處於一種覺察力提升的狀態時，可以強化所有具有創造性、啟發性和精神性的過程（這裡提到的精神性，不同於宗教性）。如果你有任何創造性的工作或嗜好，可能在此得到助力。無論是任何特別的影響力在發揮作用，推運月亮雙魚座通過的宮位可以告訴你，你的哪一個生命領域需要靈感的灌注。

真正的方向

一九九〇年代中期，曾經流行過隱藏畫面的海報，這常被稱為「魔術眼」圖片。每張海報看起來都像某種形式的形狀和顏色，但是當你用特定的方式看它時，就會出現隱藏的畫面，也許是一輛車、一條魚或其他物品。你不需要3D眼鏡，只要鬥雞眼，或是把目光聚焦在遠方就可以看到圖案。當你用一種深入、遙遠的方式「看穿」物品時，你的眼睛可以放鬆，你就會看到完全不同的圖案出現在你的面前。

這當然是一種調整角度的方法，而這就是你現在必須做的事。這聽起來可能有點陳腔濫調，但你的心正渴望再次陶醉，再次著迷。每天都有神奇的事物發生在我們身上，還有我們的周遭，但是我們很容易因為熟悉，就把它們視為理所當然。不過在推運月亮雙魚座的週期，你幾乎會不斷聽到一種呼喚，要你站到一旁去，踏出你一直預期會看到的倒影。當你這麼做時，你每天看到的事物突然就像來自另一個世界。如此神奇，出乎你的意料之外。

通俗占星學有時會把雙魚座描述得如此崇高，所有一切都跟宗教信仰有關。當然，雙魚座的其中一面的確反映在同情和付出的天性，就像德蕾莎修女一樣[8]，但是宗教信仰只是精神的工具。宗教信仰可以是任何形式的，能將你的覺察力從物質動機的平面次元轉向生命的神祕面，這可能是重新認識自己內在的神性，或者只是迷失在自己的想像力中。當你開始知道人生不只是社交和物質的戲碼時，你可能會變得十分隨性、坦然又輕鬆。無論你是隨性面對或嚴肅以待，你會聽到目不可及的遠方傳來一股召喚，要你跟著它前進。

[8] 德蕾莎修女其實是處女座，這充分表現在她渴望實際動手來提供服務。

掌控之道

一、沉浸於創造力

「臣服」這個字可能會令人想起失敗，但如果把它想成向自己的欲望投降，臉上就會露出一抹微笑。在推運月亮雙魚座的週期，臣服就像是醫生開的處方籤。如果覺得分心或困惑，因此很煩躁，那你很可能只要臣服於讓自己分心的事，把注意力放在這件事上，馬上就會減少這種被分裂的感覺。浪費一點時間！如果有必要的話，你要把這排入行事曆，在約會或工作之間多留一點時間給自己。留點時間做白日夢、散步、買花。你可以做任何沒有目的的事，只要這些事能激起你的靈感，打開你的心。你的家庭或家族如果有小孩，他們就給了你很好的藉口，讓你再當一次小孩。你可以帶他們去當地的探索博物館，跟他們一起玩。向他們介紹夏天夜晚的星座。為他們讀一些幻想的故事，或是陪他們一起讀。這些活動可以幫助你對準正確的方向。

如果過分甜美不是你的風格，那你可以找到特別的方式，再次體驗陶醉的感受。推運月亮通過的宮位可以告訴你，你在哪一個領域特別需要再次陶醉，也最容易有這種體驗。你在這個領域裡可以跟著直覺走，搭配有趣的想像力，也能帶來很棒的加分效果。雙魚座的魚兒們會跟隨著浪潮前進，當你沉浸在能啟發你的經驗中，這將為你開啟一扇通往創造力的大門。推運月亮雙魚座在三宮，可能與累積帶有超自然或想像性質的資訊有關，像是閱讀或撰寫幻想小說，而在五宮或六宮時，這可能是把雙魚座的體驗融入任何形式的藝術作品中。無論你選擇如何運用，你要專注地將個人意識脫離世俗，進入想像的世界裡。這通常是一種最簡單的方式，可以替你開啟一扇門，進入已經準備好的更深層的覺察之中。

二、敞開自己

雙魚座對面的星座處女座，關注的是自我分析的過程，進而做出改變，朝更好的自己邁進。雙魚座的原則剛好相反：有時你必須放下放大鏡，讓自己休息一下。在這段推運週期，你可能發現自己正伸手觸及更高層的視野，觸及一種精神性的觀點。你越跟隨本能深入想像力中，你的覺察力越能遠離日常生活的細節，進入更高層的視野。當你能看到全世界，而不只是自己的人生，你就很容易對自己和別人產生同情心，因為你不再困在做錯或不完美的事情裡。你也更容易產生信念、樂觀和希望。

雙魚座與在許多方面放下界線有關。當我們放下區分可能與不可能的界線時，我們就能擁有新的洞察力。當我們放下區分自己與別人的界線時，我們就能有同理心，學習更容易放下一些小事。當我們放下區分邏輯與想像力的界線時，我們就能讓天生的直覺和精神性的能量變得更強烈。我的一位同事在推運月亮雙魚座進入六宮時，發展他的同理心天賦和通靈的覺察力，足以在他的占星執業中融入與指導靈的溝通。愛迪生和愛因斯坦這樣的發明家，可能在發明中運用了嚴格的科學方法，但是他們的洞察力都有想像力和靈感的加持[9]。新的視野可能正在路上等你，但你必須敞開自己，迎向荒謬和不可能，看看你尚未發現的新風景。

如何避免被浪潮捲入大海？

一、放下與放棄

推運月亮在雙魚座教導我們臣服的功課，所以你現在知道讓事情自然發生，不需要擔心或控制一切，也是有好處的。臣服就像所有事情一樣，可能會被運用過頭。我們如果讓這種想法太過頭，凡事都說「放手交給神」，我們在生活中就會變得被動悲觀，而非主動的參與者。有時一些哲學觀點背後的意涵，像是「任何事的發生都有一個理由」，可以幫助我們理解生命中一些小我無法控制的事，至少讓我們能去面對。但如果害怕去對抗，害怕去負責採取行動，或是害怕改變一些事情，這種觀點可能成為一種逃避隱藏的好方法。推運月亮在雙魚座不是要你失去或放棄自己的力量，只是要你認清力量的極限，同時擁有一份智慧，知道你可以做什麼，可以如何影響自己的生命歷程，同時知道何時應該放下。

二、有計畫的遠離常軌

我們已經知道，你的心即將被生命中更荒誕、更具精神性的一面吸引，而你的想像力就是最好的地方，可以幫助你找到這些東西。我在一開始開了個玩笑，警告你在推運月亮雙魚座的期間不要操作重機械，因為你更容易做白日夢了。記得，千萬不要完全不顧一切，畢竟你還活在地球上！你如果想要完全沉浸在自己的世界中，想要遠離世俗生活，讓心靈安息片刻，無論是想像的或實際的，都很好。但是你要事先安排好現實生活，讓你在脫離人生軌道時，還是能顧好俗事，或是能讓日常運作暫時停擺。如果你想要度假兩年，你會讓暖氣繼續開著、不取消訂報嗎？這是很實際的一個例子，不過我們「逃避」人生的方式，通常不會這麼澈底或絕對，破壞性也比較小，像是忘記付帳單、忘記赴約、忽略了我們愛的人的需求，或只是一般的愚蠢行徑。你會把道德批判放在一旁，事情最後還是會有結果，無論這是否是我們計畫的，無論我們願不願意承認。最重要的是，你必須安排好一些事情，才能獲得你需要的精神收穫，特別是當你花了時間遠離常軌的人生時。這樣才不會讓這段探索的時間只變成逃避現實，而外面的世界已經在你四周瓦解粉碎了。

---

❾ 愛因斯坦和愛迪生也都非常喜歡音樂，有更多的證據證明，創造性的表達對於發明的過程極為重要。

推運月亮過境十二宮位的學習焦點

宮位的循環

宮位代表個人的生命領域，但是它們又同時在更大的循環裡面環環相扣。舉例來說，一宮代表專注於自我發展的活動。就像一個嬰兒會專注看著自己的手，彷彿這是世界上唯一的東西。我們在一宮只有狹隘的焦點，所以一宮又被稱為自我的宮位。再舉一個例子，四宮被稱為家與家庭的宮位，其中不只是我們，還有我們與別人親密分享的環境。再來還有九宮，這是哲學與旅行的宮位，我們會在這裡擴張心智，接觸更高層的學習，我們也會向這個世界敞開自己，體驗各種不同的文化和經驗。我們推運的月亮會依序經過每個宮位，從一宮到十二宮，而每一個宮位帶來的經驗會讓我們從最小的焦點，意即我們自己，一路走到最大的焦點，也就是這個世界及之外的一切。

稍後會再更深入介紹占星學是奠基於接連不斷的循環，但是討論推運月亮回歸時，可以說宮位形成一個循環，這是一個沒有開端也沒有結尾的形狀。當我們的月亮通過每一個宮位的經驗時，最後都會到十二宮。因為總共只有十二個宮位，我們會很合理地認為十二宮是結尾。但是生命還在繼續，在十二個宮位的經驗後，一宮的經驗又會重複，循環又開始了。然而，我們通過每一個宮位時都會學到很多，所以即使又回到一宮，我們也已經不一樣了。其實，更有幫助的方法是把宮位想像成螺旋梯：這種經驗不僅能帶我們繞圈圈，也能帶我們向上提升。

不要忘了，當你的推運月亮通過各宮位時，它也會屬於特定的星座，所以你會同時擁有經驗又學習功課。推運月亮的宮位可以告訴你，你想要專注在哪種類型的活動和哪一個生命領域。推運月亮的星座可以填補細節，告知你會用哪種風格參與這些活動。舉例來說，當你的推運月亮在十一宮，你會專注於你的夢想，尋找社群支持你的夢想，而星座的能量可以看出你會用什麼風格追求這些夢想，以及你需要哪一種風格的社群或族群。舉例來說，推運月亮進入十一宮時，落在土象星座（金牛座、處女座或摩羯座），這代表當你思考自己的夢想時，可能必須實際一點，像是列出清單和具體的步驟概述，你才能用實際的方式達成夢想。你可以從社群獲得明確的支持，透過實際親手的協助，加上實用且合理的建議，從中獲益良多。不過你的推運月亮通過十一宮時，如果落在火象星座（牡羊座、獅子座或射手座），你可能會發現自己比較注重達成夢想的整體願景，而不是建構夢想的基本要素，你能獲益的社群支持，比較偏向幫助你保持正面的態度，幫助你產生熱情，繼續前進。

宮位大小的差異

星座占據的範圍是一致的，但你星盤上的宮位不太可能如此。最普遍的宮位制度不會把宮位均分成同樣尺寸。所以有可能當你的推運月亮改變宮位時，但星座卻沒有變。你的推運月亮如果是巨蟹座在二宮，當它進入三宮時，可能仍然還是巨蟹座。你不要被這混淆了：這只代表你在二宮和三宮學習的東西，都會帶有巨蟹座的色彩和風格。

推運月亮在一宮

昨日已矣，你如何重新定位自己？

「你永遠無法擁有你不願意追求的東西。」

——美國音樂家麥克．莫多克（Mike Murdock）

轉變的浪潮

毛毛蟲在經歷變成蝴蝶的過程中，會澈底地改變形狀。牠的老舊形貌會實際分解，創造出新的形貌。蝴蝶破繭而出時是很脆弱的。蝴蝶的翅膀還不能發揮功能，牠必須等翅膀乾了，有足夠的血液流通經過翅膀，翅膀才能揮動，累積力量。

你在推運月亮通過十二個宮位的週期時，就像毛毛蟲蛻變成蝴蝶一樣，會體驗到內外的轉化和改變。在擁有這些經驗之後，當你再次現身時，你會更完整地進入新的開始，這是你過去兩年或數年之前進入蘭時獲得的承諾[10]。你可能會覺得你最近體驗到重生，或是正在經歷重生。然而，重生其實是一種相當難受的煎熬，常讓人失去方向。你可能會問自己：「現在是怎麼一回事？」人類很容易在生活中投入承諾和規律，雖然有時我們渴望自由，但是希望自由跟突然間感受到自由完全是兩碼子事。當你的推運月亮進入一宮時，你會感覺正試著替自己定位。路很寬廣，很開放，可以通往許多方向。你一方面可能會覺得很興奮，但也可能因為選項太多覺得喘不過氣。

有時你會在重大的人生改變之後展開這個週期，通常是你經歷了失去了某個東西，也許是局勢改變了，像是失去一份工作或配偶，有時是內在的，像是把你過去認為重要的事物，重新排列優先順序。十二宮的推運週期像是開路，但是現在你面前有很多條路。你不能再依賴過去的做事方式，因為事情已經改變了。你就像蝴蝶一樣，現在已經有了飛的本能，但可能不太確定要飛往何處。

你可能發現自己開始注重外表，無論是內心或身體的健康。或是開始在意你打扮的風格，像是如何穿衣、如何設計髮型。這是因為你已經經歷過內在的改變，現在需要透過外表呈現在世人眼前。

真正的方向

推運月亮在一宮的目的是測試你的新翅膀。你正在打造一個新的自我，學習如何在新的處境中運用這個自我。你很可能還不知道自己要往哪個方向走，即使你已經知道自己的新方向，也不代表你很確定該如何向前走，進而達成自己的期望。你會覺得毫無目標又無拘無束，而你的任務就是感覺自己正在前進，開始對自己產生信任和信念，即使除此之外你一無所有。

你現在正在學習如何開始，如何自我引導。有時宇宙會輕輕推我們一把，給我們一點暗示，幫助我們知道什麼適合自己。不過在這段時間，宇宙會向後退一步，因為必須是由你自己展開行動。在推運月亮十二宮的週期，你正在清理道路（或是為你把路清好），所以現在你可以讓生活更簡單，有更清楚的重心，找到生命中更真實的優先順序。現在你要根據這些優先順序採取行動，即使你還不太確定方法。不要等待腳本，因為它不會出現。

小蝴蝶，現在是「揮舞翅膀」的時候了！

---

⑩ 星盤中四個基本點具有特別細膩的意義，這指的是上升點、下降點、天底和天頂。所以當你的推運月亮接近這四個基本點時，你會在它實際進入下一個宮位之前感受到這些轉變，有時甚至會提前兩至三個月。

掌控之道

幾乎每個人都發生過這樣的事，或是至少聽過別人遇到過：你坐在面試者的對面，希望對方能雇用你。你剛從一所高等教育機構拿到閃亮的新學位。你的面試者正在檢閱你的履歷。你很迫切、也很願意工作，很機智地回答問題。面試者會說：「我看了你的履歷，你剛完成一個學位，但你有什麼經驗？」

一、演久了就變成真的

這是最典型的進退兩難：你需要經驗才能得到一份工作，但你需要一份工作才能得到經驗。在推運月亮一宮的週期，情況就像你擁有學歷卻沒有經驗，除非像這個例子一樣，你被雇用了！所以現在必須假裝，直到找到新的規律，學會訣竅。你不知道自己要往哪個方向，這沒關係。你現在的任務就是增加經驗和知識，與你在推運十二宮週期形成的新局勢和新觀點互動。跟著興趣走，嘗試新東西，替自己留一點實驗的空間。

二、當導演

有些人不確定要做什麼，沒有清楚的步驟指引時，就會選擇什麼都不做。但是推運月亮在一宮時，你就是要採取行動。不要拖拖拉拉不動作！假設你已經得到上述例子中的工作，我好像還沒提到頭銜？頭銜就是你的人生的導演，而這是累人的苦差事，一個禮拜必須工作七天。你現在必須開始習慣，很自在地主導一切。這可能意謂著你要很自在地運用你的需求和權利，做一些加強自我感受的事。如果你一直優先考慮你的關係，或是朋友或重要人士的需求，而非自己的需求，這時候你可能必須勇敢地面對別人，即使是你愛的人。有句話是這麼說的：「自然厭惡真空。」所以你如果不指導自己的人生，如果沒有行使自己的權利，想辦法「占一席之地」。事情就會如占星家史蒂芬・佛瑞斯特所說的，此時生命——通常還有你生命中的人，就會用他們的需求來填補你的真空。

我們很常在這段時間思考關係的問題，雖然你不會一開始就想到。這個推運週期的重點是自我，而不是關係，但這是你維持平衡的兩種概念。生命中有許多事情可能會用一些必要的方式，讓你無法只專注在自己身上。然而，通常是我們對其他人的義務，很容易讓我們失衡。按照一般情況，當你改變生命的平衡，加入一些活動，幫助自己強化並建立一個健康的自我，這通常會在你的關係中留下後遺症。人雖然不要太自私，但提醒你，試著記得你的人生還是屬於你自己。你對一些人好，是因為你希望他們繼續留在你的生命中。這種需求來自於你內心的欲望，而欲望是出自選擇，而非強迫性的責任。所以為何我說推運月亮十二宮的週期是在開路，這樣你才可以改變人生的優先順序。你現在可以根據這些新的優先順序採取行動。

當你自己人生的導演，並不是要你當老大。你要決定並堅持你的個人界線，無論這是對伴侶，或是對其他優先考慮的事情。但這只是其中一面。在推運月亮一宮的週期，你還要指揮，還要帶路。我一直提到在這段時間，你會覺得不確定自己該做些什麼，所以很多人會澈底蛻變，現在正試著找到新的方向。但是如果你知道自己想要做什麼，無論這是長久以來的夢想或一個新目標，無論這只是略有頭緒或明亮炙熱的欲望，關鍵就在行動，而你就是行動的發起者。你是否一直在等待一個機會？等待正確的時機？等待一個徵兆？不要等了，你要自己創造。不要等著被發現，等待被展現在世人面前。你只要開始做想做的事。無論是否有足夠的錢，不要去管你還有太多的事情要做，或是不確定這是否會成功，不確定是否能做好，這些都不打緊，因為你唯一能成功的方法，唯一能做好的方式，就是你要在人生中留一點空間做這件事。機會只是人生拼圖的一部分。你要像主控者一樣採取行動，因為你就是。

三、暖身時間

我們已經知道在這段時間，你會屬於以下其中一個陣營：其一就是已經知道你的目的地，但還在摸索，嘗試找出到達目的地的方法；另一個就是完全不知道自己要往哪走，最近才結束生命中的一個章節，正在開始新的一頁。無論如何，最好把這段時間當成暖身時間，才可以準備好面對任何事。當你找到自己的定位時，保持忙碌，發展自我，這些都是不錯的想法。你可以開始追求一些個人興趣，因為你永遠不知道這些興趣會把你帶到哪裡。

因為一宮也包含上升點，所以現在也是個好時機，你可以開始思考你用來「駕駛」通過這個世界的「交通工具」：也就是你的上升點[11]。上升點代表你如何與這個世界連結，當你每天和這個世界打招呼，每天與人社交互動時，你會呈現哪種個人風格。有很多書介紹過上升點，不過當你在認識和發展一個健康的上升點，最重要的就是用一種你覺得很自然、能表現自己的風格，與世界建立連結。你要跟著這些動力走，投資自己，透過學習新技能提升自我，讓身體更強壯，或是嘗試新的打扮。這可以幫助你做好萬全準備，開始對自己產生新的驕傲。

四、思考短期

在這段期間，嘗試新事物的確是比較好的點子，因為在你被新計畫和新承諾纏住之前，你有能力也有自由這麼做。在這段期間，你可能發現自己正朝著好幾個方向前進，會經歷很多錯誤的開始和停止，這都沒關係。你正在探索自己，只要你開始知道，自己可以有很多種樣子。所以現在只要一次專注踏出一步，直到更大的藍圖開始再次成形。

⓫ 裘蒂・佛瑞斯特（Jodie Forrest）在她的《上升點》（*Borrego Springs*: Seven Paws Press, 2007）書中，曾用交通工具比喻上升點。

如何避免被浪潮捲入大海？

一、擺脫不好的人事物

在這段期間，最重要的是專注於個人的需求和欲望，但要留意，不要太投入自己開展的故事，忘記身旁的人也有他們的人生。如果已經長時間克制自己的需求，就可能做得太過頭，已經盪到另一個極端。健康的投入跟健康的自我放縱之間有一條微妙的界線。先把道德批判放一旁，如果你釋放壓抑的憤怒，發洩過頭，就可能引發一連串破壞性的事件，疏離了身旁的人。這段期間，衡量自己的需求時，很可能需要擺脫生命中一些對你不好的人事物，有時盪到另一個極端是有幫助的，這樣才能糾正一些長久的不平衡。但如果不想在幾年之後的某天醒來，發現曾經把小孩扔到澡盆外，那就要試著讓生活維持平衡。

二、跳出油鍋又入火坑

在推運月亮一宮的週期，我們只是開始重新認識自己。此時會遇到一些狀況，感覺很自由，但也有點失去方向。你當然不想只是永無止盡地飄蕩，但你也想謹慎一點，不要在還沒有給自己一個完整的機會去探索和發展自我之前，就讓欲望暴衝，一頭埋入新的承諾、某件事或某個人身上。在這段期間，探索和發展自我是必要的。你可能不確定自己想要什麼，不知道自己是什麼樣的人，但如果不給自己時間嘗試，你只會進入一個不利於自己、新的日常規律之中，就跟過去一樣。

在這段時間，行動是關鍵，所以不要太常在事後批評自己。小心不要太早把事情做死，關上了太多機會之門。此時盡可能地讓自己保持自由，儘管只是態度上的自由。在進入一個新環境之前，任由環境主導你之前，挑戰自己耐住性子，用不確定的心情坐著等待，讓自己有時間看一看，有什麼新事物會出現在你的眼前。

三、少想多做

當我們在討論自我發展時，推運月亮一宮的週期並不是紙上談兵。這不是自己坐在一顆大石頭上冥想[12]。當然有時候必須有一些自我反省，但這比較關乎在人世間採取行動，打造一個適合你的環境。不要嘗試一些可能帶來不幸的方式，也不要因為害怕就完全不採取行動。就整體而言，這個時候是要少想多做。你現在想做的事情是最適合你的，能反映你的本質，這剛好與義務相反，也跟不再適合你的舊習慣形成對比。你想要發展這樣的自己，展現在世人面前。在這段期間，你比較不容易發現來自環境的跡象或刺激，因為一切由你決定來採取行動。

[12] 如果你目前的推運星座是比較內向的能量，像是水象星座，那可能有更多的反省，但本質還是行動。

推運月亮在二宮

你如何創造自己的價值？

「這是生命的有趣之處；你如果只願意接受最好的，你就能很常得到它。」

——英國小說家毛姆

轉變的浪潮

你在一宮時，有機會把對自己的認識都拋到空中，有如未知數，但是現在要開始落地了，你要問自己：「新的我可以做些什麼？」

有些人發現自己的推運月亮二宮的週期，是以一些財務狀況的震撼拉開序幕。二宮通常會處理一些金錢的議題，雖然我們都知道二宮不僅於此，但人們很容易在受到短缺的威脅時，注意金錢問題！這可能不是因為某個負面事件，無論是失業、做副業、升官，甚至是家庭規模擴大，這些情形都會促使我們開始思考如何創造和維持收入，而這常是通往二宮經驗的路徑。

這段時間除了財務困難，你也可能開始懷疑整體的安全感，甚至是懷疑自己。你可能開始覺得更想要保護已經建立的局面，還會猜疑任何可能改變現況的事物。當你才剛剛進入推運月亮在二宮的階段時，這是可以理解的。在推運月亮一宮的週期，一切都很新鮮；你會覺得沒有什麼失去的，因為你才剛剛脫離一個重大的改變，你很自由，任何事情都可以嘗試。但當你的人生繼續前進，你可能已經建立新的日常規律，也找到一些新的領域，開始逐步打造累積，而現在就會出現維持這些新狀況的需求和欲望。

其實在這段期間發生的很多事情，都在強調維持這個主題。生命中持續的狀況，特別是與處理你的財產有關的狀況，不可能永遠靠著「新能量」順利發展。沒有任何事可以維持新的狀態，永遠不會改變，最後一定需要維持和保養。你會發現，自己的念頭開始轉向維持和保養的問題，無論是之前提到換工作可能帶來的財務維持，或是保養一輛車、一棟房子，甚至是你的身體。這也可能是比較譬喻性的維持，像是對自己抱持更充沛的信心。

真正的方向

占星學中，二宮常會被狹義地認為與金錢有關，重點在於是否有錢、如何賺錢或如何花錢。這當然並非全盤皆錯，在這段推運週期，這是會引起你的注意力的一種方式，但是這背後還有更深層的道理，錢只是其中的一部分。當我們把錢這個字換成資源時，可以更仔細地觀察這件事。

錢顯然是一種資源，但這世界上還有其他資源，不是所有都剛好是物質資源，它們也可能是技巧或經驗。二宮處理的是你已經擁有的優勢，也包括你欠缺的優勢。

追根究柢，推運月亮在二宮關心的是生存的功課。在二宮推運週期，將會出現一些議題，引起你去關心自己的生存能力。你現在當然不可能置身荒郊野外面對一隻野熊，而且只有一枝原子筆可以護身！二宮的生存感可能像遇到熊一樣原始，但這更偏重於我們照顧自己、家人和家庭的能力。占星家史蒂芬．佛瑞斯特曾經如此貼切描述，在這段時間，你會被要求自我證明，這必須在物質層面和情感層面上同時發展。在物質層面，你會採取行動維持既有的資源或獲得新資源。在情感層面，你會被質疑是否能靠自己的能力做到，同時希望你能對自己的能力培養信心，足以處理意料之外的事情。

你是否足夠？如果不是，你必須做什麼才能變成足夠？在這段週期結束之前，你現在處理的活動和情況，一定可以幫助你回答這些問題。在一宮的週期，你可以假裝，因為你像是剛被扔進一種新的生活方式。但在二宮的週期，你如果想固守這些發展的結果，讓它們真正變成某種能夠保持的東西，你就必須運用自己的能力。

掌控之道

一、投資自己

化妝品品牌萊雅（L'oreal）曾宣稱，你應該買他們的產品，「因為你值得」。當然，在這段推運週期，你不一定會被這句話吸引，真的去買他們的護髮產品，但重點是你要投資自己，而最好的開始就是列出你的價值清單，無論是實際的或比喻性的。這個週期要求你要明瞭一件事：到頭來，你是自己最好的資產，而最有用的方法就是，從現在開始把自己視為個人的資產。這不是要你虛偽地讚美自己，而是要你實際地思考自己擁有什麼優勢。你要做一張清單，列出你的技能、經驗和知識；換言之，就是你的才華。

推運通常是要教導我們某一件事，然後整合新的經驗，而你可能發現自己眼前的這張清單太短了，或是你至少會不由自主地想要勇敢面對一些你還沒有嘗試的潛力。無論這張清單是否正確，還是那句老話，當我們面臨生存危機時，總有一個問題會出現在我們的腦海裡，有時還會伴隨著內心的恐懼。這張清單如果太短，或是這個世界此刻對你的要求已經超出你的能力負荷，你要問問自己，你想要擁有什麼才華或技能。你要盡可能放寬範圍，因為你心裡最先出現的東西很可能變成現實。二宮是土象的宮位，土象宮位與親自動手的活動有關，而這能產生實際的結果。所以當你能用這種方式列出一張清單，還有一份計畫，把自己當成資產一樣投資，你將能得到最多的收穫。舉例來說，如果你學會彈鋼琴，就能更尊重自己，更喜歡自己，我就很鼓勵你在這個推運週期做這件事。不過，對你而言最划算的事，還是能帶給你安全感和心靈平靜的事，或是以更有市場需求的角度發展自我，或是能讓你非常實際運用的技能。你可能會發現自己為了升職或更高薪的工作，必須接受一些在職進修；或是發現最好的方式是再找一份兼差，即使只是短暫的差事。以上兩個例子都是凸顯一種動機，想要鞏固並保留你擁有的資源。這就像花一點錢，其實是能增加並穩定你的收入，滿足你的需求。

如果在這個週期開始時，就遭遇收入方面的挫折或震撼，可能就會開始思考立即且實際的補救方式。但是尋找創造性的方法來維持生計，就像是對著更深的自我喊話，要求你更廣泛地思考該如何利用自己、如何投資自己的智慧，你才可以應付生命拋給你的所有考驗。這不只是建立自信，還是要建立確保自我生存的信心。

二、信心與自我價值

要你列出個人的資產清單，可能極具挑戰。當你在檢視如何施展自己的本事時，可能也會意識到自己的不足和限制。此時生活環境會有一些變化，可能是你覺得肩膀多了一些重擔，或是你更能意識到事情的成敗和一切都是由你來決定，這可能是你失去之前擁有的支持，讓你必須分擔責任。即使你才剛替自己加油打氣，但此時你並不覺得有能力照顧自己，也無法感受到能力帶來的驕傲和內在的安全感。當有人說你很漂亮，或是你很聰明，或是你做得很棒，你會相信他們的話、接受讚美，或是拒絕接受、認為這只是他們的誤解或阿諛之詞，這兩者之間到底有何不同？兩者的差異只在於你是否相信自己。在這段期間，當別人肯定你的特殊性或才能時，你通常聽不進去，除非你能找到實際的理由相信他們的話。

在這段期間，你可以思考長遠的未來，想想自己要什麼，至少要有短暫的一刻，先不要想你可不可以達成心願。如果必須採取行動，你會用什麼方法得到你想要的東西？你要假想如果有人拿著槍指著你的腦袋，告訴你一定得嘗試一下，那你會採取哪些步驟？其實你現在可能低估了自己的能力，這可能是因為環境會挑戰你的自我價值。你要找到一種步調，實際做點事情，這可以激勵你，把缺乏自信的心態放在一旁，獲得真正想要的成果。

如何避免被浪潮捲入大海？

一、安全地玩

討論到生存時，就是在玩一場安全感的遊戲。你的資源越穩定，就越有信心預測在可預見的將來，你的資源會繼續進來，你也有能力繼續維持習慣的生活方式。我們購買土地和保險，就是為了這個目的，我們會維持戶頭的存款，在一個工作待上了許多年，有時還會超出我們應該工作的時間。

安穩是一種誘人的概念，這似乎能擔保事情會維持原狀。但是熵（entropy）的法則證明所有事物都會損毀分解。舉例來說，擁有一棟房子彷彿是永久的狀態，你好像可以「搞定之後就拋到腦後」，但是任何擁有房子的人都知道，你如果想要房子保持可以居住的狀態，就必須不斷地投資，像是清理排水溝、暖爐和替換家電，防止臭蟲、老鼠甚至植物滲透入侵你的房子。緊握著自己擁有的一切，將會妨礙成長和進步，而當你試著用這種態度來維持你已經穩定的一切，到頭來只會造成不穩定。

二、你必須要贏

當我們討論你的資源時，先檢查一下你的習慣。你的習慣能帶來成長嗎？或是你只是在設下障礙，害怕會失去你已經擁有的東西，所以緊抓著一切不放？如果你想要維持穩定，必須繼續投資，而投資總是會帶有一些風險。

假設你在吃角子老虎機投了一枚二毛五美元的硬幣，贏錢的機率是八十分之一。恭喜，你贏了二十美元，這相當於八十個二毛五的硬幣。那麼當你投注八十美元時，會發生什麼？八百美元？當你賭得越多，如果你贏的話，也就賺越多，這並不是祕密。在人生中，也是同理而論，只是這通常伴隨著更高的風險。

再提醒一次，你在這段期間遇到的實際狀況，可能不會讓你有賭一把的心情。那麼此時就會出現更深層的功課，你會開始質疑風險的概念。風險不盡然都是合理的，不過似乎所有的成長都一定有風險。前面已經提過，對於維持而言，適應和繼續投資是很重要的，不過你會在內心最深處自問：「我的本質到底是什麼？」回答這個問題的唯一方法就是讓你自己冒險，其中包括可能面對失敗。要你放掉手中美好的小事物，只為了能把手伸得更遠，拿到更好更大的東西，這就是考驗，這就是風險。舉例來說，如果你不想放下另一份工作，你就不可能用跳槽換升職，不可能在現實世界裡更上層樓。

我會聽到你說：「沒錯，但是我可以在確定新工作能升職之後，再辭掉本來的工作，這樣就可以避免風險。」但你真的能避免風險嗎？即使在這個狀況中，你已經辭職了，你在禮拜一新工作正式上工之前，你的升職仍然沒有經過考驗。你是否能面對新工作的所有挑戰？在你真的辦到了之前，你根本不知道是否能辦到。就像人們常說的一句話：「布丁好不好吃，吃過才知道。」一切只能透過實踐來證明。當你接受這份工作時，只是接受了計算過的風險，賭你自己會成功。你的技能和態度讓你贏得這份工作的機會，但是必須由時間和你的投入來證明，你是否真的能透過這個升職一鳴驚人。這就是推運月亮在二宮的功課：你要向自己證明，你已經擁有生存的資源，你比自認為的更有價值，這些是你無法輕忽的，也不是用幸運兩個字就可以解釋的。

所以，在你贏錢之前，你已經準備把二毛五硬幣投入吃角子老虎機裡面。我絕對不是建議你在這段推運週期做一些愚蠢的冒險，不過你在這段時間可能會把一個聰明的冒險誤認成愚蠢的。你可能低估了你的技能和資源，讓誘人的可能性擦肩而過。你的推運月亮通過的星座可以提供更多線索，讓你知道自己如何低估了自己，例如通過雙子座時，代表你害怕自己不夠聰明；例如通過天秤座時，你很害怕自己是否有資格成為一個夥伴。在這段推運週期，你要投資自己，直到你認為已經足夠為止，但是要認清，在採取行動、努力達成想要的目標之前，你永遠無法真正了解自己。

推運月亮在三宮

敞開自己，接受新的觀點和體驗

「我不應該犯了時下的愚蠢，認為我無法解釋的所有東西都是欺騙。」

——心理學家榮格

轉變的浪潮

在電影《霹靂五號》（*Short Circuit*）裡，一個名為「霹靂五號」的機器人被一道閃電擊中，然後發展出人類的性格和自我意識。這部電影中最常聽到的一句話是：「霹靂五號活了！」不過「霹靂五號」歷經轉變之後，我們也很常聽到一句台詞：「需要輸入！」

當你進入推運月亮三宮的週期時，你會覺得有點像是「霹靂五號」誕生（儘管你沒有真的被電死亡）。你將會大量經歷最明確的「需要輸入」指令，而這句話會開始從四方飛向你。就內在而言，你會發現自己的腦袋似乎比平常更喋喋不休，而當你想要它安靜下來時，卻很難辦到。概念和想法會比平常更快的速度通過你的腦袋，而你會變得很容易分心。

在這段時間，當你變得更忙，發現有更多想做的事、更多想去的地方、更多需要聯繫的人，你的產量自然也會增加。三宮也包含溝通的元素，所以你現在可能對說和聽這兩件事都更有興趣。我們可以從你的推運月亮通過的星座看出你想要說些什麼，還有你會用什麼方式說。這可能是在日記裡面寫下個人想法，記錄你的夢境，甚至是寫歌詞、詩或小說。

就外在而言，你可能收到更多電子郵件、電話和信件，而這只是開始而已。就如古代天神墨丘利（Mercury）為奧林帕斯山眾天神在各地奔走傳遞信息一樣，移動就是推運月亮三宮的主要元素。當這段快速成長的時期開始時，你身處的環境可能會出現改變，這時人們也很常搬家、買車，或是參加一些活動改變周遭環境。改變環境是轉換看法最直接的方法。

真正的方向

這裡有一個很有名的老故事，講的是一群被眼罩矇住眼睛的人圍著一個東西，用手觸摸去感覺這個東西，然後被要求形容一下他們認為這到底是什麼東西。他們不知道自己只感受到這個東西的一部分，所以當然都會有不同的答案，講出自認為的東西。其中一個人認為是一條繩子，另一個人認為是扇子，還有一個人認為是一面牆。當他們把眼罩拿下來時，才發現他們摸的是大象：繩子是大象的尾巴，扇子是大象的耳朵，牆就是大象的側身。根據他們各自的體驗，他們敘述的答案都是對的，但是當他們試著延伸應用自己的體驗時，最後的結論是錯的。

在這段推運週期，你的考驗就是試著拿下眼罩。我們當然不可能完全客觀，因為我們都活在自己的身體裡，擁有獨特的經驗，然後就會對我們自己、這個世界和人生產生不同的結論。然而，你已經面臨一個演化點，你必須敞開你的心，接受新的觀點，同時對外吐露你放在心裡的真理。這就是為何你如此渴望有新的輸入，因為開放接受新的經驗和資訊，是撼動我們既有看法的主要方式。三個人觀察同一個景象，即使看到同樣的事實，但是每個人整合事實得出的結論可能截然不同。當我們盡可能從不同的角度看一件事，這可以幫助我們過濾掉自己既有但已經有些過時的偏見，這都是我們多年累積的。這也有助於我們用全新的眼光看待自己和人生，彷彿全都是第一次。在這段週期結束時，你不會用這段週期一開始的角度看待自己和人生，即使最後並沒有任何事情改變，變的只是你的觀點。

掌控之道

一、重回學校

你如果想透過有組織的方式獲得大量資訊，最簡單的方法就是去上學。你可能真的非常想要重返校園，但重返校園有很多種象徵性的方法。你可以獨立閱讀或研究任何你開始有興趣的主題

（可能同時有好幾種），或是更專注在一個長期的興趣上面，這都是目前滋養自己的好方法。在晚上或週末上課，學習一種嗜好也可能很吸引你。

如果考慮重回學校念一個學位，最重要的是考慮正規的教育必須投資大量的時間和金錢。雖然這種類型的教育是很值得的。然而在這段期間，資訊的多元化能帶給你更多的滿足，深度倒是其次。你可以先嘗試一下，給自己一點時間思考現在最適合你的是正規或非正規的教育，而這要看你的專心和投入程度而定。你的推運月亮目前通過的星座也可以提供很多線索，看出你現在想要學習什麼類型的事物，還有你偏好的方式。舉例來說，推運月亮三宮在摩羯座，你可能對正規教育比較有興趣，把這當成達到教育效果的方式，但如果是射手座，你可能想用一種更自由、更具實驗性的方式學習。

二、展開連結

現在更進一步，試著在你的學習方式中融入社會元素，像是加入讀書會或研究討論的團體。你在這段時間可能會有點渴望或非常渴望與人連結，這必須參考你的推運月亮通過的星座。與人社交互動不代表就是空泛地聊聊天氣，這也可以是一種很重要的方式，可以蒐集你正在追求的內容輸入。你是存在於一具肉體之內的個體，擁有各種獨特的經驗，其他人也是如此。在這段期間，你要是和一個經驗與自己截然不同的人建立連結，將能獲益甚多。因為你會因此有機會擴展自己的觀點，學習新的事物。你不只能學到很多，你與對方的互動也能助長你的熱情。

記得，這段時間更深層的需求不是獲得原始的資訊，而是這個過程會讓你大開眼界。你要挑戰自己，聆聽不同的意見，接觸不同的觀點，特別是你可能會不加思索就抗拒的觀點。這不是要你放棄自己的觀點，而是要你能覺察自己如何看待這個世界，讓你的意見和觀點因此變得更豐富、更複雜。

三、擁有一本「簡單易用的筆記本」

有一個很受歡迎的兒童節目叫做〈妙妙狗〉（*Blues' Clues*），裡面的主角叫做「喬」，還有他的狗「布魯」。在整個節目裡面，布魯會到處留下線索幫助喬，每一集都有不同的問題，觀眾會試著找出答案。喬會把線索寫在一本「簡單易用的筆記本」裡。你現在也可能想要有一本筆記本，在裡面寫下你的夢想、目標、觀點，目前的想法、感受或研究。日記是很好的出口。在這段期間，很多人會發現自己喜歡用寫的方式溝通自己的想法。你可能會有莫名其妙冒出來的「線索」，寫下來可以幫助你記錄它們。部落格和網路日記也是很棒的方式，可以讓你寫下自己的想法，同時獲得別人的回饋。

四、即興與彈性

想像你站在湖面的一艘小船上，當其他小船在你四周移動時，會在湖面上造成各種方向的小波浪。當這些小波浪碰到你的船身時，你無法預測船會如何傾斜。你為了站直必須不斷轉換平衡重心，才能應付這些細微的波動。你不必制定一個行動計畫或預測下一步，因為你沒有時間這麼做，你只需要準備好應付任何事情，快速地反應。

推運月亮三宮就很像站在小船上的感覺。在這段期間，生命可能丟給你許多事情，這不一定是壞事，只是事情會接二連三地快速發生！你可能發現自己更忙了，不斷地在移動中。如果想跟上腳步，就要考驗你即興和彈性的本領。這可能很簡單，像是學習如何兼顧越來越忙的行程表，或是改變環境，建立新的生活規律。在推運月亮三宮的週期，當新活動的機會和不同的訊息來到眼前時，你只需要願意聆聽或考慮它們，這是非常重要的。如果你要從接下來兩年的經驗中獲得最多的收穫，你特別需要保持彈性的態度。你可以從我們介紹本命月亮的部分，回想一下在日常生活中態度的重要性：我們可能因為態度，無法貫徹執行或落實自己做的決定。態度會影響我們的認知、我們對任何情況的評估，還有我們做出的結論。

讓我們回到大象的故事。如果你眼睛被矇住，當有人告訴你拿下眼罩，看一下你感受到的東西時，你很可能會這麼做。但如果你真的很確定自己摸到的是一條繩子呢？如果要你拿下眼罩的人是你傲慢的上司、專橫的母親或是你家裡哪位無所不知的青少年？你會願意聽他們的話嗎？

在這段期間，訊息會不斷進來，但我們可以選擇不要聽。我們如果不拿下眼罩，永遠不會有機會看到我們到底摸了什麼。你的心在要求知識，但如果拒絕放下你的先入之見，只因為你不喜歡資訊的來源，或是你很害怕承認自己可能是錯的，你的心將會乾枯，得不到任何滋養。

如何避免被浪潮捲入大海？

一、小心分心

專家說過，一個成年人的專注時間約是二十分鐘，超過二十分鐘就很容易分心。二十分鐘似乎有點短，但換個角度想，我們就算分心了，也能很容易地重新回到手邊的工作，不需要太費力就能再次恢復專注，就像我們工作或看電影時，就會覺得二十分鐘算不錯了。不過在這段推運週期，你可能發現自己能專注的時間變短了！然而，現在可能不是因為你的專注時間縮短了，而是因為你可能想要注意的事情變多了。你的心和腦袋可能會在同時間被拉往許多不同的方向，雖然這種擴展方式對你是件好事，但你可能覺得四分五裂。缺乏專注會讓你覺得不堪負荷，而當我們無法承受時，沒有任何事情能進入腦海裡。在這段期間，你要小心不要擴展過頭，讓自己變得太脆弱，或是不讓自己有時間休息、紓解壓力。

二、擴散

分裂和缺乏專注會導致很多事情沒有實際結果。你可能很容易陷入一種反應模式，沒有任何策略和方向，這要看推運月亮正通過哪一個星座。最重要的是打破你日常的想法和行動，你才可以看到自己慣常的做法和想法，是否能反映你正在變成的模樣。在這段期間，覺得困惑並不要緊，因為你正努力讓很多新的東西融入你既有的觀點中。然而，如果你發現自己已經無法負荷，無法採取任何行動，那就從這個週期裡面找一點線索，跟朋友、配偶或一個支持你的團體溝通，或是寫日記。你可以釐清自己的想法，看到適合自己的正確道路。

推運月亮在四宮

你的人生根基、安全堡壘是什麼？

「我愛人們。我愛我的家庭、我的孩子……但我的內在有一個獨處的地方。這裡是恢復活力的湧泉，永不乾枯。」

——美國作家賽珍珠

轉變的浪潮

當你進入推運月亮四宮的週期時，你在三宮週期為自己設定的生活步調，已經讓你精疲力竭好一陣子了。在三宮的推運週期，你就像拋出了很多條線，然後又把所有的線捲進來收好；但在四宮的推運週期，你會開始探索內在的東西。

四宮常被稱為家和家庭的宮位。有些人在這個週期的一開始，就會出現迫切的需求，必須與家庭成員溝通或處理家事，無論是內在或外在的形式。此時可能出現各種狀況，這可能是年長家人去世遺留的家族事業，或是新成員加入，或是懷念你的童年，甚至是對家族史產生興趣，像是血緣族譜，或是你的國家或宗教傳承的歷史。無論是哪一種狀況觸動了你，你會更有興趣探索自己的源頭。

別忘了「家與家庭」還包含「家」的部分。有些人必須處理實際的居家事務，像是房地產或是自己住家的問題，或是渴望美化裝潢居家的內外環境。這是典型的「築巢本能」，無論你是建立一個新的家或家庭，或是很常待在家裡，叫外賣食物，窩在家裡看一部好電影，都是這段推運週期可能發生的事。家其實就是心所在的地方，而這裡指的是你的心。

真正的方向

這段期間出現的家或家庭的議題，背後的目的都是要延伸一個概念：你需要探索裡面的東西。這種探索通常會引導我們先回到最初的起點，用某些方式回到「家裡」，這也許是一種譬喻，但通常代表實際的回家。你的根基、起源，就像是一個家的根基，這通常都是你建造自己和人生的基礎。而在這段週期會帶來一些深刻的想法、感受和經驗，透過許多方式幫助你看到這個根基，檢視它是否健全。你現在必須重新檢視你建立生活的根基。你的推運月亮如果正通過風象星座，你可能發現，說話或寫作會很有幫助，如果正通過土象星座，你可能必須實際做一些與家庭或家有關的事情，像是拜訪家人或整理住家。無論選擇哪一種方法，你都很渴望知道自己的起源，了解它如何形塑你的人生。

探索家庭、童年的家或現在的家，都只是一些讓你憶起自己過去的方式。想要怎麼做由你決定，你可能不想看到你的家人或探訪童年的家，不過你的演化已經到了一個臨界點，必須了解並接受你繼承的、來自你內心深處的禮物，這都是你的一部分。你也可能必須放下有害的家庭模式，才能更清楚地看到自己的路，把自己看得更清楚。在推運月亮四宮的週期，我們會走向自己的根源，這樣才能繼續往上成長。所以什麼是你的人生根基？有時除非你回到最初的起點，否則無法繼續向前。

掌控之道

一、扮家家酒

當我的推運月亮第一次通過四宮時，我租了自己的第一個公寓。我很開心地搬進去，把照片掛起來，挑了搭配的衛浴組合，甚至還洗碗！這當然與新鮮感和獨立很有關係，不過打造自己的空間，建立一個自己的家，才是我快樂的源頭。這裡不只是我的地盤，有我的規則，我還為自己打造了一個避風港。

不妨特別留意一下，當你踏進家門時心裡有什麼感覺。你是否會放鬆地嘆一口氣，或是因為期待而有點緊張？在推運月亮四宮的週期，如果住在一個無法讓你恢復活力或無法滋養你的環境裡，你會特別難受，因為你現在正在尋找一種家的感覺。你的生活裡如果沒有這種感覺，現在就很適合去找到一個家。在這段期間，你的生活可能出現劇烈改變，像是搬到一個全新陌生的地方。如果無法搞定原生家庭，沒有辦法改善狀況，讓這裡變成可以滋養你的空間或情境，你最好的選擇就是另闢天地。

你只需要投資你稱為家的地方，即使你沒有打算長期住在那裡，也會有同樣效果。什麼東西可以讓你覺得自己擁有一個空間，一個可以滋養你、支持你或庇護你的避風港？是裝潢嗎？是裝修改建嗎？還是裡面的人或你想要帶進那裡的人？你甚至可能想研究一下你住的地方的風水、家具擺設的能量流動和顏色等。你在一天結束之後的落腳處具有一種力量，可以替你補充活力，或是讓你精疲力竭。這種影響力在此時特別明顯，所以你的投資會有回報。

二、祖先之地

我不想扯太遠，強調這是必要的，但是在這段期間，很多人會不由自主回溯過去，因此得到不少收穫。這可能只是去記憶的巷弄裡繞個幾圈，像是翻一翻過去的畢業紀念冊，或是重新拜訪故鄉。這還必須參考推運月亮通過的星座，你可能不想太深入回想過去，不過有時源自數十年前甚至數百年前的最深的源頭會呼喚你。例如，你可能會去祖先曾經住過的地方旅遊，或是查看家族紀錄，看看自己跟拿破崙或林肯有沒有血緣關係？即使只是追溯一或兩代，檢視過去都是一種很好的方法，可以幫你找到如今可以照耀你的隱藏寶石，或是發現你不知道家族傳承的某種天賦。什麼是祖先留給你的遺產？你的祖父母如果還在世，不妨問問他們的成長經歷，或是他們記憶中的父母和祖父母。

當你更深入了解自己的血緣時，可以幫助你深入地洞悉自我，這是你無法透過其他方式獲得的理解，或是至少無法有如此全面的認識。你當然可以知道一些基因的祕密，像是你的家族糖尿病或心臟病的歷史，或是你的手為何比較像你的外公，而不是像你的母親？這也可以看出你的家族的女人總會嫁給某一種類型的男人，或是如果你是家裡的怪胎，怎麼會跟太姨婆這麼像啊？她也曾是家族裡的怪胎。如果你剛好相信所謂的靈性家族，像是我們每一世都會相遇，誕生在同一個家族，或是相信死後可以看到你的祖先。那麼在這段時間，探究你的過去可以為你帶來極大的安慰，甚至是一個靈性覺醒的機會。

三、自我的收成：隱藏的寶藏

無論在過去或現在，如果你不喜歡參與家庭聚會，這不打緊。既然這個推運週期的主要任務就是自我探索，回顧你的歷史只是其中一種方式。現在正是時候，你可以深入探索自己，看清自己的本質。你可能想問自己這些問題：「我的人生的建構基礎是什麼？」「我想要在這基礎上面建構什麼？」「我已經長時間不曾探索自己的哪些部分？」你的推運月亮經過的星座可以告訴你，你可以在自己的核心之中找到哪種類型的寶藏。舉例來說，我的一位個案的推運月亮在四宮的雙魚座，她重新找回對繪畫的熱愛，把所有的材料和器具拿出來，再度享受繪畫的樂趣。另一位個案則是推運月亮在四宮的獅子座，她開始要求丈夫的欣賞，同時也變得更有信心，懂得欣賞自己。這些事情可能未必與你的家或家庭有明顯的關聯性，而是與你這個人的基礎有關，也就是你的內心之家。

如何避免被浪潮捲入大海？

你不能再回家了

如果發現自己渴望探索過去，無論是清理舊傷口或恢復祖先的傳承，最重要的是要記得，你只是重新拜訪過去——拜訪而已。這個概念是要再次回到你的起源地，清理或蒐集被你拋在腦後的東西，而與過去連結只是一種方便的做法。我們的理智十分清楚，繼續責怪父母沒有給予你某些東西，或是試圖從過去找到藉口，解釋或合理化「你現在的問題」，都是沒有幫助的。不過，當我們追溯過去，再次檢視家族的動力和老舊的問題時，都會讓我們的退化回到孩子的狀態。

當我們用成年人的態度追溯過去時，我們會運用所有的成長和自我肯定，加上所有已經學會的東西。成年人可以是內心小孩的擁護者，可以在我們人生繼續向前時帶來療癒，創造我們渴望的人生。如果這段返家的旅程讓我們回到以前的態度，過去就無法教會我們任何事情，因為我們只會重複演出老劇本，而非把過去當成人生新篇章的基礎。

推運月亮在五宮
好好玩，你人生的樂趣何在？

「今天是禮拜幾？」
小豬歡呼：「今天就是今天。」
小熊維尼：「我最愛的一天。」

——英國作家A・A・米恩（A. A. Milne）

轉變的浪潮

當你的推運月亮從四宮進入五宮時，感覺就像一整個禮拜都窩在家裡之後再次踏出家門。你會深深吸一口新鮮空氣，很想出去玩！五宮代表除了諸多人生大事之外，我們為了樂趣而做的事。在這段時期，很多人的生活中會突然多了新的「玩伴」，為這個推運週期拉開序幕。這可能是新愛人、小孩或長久失聯的朋友。五宮在傳統上與小孩有關，當我們更深入探討五宮與小孩的關聯性時，就會知道小孩象徵創造。我的幾位個案在這段期間，發現他們的生活中多了一個過去不存在的小孩，大部分的情形就是跟一個有孩子的人交往，或是跟家人走得比較近，或是跟外甥、外甥女、姪子或姪女的互動變多。就象徵而言，年輕就是自由自在，就是隨興而為，我們不需要太擔心別人的眼光，也不用在意別人想要我們怎麼做。我們只要能做自己，只要玩樂和發現。

在這段期間進入你的生命的人，無論是什麼年紀，都可能是宇宙要提醒我們，玩樂和放鬆的感覺是多麼美好，而這些人的身上可能有某些東西可以教導我們敞開心胸。在這個階段，你的人生最有意義的事，不太可能與你翹著腳看了多少電視節目有關，當然這還是要看你的推運月亮經過的星座而論。你現在準備嘗試的放鬆是放下焦慮和害羞，不要在意別人的意見，或是你根本因為太放鬆，不知道該做什麼。

你可能會覺得自己的內在好像有什麼東西準備出場亮相。你會更渴望透過一些形式表現自己。你會想要帶著一些感覺很熱血的東西，一起向前奔跑。我有一位個案在這段期間非常享受改造自己的外表，同時重拾對舞蹈的熱愛。另一位個案決定拿出繪畫的工具，開始重拾畫筆，也開始販售一些畫作。現在你可以藉由展示自己的某一部分而感到喜悅，你不必擔心別人的眼光，也不必擔心是否正確或有沒有成果，不用擔心其他事，只要享受這份喜悅就好了。

真正的方向

好好玩，你要享受樂趣。花時間做一點自己喜歡的事，這顯然是很享受的。在這段時間，鼓勵你單純地享受更多樂趣。我們如此強調工作和生產力，卻忽略了享樂。享樂是一種天賦，我們卻不常利用它，也許我們該更常運用它。我們如果自認為是個好孩子，就常會把專注在玩樂這件事當成「額外的」獎勵。像是在打掃完房子、做完工作、付了帳單或刷好牙之後，我們可以玩個二十分鐘。然而，在這段期間，你會遇到挑戰，生命會要你理解在健康的人生中，其實，玩樂扮演重要的角色，要你真心地接受玩樂。做一些有趣的事，可以幫助我們找到力量和意志力去做一些人生必須做的事，即使那些事不太有趣。當我們不斷取用自己的資源，卻沒有再補充燃料時，我們的生命之光會越來越暗淡，越來越微弱，最終很可能會熄滅。

輕鬆的玩樂和深層的喜悅不同，儘管在這段期間，它們都是你的功課。無論你的五宮之首是哪個星座，五宮通常與太陽的能量有關。太陽會散發光芒，向外散發光和熱，遍及每一個角落。你天生喜歡做什麼事感覺最自在？你的藝術興趣？嗜好？朋友？宗教信仰？旅遊？學習？無論是什麼「點亮」你，你在這段時間都應該嚴肅看待它，不要把它當成多餘或片段的，不要以為你只能在累積足夠的假期時才能享受它，而是要把它當成你基本生命力的一部分。

掌控之道

一、鬆解和揭露

你有沒有真正狂笑不已的經驗？什麼事情讓你覺得很有趣，讓你捧腹大笑到停不下來？這不只是暗自竊笑或一抹詭異的笑容，而是真正笑到肚子痛，因為你的肌肉已經緊繃了好長一段時間？這不是一種心智功能，也不是一個策劃好的計畫，而是突然一陣爆笑。這是很自然也很舒服的事，而你根本沒有時間或足夠的自制力，擔心自己這樣看起來是不是很好笑，或是令人嗤之以鼻。你要在同樣的情況下，真正享受如花朵一般美好的生命。你的內在住著一個隨性自在的自我，當你找到一種方式全面拒絕隱藏這個自己，那麼當陽光灑在你的肩上時，這個自己就會在車裡放聲高歌，想要翹課或翹班，此時你就會從內心散發一道光芒，照亮周遭的環境。

學習認清自己什麼時候會有所保留，什麼時候想要玩樂大笑，並與別人分享你的想法和創造力。但是不要因為出自習慣，或是因為缺乏自信，或者只是因為恐懼而這麼做。就某些方面而言，你在這段期間正在學習自信，因為你常會被要求放下一些自我保護的行為。當我們發現不是所有人都認為我們很棒時，我們就會養成這種自我保護的習慣。你會被要求放開自己！隨性自然的表達並不需要深謀遠慮，也沒有任何遲疑，你的心已經準備好把這些都消散吧！

二、創造

創造力不只是藝術品或藝術天賦，而是從我們內在富饒的土地栽培出果實的過程。我們都有創造的能力和渴望，可以透過某種方式表現，不過有些人必須先放下對創造力的刻板定義。五宮被稱為小孩的宮位，其中一個原因就是小孩就是一種實際的創作。我們會利用自己內在天生具備的東西，用某種方式點燃它，透過創造的過程，賦予某件事物一種形式。我們會秀出自己內在的某種東西。創造是一種充滿力量又熱情的過程，這個過程會帶領我們進入自己的內心深處，有時甚至讓我們狂熱到想扯掉自己的頭髮。然而，創造的根源是讓我們觸及自己的靈魂，開心地看看自己會秀出什麼東西。這就像一種實驗，而當我們向「空白的畫布」臣服時，這就是一種信任自己、忠於自己的表現。

推運月亮在五宮的週期不只與樂趣有關，因為這並不是被動地被娛樂。享受樂趣可以讓我們全然放鬆，因此也打開了一扇門，通往更深的喜悅，任由外界看到我們的精神與態度。當我們透過個人的「藝術」與他人分享自己的某一部分時，我們就可能面臨批評與評論，這是很恐怖的，但也可能獲得讚賞和鼓勵。

你的推運月亮目前通過的星座可以幫助你了解，你正在追求哪一種類型的創造經驗。舉例來說，天秤座可能喜歡藝術和社交方面的經驗，摩羯座可能追求沉浸於一項個人計畫，計畫本身帶有某種策略和成就感，不過重點在於做一些喜悅的事，無論是過程或結果（或兩者皆是）。雙子座可能喜歡心智性或社交刺激的活動，像是與朋友玩遊戲（這是我的推運月亮在五宮雙子座時常做的事）。

三、活在當下

很多書和哲學觀會重視活在「當下」這個概念。但這是什麼意思？在推運月亮五宮時期，這代表你要全心投入此刻的經驗。我常因為沒有做到這一點，產生強烈的罪惡感，也讓自己顯得很愚蠢。我常分心想著自己應該做的事，或是想著我應該準備下個禮拜必須做的事，而不是專注在現在正在做的事。未來的浪潮總是威脅衝擊岸邊那個「當下的我」，隨時會把我淹死，而我猜想絕對有人和我一樣！但是在推運月亮五宮的時期，你要不斷做一些能讓你活在當下的事。

這個週期一半的目的是教導你，做一些能帶給自己喜悅的事，另一半的目的就是要你全心投入這些事，不要有罪惡感，也不要匆忙帶過。樂趣就在於你要讓自己喜愛的事，填滿自己。即使你的推運月亮是在雙子座，你想要同時做很多事，你真正的功課是跳出慣常的方式，任由內心最自然的想法來主導一切。這樣一來，你就會知道現在只需要做一件事，你也很清楚，當你在做這件事時，你可以輕鬆地休息，樂在其中。你可能覺得自己需要一點練習才能做到這一點，你很難把未來、過去和洗衣清單這些東西拋到腦外。與其不讓自己去想這些事情，不如專心投入現在正在做的事，專注在自己的身、心、靈上面。當其他想法或壓力進入你的腦海時，只要讓它們路過，然後離開。我們的心不太善於應付封鎖或克制的能量，即使目的是好的，像是要遵守承諾。

因此，只要專心一致全力投入決定現在要做的事，其他一切就交給老天爺。

如何避免被浪潮捲入大海？

一、快樂和喜悅

我們在生活中都有一些應付之道。當你覺得無法再忍受時，會做什麼？你會吃東西？閱讀？參加派對？看電視？睡覺？當推運月亮在五宮時，你會有很多收穫，這不僅是學會把更多的樂趣和喜悅帶入生命裡，還能學會分辨快樂和喜悅的差異。再提醒一次，如果想要放下一些阻止你真實活出人生的事情，最簡單也最有用的方法，就是花更多時間做一些有趣的事。但是喜悅和快樂的差異在於，喜悅是永無止境的源頭，但快樂是有極限的。

無論你想要如何表現自己，其中的喜悅是來自於能讓你再次充滿活力的行為，這可以滋養你的心，你的心可以重新為自己的人生充電。快樂可以讓我們暫時提振精神，忘掉我們的問題，讓人生輕鬆一點，別太嚴肅。但是快樂就像飢渴的痛苦消失之後，你只能服用更強效的藥物或亂塞一堆食物，這都只能維持一陣子，感覺比較像是「補充毒品」。當你重複一些行為替自己加油打氣，若不是為了正確的理由，或來自正確的源頭，最後只會覺得很空虛。過度耽溺不會帶來喜悅，只會造成上癮和麻木。這個推運週期的目的，就是要你改掉每次遇到「沒辦法再忍下去」的狀況時，就找樂子暫時逃避，也是要你學習如何轉換生活，才能更全面地顧及自己的所有需求。當你進入推運月亮五宮的週期時，會發現自己更想單純地找樂子，這是沒問題的。但是你也必須留意，有些時候你會覺得一點也不有趣。

二、只有工作沒有玩樂

希望你能理解，這個推運週期不只是享樂，更是一種重新調整、重新找到生命的喜悅。這也是一種重新適應，學會必須在生活裡留一些個人的空間，表達內在的自己，同時找到自信和自我價值感去這麼做。在這段期間，你最虧待自己的行為就是忽略這股渴望。就像種子必須努力冒出土壤，向上生長。你在推運四宮的週期已經巡禮重訪過自己的根基，現在你必須讓自己種植在內心的東西冒出頭來歡呼慶祝，無論好壞與否。現在如果暫緩這股渴望，或是找藉口不理它，像是不斷解釋為何必須保持生產力，或是說你沒有時間，或是壓根不想讓自己太放縱享受，這股渴望不會消散。它就是不願意消散，除非能找到出口。所以你要放鬆，把它列為必做事項！

三、重點是旅程而非終點

這股創造渴望有時會造成反效果，因為你太注重結果，而不是創造過程帶來的喜悅。我們有時會被負面的自我對話阻撓，在我們還沒有意識到之前，這種自我對話已經把我們的信心和信念踐踏在地。你只能靠著臣服於當下，才能解套。因為當你投入當下時，就沒有時間想該怎麼做，沒時間去想一切夠不夠好？值不值得？或是別人會不會喜歡？你只是享受自己正在做的事。沒有時間讓自我的恐懼阻礙這個過程，最後才不會被困住。記得，讓自己活在當下。

推運月亮在六宮
你工作的意義是為了什麼？

「唯有日復一日，你才能從此過著幸福快樂的日子。」
——美國科幻小說作家邦納諾（Margaret Bonnano）

轉變的浪潮

你顯然無法一直滿足於只玩樂不工作。因為當推運月亮進入六宮時，你會感受到一股欲望，想要緊咬住某種堅實的東西不放。六宮是三個土象宮位之一，重視的是實際地親自付出和參與世界（另外兩個宮位是二宮和十宮）。關於這一點，最能獲得認同的方式就是透過努力：最明顯的是朝九晚五的任務，我們把這稱為工作，或是一些比較不明顯但也同樣重要的任務，這可能是有酬或無酬的。基本上，你花時間做的任何事情，若就嚴格意義而言不是為了享樂，而是為了維持生活，這些事情就屬於六宮的領域，像是去買生活用品和打掃房子的生活差事，或是一整天奔波辦好「親愛的交代的事」，或是在公司中努力上班。

很多人都為了生計工作，而這個推運週期會讓我們把注意力放在有關工作的事，像是工作環境，是否喜歡目前的工作，或是發現正在做的工作的意義何在。有些人可能發現，這個推運週期一開始就是有更多的工作要做，一項任務會帶來新的任務，整體生活會比之前更忙碌。這可能是你必須替同事分擔責任一陣子，或是接下一個大型計畫，這有可能發生在職場內，也有可能是在職場外。

六宮常被稱為工作與健康的宮位，或是更明確一點，就是疾病的宮位。我們沒有任何生命領域可以顯示——因為慢性惡化或忽略導致的問題，還有身體健康的問題，特別是重大疾病。除了意外，大部分的身體疾病，都是因為數月或數年行為累積導致一個事件，嚴重到足以引起我們注意。因此即使是個人健康的問題，還是請你回頭看看，你每天做到了哪些事或是沒做到哪些事，會影響自己的健康。如果你剛好在這段時間處理健康問題，不妨把時間和注意力放在維持健康規律的生活，這可能最能幫助你解決或處理這些問題。

在討論推運的月亮時，你當然也要記得，月亮與我們的幸福有關。雖然生病有許多原因，但是我們都知道一個人的情感狀態，像是幸福或壓力的程度，對於疾病的成因或形成都影響甚鉅。既然健康是人生中很重要的事，這是一段最適合的時期——你可以關心自己的情感健康如何影響身體健康。

真正的方向

一天一天累積會變成一個月。一個月接著一個月過著，就會變成一年。一年一年累積就會成為一輩子，而到人生盡頭，你可能希望自己能帶著驕傲、滿意和感激來回顧這一生。在推運月亮六宮的週期，你可能發現自己會更忙碌，必須應付更多需求，但這些事情的真正目的是要你在這個週期結束之前，能回答自己一個問題：你每天花時間努力做些什麼事？為什麼？如果這個問題是針對你的工作，而你的答案是「賺錢維生」，你絕對不會滿意。不是每個人都很幸運，能做一份即使沒有錢也願意做的工作。但是在這段期間，你要是能思考一下，如果有選擇的自由，你每天想做什麼事？這將能幫助你開始踏上正確的軌道。

這個週期的重心是投入有意義的工作，而你必須對自己誠實，這會是哪種類型的工作。你的推運月亮通過的星座可以提供線索，讓你知道哪種工作或工作環境最適合你。在這段期間，如果你對工作很有熱情，就可能受到激勵，想要有更多的發展。如果你對工作沒有熱情，就會對工作嚴重不滿，因為這個週期會要求你針對這個問題做一點事。無論你是需要考慮一份完全不同的工作或職業，或者只是針對工作環境做點改變，現在都必須拿出行動了。

掌控之道

一、審核你的日常規律

當推運月亮在六宮的週期發揮作用時，我們常會發現自己面臨越來越多的壓力。生活會因為各種已知或未知的理由變得更忙碌，我們必須更努力工作，把工作時間拉長才能掌控全局。這通常是很艱難的時期，工作似乎永無止盡，我們幾乎就要被掏空了，最後終於屈服，明白必須檢視一下自己的行事曆，制定一些基本規則。無論是什麼事情導致你走到這一步，都必須做這個動作。你要評估每天固定做的所有事，自問為何要做這些事，想一下是否有人可以幫你做，是否有更好的方式去做。你在這段期間最基本的任務之一，就是讓生活更有效率，但這是很重要的任務，你要開始評估，即使必須規劃一點時間做這件事！

二、找一位導師

我們也可以從關係的角度看待六宮。這跟七宮不一樣，七宮討論的是人們在關係之中的和諧與平等感，六宮涵蓋的是不平等的關係，但其中的滿意度不亞於平等的關係。雇主與員工，老師與學生，都是典型的六宮關係。雖然這不適用所有人，但這段推運週期也是一個好時機，你可以接受導師的傳授。這當然可能是正式接受上司的訓練，但你也可以接受一些非正式的傳授。

傳授不只是訓練，也是教導和指引。你是否認識某個人，非常擅長你想做的事？你在職場內或職場外，是否有尊敬或景仰的人？無論對方只是你可以一起共進午餐的當地人，或是你在書裡面讀到的知名大人物，或是一個可以把你當成個案、提供你建議的人，你現在都會想到這些問題，特別是如果你剛好想要轉行或是朝新方向發展。你的推運月亮通過的星座可以告訴你，一位導師會如何幫助你。舉例來說，你的推運月亮如果正通過六宮的寶瓶座，這時可能出現一位不走正統路線的導師明確地鼓勵你培養獨特的觀點，這將能幫你建立信心。如果是通過處女座，你可能會感激一個人告訴你某個行業的規則和訣竅，告訴你明確的界線，替你指出一條可以遵循的道路，直到你覺得有能力制訂自己的規則。

師傅和學徒的關係是永恆的。在古代，年輕人會接受長者的訓練。這個概念到了現代，意義已不如往昔，也少了許多私人性質。你可能不是「被一個村子養大的」，這要看你成長環境的文化而定。網際網路讓我們可以窺視彼此的生活，到了前所未有的私密程度，但也詭異地讓我們比從前更疏離。一個人想要幫助你成功，同時還能喜愛並理解你充滿熱情的事，這種人對人、充滿同理心的指導，是指導方針、行銷文章或部落格建議無法取代的。再強調一次，傳授跟師徒的概念是不一樣的，學徒是一個人在某一個行業裡，接受師傅的訓練，出師後可以從事一份特定的工作。傳授跟師徒當然是能並行存在的，但最重要的是，你要知道你並不是在追求工作的技能，而是在那個領域裡面獲得某個人的教導和支持，還有充滿滋養的指引。

三、在職訓練

你也許已經準備好做一點更實際、更具體的事，就好像你正在當學徒。這其實代表：你會想要改善自己的技能或獲得新的技能，你會明確地接受某個人的親自訓練，對方知道如何做到你想要學習的事（或是想要學習變得更好的事）。這可能是你準備找一份新工作，或是想要把舊的工作做得更好，或是想要學會一種你感興趣的技能，你甚至不會因此獲得酬勞，但你就是必須做好這件事，也想把它做好。在這段期間，你會尋找一些自我改善的機會，可能是實際脫離一個你不想陷在裡面的工作環境，或是想要用另一種方式付出，覺得能獲得更多的報酬。你的公司是否有提供員工任何訓練計畫或研討會，可以幫助你更加認識你所喜歡、想要做的事？你可以到處尋找這樣的機會，可以在網路上、在本地，或是透過已有的人脈。你可能必須自願做更多工作，或是在晚上上課，諸如此類。但這會帶領你到達你想去的地方，而你會很驚訝額外的付出竟是如此輕鬆。

四、你就是一間公司

這裡有一份工作是一個禮拜七天、每天二十四小時僱用我們。有時很容易領到薪水，有時根本領不到一毛錢。我們的報酬一定是根據我們的工作態度，還有我們花多少時間待在「辦公室」裡。想當然耳，我說的這份工作就是「自我發展」。當推運月亮在六宮時，我們有時會意識到自己的不足。這是很自然的，因為我們想要完成的事情並不能信手捻來，必須付出一點努力。在這段期間，你希望接觸能帶來喜悅的事。你要接受這些想法，根據這些想法累積努力。如果你喜愛自己的某些部分，就要盡力利用。如果你有想要的東西，渴望具備一些還未擁有的特質，或是不喜歡自己某些部分，此時你要捲起袖子，為這些事情努力。我們盡力做到最令人滿意的工作，必然能回饋自己，而在這些努力的過程中，我們就是自己的老闆。

如何避免被浪潮捲入大海？

一、服務或奴隸？

還記得前面提過不平等關係的概念，另一個與六宮有關的老舊概念就是奴隸。這在過去是非常實際的，包括你最後是否淪為奴隸，或是你和你的奴隸之間發生的事（如果你擁有奴隸的話）。如今在現實生活中，當然不太可能有奴隸的存在，不過還是會有很多方法，讓我們成為某一個人或是某一件事的奴隸，彷彿我們毫無選擇。

當我們幫助他人時，的確可以激勵自己，這似乎是人類心理的天性。大多數的人若是知道——自己做了某一件特別的事替別人帶來改變，都會覺得很開心，即使只是一件小事。六宮也代表我們會有一股欲望，想要付出明確且有用的貢獻。當你的推運月亮通過六宮時，你會有強烈的工作渴望。不過這將由你決定，是由你自己掌握方向，或是任由周遭環境來填補缺口。對你而言，參與和執行工作都很有意義，你可以不斷解決麻煩，等待似乎永遠不會出現的暫時喘息。這麼說的目的是希望你不要太天真，你可能會覺得改變道路是如此困難，超出你的負荷，但你要從另一個角度思考，想一下你現在願意做的這些事，可以確保你走到人生盡頭時，覺得不枉此生。

二、一肩扛起整個世界

在推運月亮通過六宮時，你會覺得日常生活的要求急遽增加。我們的生活不會依照我們想要的方式區隔開來，所以當某一個領域的要求增加時，你很難應付其他所有的領域。推運月亮在六宮的週期，這個問題可能會以報復的形式出現。無論你只是做太多了，或是為了一些合理的原因去做，你都必須評估每天在做的事，還有這麼做的理由。我們最後常常加了一堆待辦事項，卻很少做出必要的刪減。

你可能會有一些非常好、非常具有說服力的理由，解釋一些導致你變成實際奴隸的行為。就像你需要錢吃飯，需要錢付帳單，對吧？你也可能會說，就業市場已經不如以前了。或是你年長的父母需要更多關心，你的妹妹需要幫忙才能恢復正常生活，你的兒子需要關心，沒有人可以、願意或知道如何辦到你現在做的事、你即將做的事，或是你知道如何做的事，諸如此類的理由不勝枚舉。有些人長期讓自己超出負荷，做了太多的事情，或是因為出自某種責任感或無可奈何，接手別人不願意做的事。如果讓這些事情失控，就可能出現警訊，提醒你這已經影響了你的健康。很多人只會漸漸累積太多要做的事，當我們沒有真正地檢視生活時，就會發生這種情形。如果正好有這樣的問題，就要利用這段推運時期，刪減不必要的工作，或是沒有效率的過程。你要學習分配指派。在六宮的領域裡，我們都是卑微的「小人物」，必須動手工作。但是即使是小人物，也不能所有事情都自己來！

推運月亮在七宮
你適合怎樣的人生伴侶？

「每一個朋友都能帶給我們一個世界。在他們到來之前，這個世界可能尚未出現。直到我們相遇時，一個新世界就誕生了。」

——美國作家阿娜伊絲．寧（Anais Nin）

轉變的浪潮

在推運月亮六宮的週期，你已經評估過自己的工作狀態，但其中一大部分應該也是在評估你自己。現在的重心轉移到你生命中的其他人身上，這指的是對你有重要意義的人。你可能發現你更在意重要的另一半，這可能全都是他們的負面特質讓你抓狂，或是他們很感激能在你的生命裡占有一席之地（或是你表達感激）。「重要的另一半」，指的是任何你在生命中建立重要一對一關係的對象，這可能是你的親密朋友或愛人，甚至是商業夥伴。通常不適用於親子的互動，除非孩子已經長大成人，而你與你的父母或孩子之間的關係已有某種程度的平等。

在這段推運週期一開始，有些人就會面臨關係的改變，像是遇到新的人，或是與某個人關係破裂。這些狀況常常先在你的內心出現，但往往要等到你的伴侶說了一些話或做了一件事，顯示他們並不開心，也需要在這段關係中做點改變，你才會正面意識到生命中的關係議題。

我們在生活中都有些行為模式，無論是健康或不健康的，我們會重複這些模式，是因為我們可以用同樣的方式回應每一種狀況。這通常是不健康的行為模式，因為它們才會讓我們不快樂，引起我們的注意。舉例來說，你是否總是和不聽你說話的人變成伴侶？或是你永遠無法讓你的伴侶分攤家務？你現在必須檢視這些模式。

既然你正在檢視生活中的關係動力，你整體的社交活動也常會增加。不過這個週期關心的是一對一深入關係的動力。在這段期間，人們可能會進入或離開你的生命。你可能有一股單純的渴望，希望更常接觸到你愛的人，或是讓他們更親近你。但是在這段期間，也可能出現另一種相反的情形，你會覺得更寂寞。當你把重心放在關係上時，如果沒有一份重要的關係，就會產生欠缺或渴望的感受。如果正處在一段重要的關係中，但這份關係沒有合理地或不像以前一樣滿足你的情感需求，你依然會覺得寂寞。

真正的方向

許多宮位會處理某些形式的關係，但是推運月亮七宮的週期，特別是要幫助我們認識我們與伴侶之間的平衡。在七宮的領域裡，我們學習如何與另一個人建立關係，但在這個過程中，你不能忘記自己，還要學習如何透過健康的妥協與另一個人和諧相處。在這段期間，你必須問自己，重要的伴侶或夥伴是否能滿足你的需求，如果不行，為什麼？你現在已經到達生命中一個臨界點，必須嚴肅看待你在關係中的需求，而這不只是你從一位伴侶身上得到了什麼，或是沒得到什麼。你也準備好當自己與一位伴侶建立關係時，你要意識到自己做出的選擇，同時為此負責，而這也包括你做了什麼或沒做到什麼來滿足自己的需求。

我們的伴侶就是我們的鏡子，這並不是因為他們的行為舉止跟我們很像，或是他們應該變得更像我們，而是因為他們會透過行為，針對我們與他們互動時所做的事或沒有做到的事，給予直接或間接的回饋。在這段期間，你必須對伴侶誠實，特別是關於你自己，你要評估自己在關係中到底想要或需要什麼，而你必須如何做才能獲得滿足。記得，推運月亮進入七宮時，你應該思考任何投入大量情感的關係，這樣的關係必須是正視對方，至少必須是心心相映。

你的推運月亮在七宮時落入的星座，可以幫助你了解，你與一位伴侶之間失去了什麼樣的平衡。舉例來說，獅子座可能代表缺乏伴侶的注意或感激，天蠍座則需要伴侶更多強烈的表示和誠實。這並不代表你的伴侶沒有給予你這些東西，但當你意識到不足時，就會開始注意自己需要從他們身上得到什麼。

推運月亮在七宮的週期，如果你特別關心生命中重要關係的明顯缺陷，伴侶關係的問題和議題就不再模糊難解。你要檢視缺陷的地方，找出原因。這不是要怪罪於誰，只是要你問問自己在促進與重要對象的連結時，到底做到了或沒做到什麼？你是否必須做出任何改變？你是否滿意現況，或是希望情況能有所不同？如果是後者，你能做些什麼帶來改變？[13]

掌控之道

我在這裡的許多建議，重點都是要改善你目前的關係。但如果你沒有談戀愛，就要面對被寂寞包圍、孤立或感覺與他人失去連結的問題。這不是要討論你該擁有什麼樣的關係，或是告訴你是否應該擁有一段關係，但如果你正在經歷推運月亮在七宮的週期，就會思考關係的議題。無論你正在認真地談一場戀愛，或是孤家寡人，下面這些建議可以幫助你檢視關係的問題。

[13] 你可以分析本命星盤中的金星，這可以提供你重要的線索，看出你與他人建立關係的風格，以及你在關係中的需求。

一、找到模式

伴侶就像我們的鏡子。他們會反映我們的真面貌，這是無法用其他方式看到的，因為我們無法旁觀自己，也無法客觀看待自己的經驗和臆測。如果你想知道當自己照鏡子時會是什麼模樣，就要找出關係中的模式。如果能辨識目前以及過去所有關係中的模式，這就會變成很重要的工具，可以幫助你看清自己如何不經意地導致關係中的不快樂。在這段週期，你應該花一點時間回頭檢視重要的友誼或愛情關係。這裡是否有一種模式？有時會有很明顯的模式，像是發現你常常吸引無法表達自己感受的伴侶，常常吸引年紀比你大很多或小很多的伴侶，或是無法對你許下承諾的伴侶，或是總是非常需要你的照顧的伴侶。有時你比較難看出模式，但要不斷地觀察。你可以寫下所有伴侶的名字，這能帶來一點刺激，幫助你思考。

你可能發現在幾段關係中有一些模式，也可能發現一些只出現在目前關係中的模式（特別是如果目前的關係已經維繫了很多年）。舉例來說，在目前的關係中，你會發現總是同樣的方式引起爭吵。無論你發現什麼樣的模式，所有狀況的分母都是你。這不是要你把問題怪罪到自己頭上，而是要你先放下責怪，只是要你試著看看，你是否可能在不知情的狀況下導致這些模式。當你能認清你的關係中的模式時，就能幫助你了解你做了什麼或沒有做到什麼，才導致這些模式不斷發生。你需要對自己用上一點調查心理學的技巧，才能找到答案。

舉例來說，為何有些人會一直吸引來總是需要他（或她）照顧的伴侶？好像他們自己總得不到任何支持，似乎他們從來不會遇到運氣很差的日子或是從來不會崩潰似的，只有他們的伴侶會有這樣的遭遇，而他們必須替伴侶處理善後。我們的假設必須是合理的。我們暫時先假設可能有一個原因，因為對他們而言，這樣的伴侶有一些隱藏的好處，即使這只是為了避免恐懼或痛苦（情形通常就是如此）。每一種狀況都會有自己的答案，但這裡有幾種可能性。也許在上面這個例子中，答案就是這些人的個人價值，極大部分都是來自於當一個照料者，所以他們不允許任何人來照顧自己，這會讓他們覺得自己很沒價值或卑微。這也可能是他們為了保護自己，不在別人面前表現自己需要幫助，也從不讓別人照顧他們，因為這會讓他們覺得自己很容易受傷或很脆弱。這也可能是他們非常恐懼會失去伴侶，所以否認自己需要或想要任何東西，只是一味確保自己能提供伴侶足夠的照顧，讓伴侶永遠不想離開。就表面看來，好像是他們必須付出。但是從內觀察，到底是什麼原因促使他們繼續選擇這些行為模式，不去考慮其他方式？當你認清自己關係的模式時，你就能自己回答這個問題。

既然七宮討論的是關係，還有伴侶如何教導我們認識自己，在這段期間，如果能找一位親密的朋友甚至是治療師幫忙，都是不錯的點子。他們就像一面鏡子，可以提供你很難想到的評語和洞見。他們也可以帶著同情且真誠地聆聽你的心聲，但不會評論你。在這段時間，你如果為了「壞的關係行為」懲罰自己，只會造成反效果。這會妨礙你看到必須知道的真相，你也無法理解該如何落實自己想要的改變。

二、更新約定

當你在關係中使用「承諾」這個字時，意義非常複雜。承諾不只是你們簽下的結婚證書，或是透過握手和協議，鞏固你們在彼此人生中的地位，或是你們第一次一起做什麼事。承諾包括你們在選擇彼此時的所有行動，包括當你的人生繼續向前時，隨時考慮對方的存在，這是每天都在執行的。不是要你不能有自己的人生和計畫，而是要你知道，你為什麼會被你選擇共度一生的人吸引，其中包括透過直接和間接的方式。

很不幸地，我們常常在任何一種長期關係中看到這樣的情節：其中一個人有一天醒來，發現自己跟伴侶完全沒有共同點，或是已經跟伴侶漸行漸遠，或是成長已經超越了伴侶。在這段期間，你會思考部分或所有的關係，你可能會正式或私下考慮，是否要讓形形色色的人們留在你的生命裡。這段期間很適合做這件事，有些人可能不會考慮斷絕關係。但是考慮斷絕關係的人，此時應該更新你們之間的約定：你要讓彼此之間的約定跟上你現在的情感狀態，反之亦然。如果已經漸行漸遠，或是日常生活的忙碌讓你們失去了親密感，你要努力讓相處回到原本的循環互動。這可能是很簡單又明顯的事，像是找時間兩個人單獨出去。這也可能是很細微的小事，像是問問對方現在好嗎？或是今天過得好嗎？你可以問一些問題，表示你關心伴侶正在做的事，還有他們的感受，你也可以講出自己的想法和感受。回想一下，在一個月或一個禮拜內，你有幾次是轉身面對他們，而不是背對他們？有時你必須恢復過去老套或隨手可得的親密感，這是因為你們之間缺乏更新，導致親密感開始慢慢消退。

三、成為你想要擁有的伴侶

很多人都聽過，你如果專心成為你想要吸引的那個人，對方就會被你吸引。這種說法的確不假，不過成為你想要擁有的伴侶，這件事比聽起來更實際，特別是如果已經有一位伴侶了（再提醒一次，這裡討論的是任何類型的親密關係，不只是戀愛）。當你能認清自己關係的模式，同時更新你們之間的約定，你就已經準備好當一個更好的伴侶，因為這也能幫助你知道自己是如何對待伴侶。你是否曾經表現過希望伴侶展現的殷勤、仁慈和忠誠？或是總是怨嘆你得到的不夠多，為此怨恨伴侶？

當你能了解你對重要的另一半有什麼需求時，特別是當你沒有獲得滿足時，這可能就足夠了。別忘了有一句老話說：「一個巴掌拍不響。」其中一種方法就是更關心你的伴侶對你有什麼需求或要求，無論是直接或間接的，同時思考你能如何提供他們更好的支持。你要知道，你無法改變你的伴侶，但你能改變與伴侶的相處方式，藉此改變你們之間的節奏。

這裡有一個改變關係動力的真實案例。我有一位個案認為她的丈夫沒有聽她說話，或是當他在聽的時候，他其實對她想說的事情不感興趣。有時當她講話時，他甚至不看著她。他這麼做並非出自惡意，只是冷漠。這導致她越來越少跟他說話，特別是任何針對關係的問題。這代表她只會在無法再忍受下去時跟他說話。她會帶著積壓的挫折和受傷跟他說話，他們的對話即使充滿技巧，也很互相尊重，但永遠不會有任何結論。我在跟她談話的過程中，發現她覺得如果他願意聽她說話，她就比較容易講出自己的感受，可以跟他說所有事情，而不只是關係的問題。但是我也發現，當她想要說話時，他常覺得自己被算計了，很難跟上她情感的引爆點，而她總是太過激烈，讓他無法負荷。所以他很自然地不想跟她對話，免得導致問題浮上檯面。他們當時不只陷在長期保護自我的模式裡，也有不同的情感風格：當她腦中出現一個想法時，她很自然也很容易進入情感性的對話，但是他需要更多時間脫離自己正在想或做的事，才能跟她產生連結。

所以我的個案決定改變自己的行為。有一天，她回到家跟丈夫說，她想要跟他說一些事，請他在準備好的時候跟她在臥房裡談一談。他當時正在忙一個專案，所以大概花了十五到二十分鐘才進臥房。她也決定在談話一開始要有點耐心，給他時間轉換情感，才能跟她建立連結。她並沒有假設他的行為是因為他不愛她或不關心她，她也沒有陷入這是否公平的想法裡，一直計較自己必須先等他做一點事，再給予她值得的對待。她反而選擇表現體諒，還有愛和耐心。她也用一種充滿愛和幽默的態度跟他溝通。

這麼做是值得的。他們變得更容易與彼此對話，即使是強烈或情感性的對話，結果是他們雙方都各退一步。這就像池塘裡的漣漪效應：無論是誰先採取行動，整個池塘都會感受到顫動，給予回應。她的丈夫可以忽略她的努力，但他顯然選擇不要這麼做，而她踏出第一步的力量，就創造了極為不同的結果。

如何避免被浪潮捲入大海？

一、維持關係的平衡

目前關係中出現的許多問題，最終都與權力有關：誰擁有權力，誰沒有權力。推運月亮在七宮的週期，你更能意識到你從一位伴侶身上得到多少，或是付出多少，你會更注意一些——因為兩個人的自我之間的失衡導致的徵兆。當我們與一個人建立健康的關係時，我們會採納對方的意見，關心對方對於我們或他們的世界的感受，我們也會願意讓對方影響自己。你如果允許對方的意見壓過你的意見，或是你無法再分辨他們的意見應該到哪裡為止，你的看法又是從哪裡開始，你現在就必須解決問題了。

這也可能出現相反的情形。可能是我們期望伴侶能繞著我們打轉，眼中只有我們。我們可能不會這樣形容自己，我們也可能真的不是如此看待關係，這裡的挑戰在於，我們可能期待這一點，卻不知道自己是這樣的。這可能表現在許多行為裡，其中包括不斷監視你的伴侶，無法與伴侶的不同意見、喜惡和觀點達成和諧。之所以會出現各種不同的問題，通常是因為不安全感、對你的伴侶缺乏信任，或是只是害怕失去他們。當這些東西被放大了，就會出現問題。如果你能發現根本的原因，對症下藥，將有助於打破失衡的模式。

當我們專注在一段關係上，把生命中的其他事物都擱在一旁，這也會出現困惑。這可能是一種脆弱的平衡，因為一段健康的關係必須是雙方在做出決定時，必須考慮另一半。你要是太看重關係，可能導致關係本身變成「主導的伴侶」。你如果只在意成為「某件事」的另一半，就無法成為一個完整的人。

二、新歡

我曾經說過，當推運月亮在七宮的時期，你會檢視從目前的關係中得到了什麼、沒有得到什麼，可能在必要時做出切割。但是你也會希望自己能盡力而為，然後合理地確定這段關係或這個人不適合你。如果不了解自己的模式，也不清楚模式的源頭，可能導致你結束一段陷入僵局的健全關係，而你其實只需要一點關心和努力，就可以讓問題解套。只有你能決定你的關係是否值得拯救，或是確定關係已經惡化得太嚴重。但是如果太快採取行動，可能只會在一段新關係中遇到同樣的問題。再提醒一次，沒有任何關係絕對不值得拯救，當你深入檢視問題的源頭時，這將可以幫助你看清楚，這段關係是否要繼續下去，或是只要另尋新歡，找出決定的關鍵點。

推運月亮在八宮

你最害怕的事是什麼？如何面對？

「真相會讓你自由，但它會先惹惱你。」

——美國女性主義者葛洛麗雅・史坦納（Gloria Steinem）

轉變的浪潮

這個推運週期會以最深刻的方式，將焦點從「另一半」轉回到自己身上。你可能覺得越來越沉重，生活似乎變得更激烈，而發生在你周遭的事都讓你覺得既深切又嚴重。你會渴望退縮，這常發生在推運月亮進入水象星座或宮位時，因為你的內心世界現在成了「行動」的場景。如果已經對膚淺的互動或只聊聊天氣覺得不耐煩，你現在不可能再安於現況。在這段時期開始時，你可能會遇到激怒你或令你不耐煩的事，只要給自己一點沉默和平靜去處理自己的感覺，這些就能平息下來。

你的恐懼會更貼近顯意識的表層，這可能是很直接且明顯的，像是強烈的夢或惡夢，或是面對一些引起你不安的經驗或人。你也可能特別敏感，特別容易意識到生命的黑暗面。你可能會對新聞、揭露黑暗面的周遭環境，覺得既害怕，又深深為此著迷。八宮的首位星座和推運月亮正通過的星座，可以提供你線索，讓你更了解自己的恐懼本質和源頭。

儘管傳統上將八宮稱為「死亡」宮位，但我們在推運月亮八宮的時期，討論的不是你自己或你愛的人的死亡。當然，我們也曾聽過在這段時間面臨死亡，但這時會勾起的是意識到生命本身和生命的脆弱。有時，想到死亡，會讓我們再次肯定活著這件事，同時也會讓我們思考必須做的事。當你一心想著黑暗或強烈的事時，這種反應一點也不令人意外。

在這段推運週期，情緒化是很常見的也無所不在。你將會踏上一段情感的旅程，從恐懼到信念，然後再次回到原點。你的情感基礎似乎正在改變，不太穩定，而你也會隨之改變。你不是瘋了，但是當你經歷這些改變時，你會以為自己失去理智了。

這並不全是壞事！在這段期間，你可能發現自己對周遭的人有特別敏銳的觀察力和覺察力。八宮本來就是天蠍座的宮位，這個星座最為人所知的就是透過具有洞穿力的見解，看到表面底下的真相。然而，這時你最有可能準備穿透的表面，就是你自己。

你可能會意識到人生停滯不前的地方。儘管從外面看來，你並非一直靜止不動，但是你在內心會漸漸意識到有些事情真的需要改變，如果你已經困住了好一陣子，就會極度渴望能做些改變。

真正的方向

波賽鳳（Persephone）是女神狄蜜特（Demeter）的愛女，她生著一頭金髮，象徵著光明和天真。波賽鳳有一天在採花時，被冥府之王黑帝斯（Hades）綁架成為他的妻子。狄蜜特哀痛欲絕，也可能是因為忽略或報復，再也不允許萬物生長。結果放眼望去都是挨餓和害怕的人們向天神們哭喊，希望天神們能伸出援手。於是宙斯（Zeus）就派赫耳墨斯（Hermes）到冥府把波賽鳳帶回來。就在赫耳墨斯找到波賽鳳之前，黑帝斯騙了波賽鳳，讓她吃下幾顆石榴的種子，這讓她每年必須重返冥府待上幾個月。因此當波賽鳳與丈夫黑帝斯待在冥府時，狄蜜特就會把這世界變成悲哀的冬天。波賽鳳的另一個名字是戈蕊（Kore），這在希臘文裡代表「少女」或「未婚女子」。這個名字是源自於人們談到她被綁架的故事時，她在被黑帝斯「褻瀆」之前，就是天真無邪、可愛的表徵。這個故事有不同的版本，有的版本採用這種說法。

就像許多神話一樣，波賽鳳被綁架的故事有些不同的變化，象徵不同的人生經驗。這個故事就像一個女人從少女變成妻子，再成為母親，她逐步展現自己的生育能力。在大部分的版本中，波賽鳳是在母親身旁被強迫帶走，被奪去童貞，被黑帝斯關起來。這個版本常被描述成悲劇，當波賽鳳被關在冥府時，可憐的狄蜜特和愛女分離。但是透過冥府這段旅程，戈蕊這個天真的女孩，才變成了冥府之后波賽鳳。

我們自己的冥府中有恐懼、失望、痛苦和無力這些黑暗的元素，但是冥府也是勇氣、力量、極樂和清晰的故鄉。在推運月亮八宮的時期，你必須走一趟波賽鳳走過的路，進入最深層的自己，進入冥府，那裡深埋著你過去的傷口和瘋狂的謊言。我們都有恐懼，這不只是人類經驗中共同的恐懼，還有我們在人生旅途中遭遇的個人恐懼。你會被害怕的東西困在深淵裡，而你可以從這裡重新找到自己最強大的意志力和最真實的力量。當你進入強烈的內心世界時，必須回答一個問題：你到底是囚犯還是冥府之后？

掌控之道

一、隱退、勇氣和治療

當推運月亮在十二宮時，你會發現小精靈們正在呼喚你進入靈性世界，這是一個魔幻的世界。但在八宮，你的惡魔正從冥府召喚你，而這就是你的潛意識、你的過去，還有你不可告人的祕密。應付這種瘋狂的唯一辦法，其實是違背本性的：你不能逃跑，必須願意進入冥府。你要安靜地坐著，不舒服地坐著。而當你感受到一層又一層的不耐煩、困惑和不適，甚至是恐懼時，答案就藏在裡面。

安靜不動地坐著，有時就足以讓恐懼浮現，因為這就是一個線索，會引導你發現必須知道的事。你到底在害怕什麼？第一個冒出來的答案可能不合理或者不全然是對的。所以你要問問這底下藏著什麼，在那之下又藏著什麼，直到你觸底為止。你要召喚自己的勇氣，因為你可能正在尋找一個還沒有準備好或不想聽的事實，卻因此成為自己的俘虜。你要勾起恐懼和黑暗，追著它們跑，而不是讓它們追著你，這真的可以讓你找到出口，澈底脫離荼毒你的東西。

你現在正處於一個人生階段，正經歷情感的飢渴，隨時準備想要探索真相。你也厭倦了過去這麼多年像小孩子一樣逃跑，遠離你的鬼魂。即使這很令人害怕，但你已經準備好了，甚至是迫不及待想知道最後的結果。這就是你為什麼會覺察到生命中一些很強烈的事實、為什麼覺得自己需要隱退、為什麼會有恐懼感。你已經準備好根除自己的恐懼，你的心和你的靈魂正在向你揭露，幫助你完成這件事，即使你不知道到底發現了什麼，或是在一開始不知道原因為何。它們都是你通往自由的鑰匙。

二、尋求支持

要是說八宮的經驗是要讓你從「別人」完全轉向自己的內在，這種說法其實不完全正確。在七宮時，你是要學習在生活裡妥協，尊重其他人的觀點。而八宮的旅程往往只是要我們在偶爾失控時，信任別人能支持我們、愛我們。除了你最親密和信任的朋友或是愛人，旁人的支持可能還不足夠。當我們進入八宮時，我們應付的恐懼會讓我們覺得很赤裸、很脆弱。你只能忍受你非常信任的人待在身旁。善意的人可能知道你正在「經歷一段困難的時間」，想要幫忙，但是當他們陪伴你時，你可能只會更沮喪。你需要夠堅強的人，他們要能聆聽你的心聲，只是當一個旁觀者，就像一片共鳴板，甚至在某種程度上還是一個沙包。因為你此時不只在處理自己的恐懼，還包括你的痛苦、仇恨和偏見，還有所有被視為禁忌、不能在輕鬆的社會氛圍裡談的東西。這些經驗可能會讓你認清自己生命中無法信任的人。

三、死亡會帶來生命

稍早提過，我們常把八宮稱為死亡的宮位，這指的是象徵性的死亡。這是一種過程，放下一件事，讓自己成為另一種模樣。就像鳳凰撲向大火自焚，毛毛蟲被蛹包圍著，你也必須放下某些已經化為硬殼的自己，準備成長。死亡之後會出現轉化。推運月亮八宮的週期不只是要你嚇自己、要讓你憂慮或跳向陰影，還要你認清，你如果想要某個東西重生，就必須先經歷死亡。

你必須挖開的墳墓，可能是保護你的東西，像是一種防衛機制。這個機制培養的東西，曾經能保護我們避免痛苦，如今卻阻礙了我們的成長，導致新的問題。你要檢視到底在怕什麼？你認為無法面對什麼？當你預期自己要這麼做時，往往比實際上更可怕。沮喪、難過和恐懼需要找到方法發展成喜悅、開心和勇氣。當你消滅已經枯死的部分時，才能把力量留給活著的東西。

你的推運月亮正在通過的星座，可以幫助你知道——你現在必須面對、努力克服的恐懼的本質，也可以提供你線索，讓你知道擁有什麼療癒自己的能力。舉例來說，如果是天秤座或巨蟹座，面臨的恐懼可能是失去愛人、讓自己被愛或讓別人看到自己內心深處，這也可能與生命黑暗面的醜陋有關，因為天秤座厭惡混亂和不公平，而巨蟹座害怕受傷和暴露自己。但是天秤座的內在也擁有一種工具，可以透過邀請並接受自己赤裸的一面，真實地搭起一座溝通的橋梁；而巨蟹座深知充滿愛意的雙手和聲音，有時可以治癒所有療法、藥丸都無法辦到的事甚至予以忽略。當天秤座能透過黑暗看到美麗，運用自己的創造力時，就能獲得慰藉；而巨蟹座在療癒他人，同時允許自己接受所愛的人的支持與滋養時，就能獲得安慰，即使對方並沒有「盡到全力」。

如何避免被浪潮捲入大海？

一、迷失在黑暗中或紙上談兵

木星的重力相當於地球的二點三七倍，一個在地球上體重五十九公斤的人，在木星上可達到一三九公斤！但當你在推運月亮在八宮的週期穿越地下世界時，你可能會覺得內心的重力就像自己的體重一樣沉重。因為在這段時間，你正在分類爬梳情感的包袱，滿腦子都是眼前的事情，這會讓你的看法偏差。如果你太專注於自己內心或生活中的黑暗面，就可能覺得這暫時的沉重和困難已經超出負荷。你必須檢視自己、自己的人生、內心的恐懼和模式，才能面對它們。你可能會無法負荷自己的傷痛，或過度沉溺其中。在這段期間，治療特別有效，因為一位好的治療師就像你的導遊，可以在你經歷這段充滿困難的發現之旅時，幫助你找到地標，替你保管行李。你必須小心，不要屈服於失望，永久迷失在地下世界裡。你會找到出路，帶著遺失已久的自我踏上歸程。

二、學習它或活在其中

有句老話說：「處理好自己的事，或是讓事情找上你。」心理學家榮格還有更令人感傷的說法：「當你無意識造成某種內在情境時，它就會向外化為宿命。」榮格讓我們對無意識這個概念有深刻的理解，他最具說服力的觀點之一就是「陰影」概念。這裡的「陰影」代表我們的無意識，因此也是我們沒有整合的自我。我們沒有融入生命中的東西，常會對外展露出來。

我的一位個案在推運月亮八宮牡羊座的期間，常重複地、憤怒地跟一位老朋友對峙，這件事在當時令她極度苦惱。當我問她如何回應這件事，她簡短地告訴我，她只是覺得很痛苦或很害怕。我在這本書提過，牡羊座可以透過對抗來發揮能量，無論是與別人或自己對抗，透過這麼做來發現自己的長處、勇氣、猛烈和原始力量。在這段時間，我的個案必須面對和整合自己特別的「陰影」，這個部分比她自己所知的更強烈，她必須為自己的顯意識生活找到這種原始力量。當時出現一種狀況，讓她有機會也必須捍衛自己，引導她找到自己力量的來源。就像這個例子一樣，你的推運月亮通過的星座，會幫助你找到隱藏在恐懼裡、等待被發現、等待融入你的人生的力量。

當一件事顯露於外，不代表這是因為你的失敗或弱點。當你能透過一個實際狀況，處理一些深埋在你內心深處、看不到的問題時，就能得到禮物。在推運月亮八宮的時期，繼續逃避和否認只會帶來反效果，所以更重要的是，你必須意識到「學習它或活在其中」這個原則如此重要。占星家霍華．薩斯波塔斯（Howard Sasportas）說過：「否認只會把一件事推出你的覺知之外。你藏在地下室的東西總有辦法在屋子底下挖隧道，出現在你的草坪上。」

推運月亮在八宮的所有重點就是清理你的內心空間，重新找到你陷在恐懼和受害者行為中的部分自我。當我們踏上波賽鳳的旅程時，我們就走在兩個世界之間：一個是意識層面之上的純真光明的世界，一個是意識層面底下的世界，這裡有時很黑暗，但是蘊藏著豐富的真理與熱情。在這段期間，我們受邀到底下的世界巡一回，帶回天真與美麗還有勇氣與力量的智慧。

推運月亮在九宮

你對生命的信念是什麼？

「延伸後的心智再也回不到原本的次元裡。」

——科學家愛因斯坦

轉變的浪潮

你在經歷推運月亮八宮的沉重之後，最明顯的改變就是心情變輕鬆了。如果你做到了八宮的功課，已經把地下室裡的一些箱子清出來，現在少了一些情感的包袱，你就準備好把剩下的東西放進背包裡，走出來，看看外面的世界！

有些人在這個週期一開始就會遇到某件事，讓他們覺得多了一點自由和彈性。在推運月亮八宮的週期，常會有事情改變，會有事物離開我們的生命，這可能只是某種情感包袱，或是實際的某個人。我有一位朋友在這個週期一開始，意識到他因為年邁的母親過世，覺得自己更自由、更能四處移動。他的母親一直跟他與妻子同住，非常需要照顧，導致他們幾乎無法同時離開家裡超過兩小時。他的母親過世時，他非常難過，之後發現自己非常渴望再次到處走走看看。他和妻子開始更常一起出門，他感覺自己在某種程度上，正在「重新發現這個世界」。

對你而言，這個推運月亮九宮的週期無論是以一場清除拉開序幕，或者只是已經受夠了上一個週期時強烈的只說不做，你會再次覺得這個世界就像充滿可能性的遊樂場。九宮帶有一些射手座的屬性，這個星座的獨特運作方式就是移動、希望和擴張。你的推運月亮通過的星座可以提供你線索，讓你知道自己會在生命中呼吸到哪一種新鮮空氣，但有一件事是篤定的：你會想要動起來！

真正的方向

大多數的人不會像蘇格拉底、尼采或沙特一樣，會在自己的履歷表填寫「哲學家」或「偉大思想家」的頭銜。不過我們還是有基本的人生觀，一種信念的架構，讓我們每天能在其中過日子，做出抉擇。九宮被冠上許多名字，其中一個是宗教的宮位，宗教的確是我們人生觀的源頭。不過九宮更深層的意義，不只是宗教在我們生活中制定的規則和儀式，而是「為什麼」，這指的是為什麼我們會做現在正在做的事，為什麼我們會選擇相信一些事。在推運月亮九宮的週期，你會發現你相信的東西是正確的，這可能是你的生活如何運作，或是你如何過一個美好或正確的生活，或是對於特定類型的人或地點的信念。你會面臨思考這些信念如何塑造了你的人生，讓你的生活變得更好或是更壞。如果是變得更壞，那麼當你放下某種無法滿足你的靈魂成長的信念時，你的人生又會如何開展。

許多人在進入推運月亮九宮的週期時，會覺得浮躁不安。你會想要回應這股移動的渴望，因為這可以防止你的靈魂覺得厭倦，而這是你現在必須處理和改變的問題。我們只要改變日常生活的規律，就能為生命帶來新的經驗和新的可能性，可以讓我們看到更寬廣的風景，遠勝於我們狹隘的世界一角。但是我們最需要改變的是自己的觀點。如果你比較喜歡透過心智分析處理資訊，你可能會開始思考整體的人生架構，像是你與宇宙達成的不言而喻的約定，或是你在這份約定之下的心態和固定的信念。你的推運月亮如果正經過九宮的水象或火象星座，你可能會遇到一些人或狀況，跟你的思考方式或你的文化基礎截然不同。

掌控之道

一、迷失

如果想要呼吸新的空氣，重整你的日常生活，最簡單的方式就是實際到別的地方。當然去一個喜歡的地方度假也會讓你重新充電，但你可能會很驚訝，自己開始覺得這樣的安排很無趣。你會厭倦生活的標準型態，而你參與生活的興趣也會降低許多，無精打采到一個你自己都無法容忍的程度。一個新的環境可能是很方便又實際的方式，讓你展開新生的過程。你有沒有夢想要去的地方？你夢想要去的地方是不是有點難以到達，或是有點令人害怕？如果是就更好了。你現在可以考慮去這些地方旅行，稍微擴展一下你的舒適圈，度個假，讓這變成更像一場探險。你可能驚訝自己很享受四周充斥著外語，享受在不熟悉的地方看到的景象，還有聞到的味道。當然，你的推運月亮目前通過的星座可以提供線索，讓你知道自己適合去什麼樣的地方。牡羊座可能很享受一段刺激的探險，而巨蟹座會喜歡歷史懷舊之旅。

旅行並不一定要去遙遠的地方度假，也不一定要遠超出你走路能到、偶爾搭公車、計程車或騎自行車的範圍。當我的推運月亮經過九宮時，我發現自己想要到自己所居住的城市四處遊晃，完全沒有計畫，不經意地發現一些地方，才能吸收一些不熟悉的事物。我去了從未去過的不同市區。那有一種自由和可能性，因為我從不知道我會去哪，也沒有計畫，所以我可以讓眼中看到的任何事物進入腦海裡。

有句老話說：「換個環境，就換個心情。」當然，要是說你只要旅行一趟就會變成不同的人，這似乎有些天真，但並非不可能。有時我們就是必須離開熟悉的事物，才能看到自己的內在。當你眼前沒有日常的劇本時，你會如何自處？你會如何回應新的環境？旅行的確可以促使我們重新發現自己。當你與新的環境互動時，你可能會運用一些很久沒有觸及的內在資源和想像力。這不是要你變成不同的人，而是更加利用和探索一些你已經擁有的內在資源。

二、失去你的信念

在推運月亮九宮的週期，你可能開始質疑你一直相信的東西是否是真的。許多人在覺得能理解一切時，就覺得很自在，不過真理往往是非常難以捉摸又不斷改變的。當你開始質疑自以為知道的一切是否是真的，感覺一些信念被揭露時，你就會很難面對。你在這段時間必須用新的問題和答案，帶給自己驚喜。

九宮接在八宮後面是有道理的，這極有可能是你在八宮經歷的轉變，已經讓你改頭換面。而當你在揭露更多真實的自我時，你很容易也必然會覺得——目前或老舊的世界觀根本太狹隘了，太不切實際，無法支持你，也無法支持你在過去幾年對自己和生命的理解。當你在改變、學習認識自己時，必須讓自己的信仰和哲學觀跟上你打從心裡相信的一切。你必須注意並跟隨自己的興趣，特別是從未出現的新興趣。你要嘗試新的點子，在你還沒有接受之前，先不要妄下定論，即使你覺得有點不自在，或是這與你目前的生活觀或是非判斷看起來很不協調。這不代表你必須改變，只是必須在這時候考慮新的事物，因為你永遠不知道會在哪裡發現真理。

你的推運月亮目前通過的星座，可以讓你看清你試圖往哪一個方向拓展自己的信念，而你又會如何拓展。你的推運月亮如果正通過天蠍座，你可能需要澈底毀滅整個架構，才能從平地重新建構；如果正通過寶瓶座，就是要幫助你進一步知道，你比別人更清楚什麼才是適合自己的，同時允許自己脫離老舊的文化和家庭傳統，發現自己的道路。

如何避免被浪潮捲入大海？

無所不知

我們很常有一種刻板印象，認為年輕時的希望都有些天真與理想主義，隨著歲月累積的智慧，則會有些憤世嫉俗，也不願意改變。不過無論我們是什麼年紀，我們都能不受限制當個萬事通。我們都聽過一句話：「重點是過程，而不是終點。」我們都能任性地閉上眼睛，把心封閉，麻木地從A走到B再到C，不過這樣的過程沒有真正的目的，也不可能挑戰我們，不可能喚醒我們。然而，經驗是不斷進行中的事，不斷處於變動之中。除非我們能暫停活著這件事，否則經驗就會繼續塑造我們，還有我們的世界觀。

當你經歷過推運月亮九宮的週期後，你的外在生活可能沒有太大改變。你的人生觀、你對神、家庭和自己的概念可能依舊一樣。在這段旅程中，你可能深化目前的哲學觀，更確信其中的真理，但你也可能離開老舊的想法，接受新的覺察。這裡的關鍵在於敞開心房進行探索。挑戰自己和固定的信念，代表你要放開自己，接受自己可能是錯的，或是可能得面對自己一直仰賴的東西，再也無法支持你。要你澈底拋棄自己的世界觀，這可能很恐怖，但是因為傳統而不斷延續的假確信更是糟糕。你要允許懷疑進入你的生活中，允許問題出現在你的腦海裡，允許自己的心透過沉思，針對必要的事物找到答案，這可能需要一些超出你目前所知的事物來伸出援手。就如一句古老諺語所說：「懷疑是智慧的開始，而不是結束。」

推運月亮在十宮

你真心喜歡做的事是什麼？

「生命的意義是找出你的天賦；而生命的目的是將它奉獻出來。」

——美國導演喬伊・葛利佛（Joy J. Golliver）

轉變的浪潮

當你進入這個推運週期時，十宮這個為人所知的「事業宮」不一定會帶來事業的發展。我們在十宮這個生命領域的重心，是我們在自己的生活裡和群體中扮演的角色，無論我們如何定義群體。當我們被賦予酬勞時，我們很容易知道自己的角色，但要是只把十宮想成事業，這就太狹隘了。我們做的任何事都可能是十宮的角色。十宮的角色包含丈夫、母親、活動份子、政黨人士、議員、地方女童軍代表，甚至是「每年替社區烤出最美味餅乾的女士」！

這當然不僅限於你的配偶角色或烤出最美味的餅乾。在這段週期，你扮演的角色會變得更加重要。有些人會在這段時間改變頭銜或多了新頭銜，無論這是因為工作升遷，或者只是因為生活類型的改變。舉例來說，我們很常看到人們在推運月亮在十宮的週期，升格為父母或結婚。

無論你是接受一個新角色，或是在評估你已經扮演的角色，你都會考慮這些到底適不適合你。你也許會想，如果必須放下一些角色，你接下來的人生要往哪裡走，你當然也會思考你到底如何走到這一步。十宮是你的星盤中的天頂、最高點和高潮。你必須站在山巔處，一覽無遺地眺望腳下的山谷：找到你出發的地方，還有下一步要去的地方。

真正的方向

「如果追隨著內心的喜樂前進，你就踏上了一條一直在等待你的道路，而你目前的生活，就是你應該活出的人生。無論身在何處，你若追隨著喜悅的腳步前進，就能隨時在內心享受煥然一新的感受，還有源源不絕的生命力。」

——神話學家喬瑟夫．坎伯

「追隨你的喜樂。」基本上就是追求快樂，而這就是占星學裡月亮最了解的事。推運月亮在十宮的週期，你必須思考你生而為人的目的、你命中注定必須做的事以及你想要說的話，這都是你的天命。史蒂芬．佛瑞斯特曾把這稱為你的「宇宙工作的內容」。這不是要你思考，你有資格做什麼樣的工作，而是要你想一想，你渴望做什麼類型的工作，即使這份工作是無酬的。

你也必須思考自己正在扮演的角色。你現在必須想一想，這些角色是否符合你要變成的模樣。你在五年或十年前覺得很適合的角色，現在可能覺得綁手綁腳已經過時。你認為自己應該做的事，或是因為你的年齡、性別或背景所做的事，不一定是你真正想要做的事。你如果一直為了任何原因「假裝」，現在可能會為此心情沉重。

掌控之道

一、精神性向測驗

職業性向測驗通常包含一堆問題，關於你的興趣、經驗和技術，這能幫助你整理釐清數百萬種選擇，幫你搭配你可能喜歡也很擅長的職業。推運月亮進入十宮，是要你思考——什麼是你真實的貢獻或必須做的事，但這是一個大問題，通常包括許多瑣碎的部分。你的整張星盤的每一個角落，都有線索揭露你的天命，還有你的心態和勇氣。即使你的朋友都能給你意見，告訴你你擅長什麼。但你這時要看的是你的精神履歷，而非實際的履歷。什麼是你為了樂趣做的事？你的朋友說你最擅長做什麼事？或是這其實是你經常在朋友面前扮演什麼角色？你是連結者嗎？聆聽者？還是滋養者？你有什麼嗜好？

我們都有一些與生俱來、未被開發的技巧和興趣，而當我們經歷這一生時，希望至少能探索並培養其中的一些可能性。這所有的問題都能幫助你——認清你天生的才華和興趣。再提醒一次，現在不是要你考慮你可能適合哪種角色模式，因為你已經因此得到很好的報酬，或是你已經有經驗了。現在你應該要思考你喜歡做什麼，你在做哪些事情時最有熱情。

二、回到原點

告訴你一件事：大部分來找我諮詢事業的人都告訴我，他們不知道自己想做什麼。我們很多人只需要找到正確的方向，就能出發起跑，真正的問題在於我們不清楚方向。你會在許多宮位或星座的推運週期遇到這個問題，但在推運月亮十宮的週期，如果覺得沒有方向，就試著更簡單地思考。看看你是否能回答下面這三個問題：

㈠如果擁有你所需要的一切，包括技能、物質和金錢，你會做什麼？不要擔心現實，你可以荒謬地跳出框架。我丈夫的愚蠢答案是：「睡覺。」他也許指的不是真正的睡覺。但是你要允許自己有荒謬的答案。你正在試著打開隱藏在心中的可能性，所以要順勢而為。

㈡如果有一個人拿著槍指著你的頭，要你必須做一些事才能活下去，你會從哪裡開始？有時要強迫自己用更直接的角度思考，這有助於讓問題浮上檯面。我們沒有時間，也沒有閒功夫對一個計畫猶豫不決，只是批評，我們只能採取行動。你如果要在二十四小時內動身，找到你對第一個問題的答案，首先你會採取什麼行動？做個決定吧。

㈢回想你的生命中真的很幸福的一段時光，特別是你在當時享受許多樂趣。你當時在做什麼？當時處於什麼生命階段讓日子這麼有趣？先不要想事業。如果是在迪士尼樂園覺得非常快樂，就把這列為答案，也不要省略明顯的答案，試著找到最後的答案。你生命中最美好的時光如果是跟家人去歐洲旅遊，把答案寫下來。無論這個答案是大或小，這些答案就是線索，你要先搜集它們。

三、一切歸零

就算這些問題沒有答案，也沒有關係，再倒退幾步。我的經驗和想法是，人們的確知道他們想做什麼，但是有些東西會阻礙他們，讓這個答案無法用一種清楚的、有邏輯的或可辨認的方式，進入他們的顯意識裡。這可能有太多選項，或是你可能無意識地讓這些問題受限於現實的考量，像是金錢或技能，而不是考慮你喜愛什麼。你甚至可能在想到答案、把答案說出口之前，就先批評自己，你會認為自己想要的很愚蠢或沒有用，沒有人會重視你想做的事，或是為此付你酬勞。你也許只是想到——若是被迫承認另一條可能的道路，這樣的改變會帶來不安全感，就會覺得滿心恐懼。

當我們經歷這種巨大的內心衝突時，腦袋會一片空白。無法回答這些問題時，不代表我們內在的聲音沒有出現，而是所有的聲音同時出現，其中一個最大聲、最令人困惑的個人論點，就會讓整個迴路超出負荷。你可以跟一位擅長把你拉出來的朋友聊天，甚至這本書後面的「建議閱讀」，都可以幫助你打開內心的結，而你甚至不知道有結在那裡。

四、考慮自己當老闆

我以前很確定故事會是這樣演的：學習技能，應徵工作，被聘用，然後開始工作。如果沒有工作或沒有被聘用，我猜我的好運就用完了。當我們在等待一個人的贊同或允許，才能開始做自己喜歡的事，可能會不必要地等待很長一段時間。我不是在討論你是要自己創業或被一間大企業雇用，我說的是更簡單的事。當然，如果你從來沒有上過醫學院，我不會建議你幫人動手術。不過當你想要一份工作時，只要固定參與一些相關的活動，你就更可能得到這份工作。

當我在許多年前第一次發現占星學的深奧時，內心點亮了一盞燈。承蒙到處都可以看到關於太陽星座的介紹，我盡可能地涉獵接觸占星學。但當我知道占星學遠不僅限於太陽星座時，還有像是星盤這樣的東西，可以揭露自己和別人，我就被吸引住了。我開始閱讀，寫筆記，在我的朋友身上練習印證。我持續這麼做，得到更多印證，閱讀更多的書，回應心中那一股想要知道更多更多的欲望。我這種很簡單的欲望變成經驗，然後變成我的職業，最後產生許多成果，其中包括你現在讀的這本書。這就是我如何走到今天這一步。其實不只是我這樣，幾乎每個職業占星師或任何領域的專業人士，都有類似的故事。

我的朋友們曾說過：「你如果很擅長一件事，就儘量多做！」他們這麼說是在開玩笑，但是我把這句話修改了一下：「你如果很喜歡一件事，就儘量多做！」不要等待別人來雇用你，訓練你：你要雇用自己。你要學習、練習、做你喜歡的事，只為了做而做，很快就會發現有人需要你。如果你能追隨著自己的喜樂，工作就會來找你；它知道如何找到你，認出你。

五、衝向正確的道路

在這段週期，如果你很幸運地發現自己已經在正確的道路上，就可以充分利用這段時間來擴展你的範圍。這可能是一個獲得升職或達成某個明確目標的機會。你現在可能渴望別人能認可你的成就，這不只是獎勵你現在正在做的事，也是深化你現在的貢獻，鼓勵你繼續走在正確的道路上。在這段時間，不要降低你的目標，你現在必須讓人看見你正在做的事，讓它閃耀發光。你甚至要做一些更大的計畫！

六、我是認真的

之前提過，推運月亮在十宮的週期，可能會把重點放在你的其他生命領域，而非你的事業。此時如果有一個理由出現，讓你必須考慮一個新角色，或是思考你現在扮演的角色，你要想像你喜歡自己呈現什麼樣的模樣。你可能會發現，現在是一個好時機，可以針對自己現在扮演或即將扮演的角色，清除所有相關的「應該」。舉例來說，一位新手媽媽可能會思考自己想要成為什麼樣的母親，努力演出其他人對於好媽媽的老舊觀念。但是，她必須釐清她想要如何扮演這個角色，否則她只是在模仿別人，而非運用自己的智慧做這件事。一位新婚丈夫可能會努力成為一位好的提供者，符合人們對丈夫的刻板印象。無論你身上被貼了什麼標籤，你要確定這非常合適。沒有任何角色是只有一種演法。

如何避免被浪潮捲入大海？

一、大牌

是否所有人都覺得自己在實踐一份特殊的天命？我不這麼認為，這可能是一個冗長到不可思議的調查計畫。不過我們很常看到人們想要實現一些目標，成就一份偉大的工作，覺得自己注定要做某件事，發現某件事，然後去執行它。這可能包括許多崇高的目標和無私的服務，不過十宮也有一些比較不道貌岸然的一面，而這是很有誘惑的，就像是地位，或是想要成為圈子裡最大牌的人物。在這段時間，你想要獲得讚譽，絕對沒有錯，而我不是要警告你這件事。當人們欣賞你的工作或貢獻時，讚譽自然就會出現，你也會很自在地接受。你要竭盡全力地為自己歡呼，接受榮譽！記住，渴望覺得自己是很重要的，這會讓你覺得自己更出名、更特別或更受歡迎。不過，這就像是垃圾食物，味道棒極了，但無法持續支持你，最後只會覺得更糟糕。

地位可能會悄悄地變成你工作的理由，而不是工作的額外收穫。當我們的動機是達到某種地位時，很容易走上錯誤的道路，而且會走錯很長一段路，因此受到傷害。當我們渴望覺得特別時，會特別有競爭力，或是只關心「進展」或應得的回報。我現在不是要道德批判驕傲的魔鬼，而是要警告你，別人的讚賞只是喜樂的空虛替代品。當我們追隨著自己的喜樂時，我們只會做讓自己開心的事，做一些覺得生來就要做的事。即使有人跟我們做同樣的事，也不覺得必須超越他們或是與他們競爭。更好的是，我們不會執著於維持地位，只會執著於喜歡、注定要做的事。

二、受困勝過於迷路

有時覺得自己是號大人物，這種感覺實在太棒了。這會導致我們轉移注意力，不知道自己站錯了舞台。有時我們會接受一個角色，投入演出，讓這個角色成為自己的，同時塑造它，讓它更適合自己。不過有時候，無論別人認為我們有多麼適合做某件事，無論我們做得多成功，從中獲得多少名利，或是聽到：「如果拒絕這麼棒的機會，你就是瘋了。」某種狀況或角色就是不適合我們真實的本性。當然在這段時間，考慮你正在扮演的角色，評量它們是否能反映真正的你，這是很重要的事，但你也可能面臨「升職」的機會，無論是實際或象徵性的。我們乍看一位名人的生活，似乎很理想又完美。身為名人可以擁有想要的金錢、名聲和機會，這不是每一個人都有的。但是缺乏隱私和遭人批評這些事，你其實並沒有辦法反抗，而且還會帶來其他問題。「每個人都想要出名」這種說法並不實際。

我們很容易用比喻的方式列舉一些極端的例子，然後看到其中的缺點。但在日常生活中，我們常置身於同樣的處境，而當我們面臨真實的選擇時，往往很難拒絕一條明亮但對我們而言是錯誤的道路。當我們發現置身於某種處境，其中有任何人都想要的成功和榮耀，但這裡無法滋養我們的靈魂，也無法通往我們的喜樂，我們當然會覺得不快樂，還會覺得自己是個騙子，好像有人會發現我們其實並不屬於這裡。有時一種處境棒透了，讓我們「無法相信自己有多幸運」，我們就會有這種感覺。我們置身於錯的處境時，也會有這種感受，其中的差異就在於真實的快樂。「弄假成真」的信念在這裡就是不管用，因為問題不在於成功，而是真實。當你在錯誤的道路上越走越遠時，你可能會越陷越深，付出的越來越少，回報也變少。金錢或成功的形象能為幸福加分，但當裡面沒有幸福的種子時，就不可能創造幸福。

推運月亮在十一宮

哪裡是你心所歸屬的社群？

「我問上帝：『我還剩多少時間？』上帝回答我：『夠你做出改變了』。」

——不知名作者

轉變的浪潮

當推運月亮在十宮時，你需要專注在自己的成就和人生方向上，而在推運月亮十一宮的週期，你可以稍微延伸個人的使命，讓更多人看見，更多人知道。你可能會發現社交機會變多了。這可能是機會真的變多了，或只是因為你更留意這件事。大部分的人聽到「社交」這個字，就會想到朋友，但這個字的意思其實更貼近吸引目光和人脈連結，勝過於友誼。你的心已經準備好到「外面瞧瞧」，而大規模地與人互動就是主要的實踐方式。

你也會更注意，你的人生正朝著哪個方向前進。這可能是應人們或狀況要求，像是完成某一件事後（就如畢業）冒出的問題：「我接下來要做什麼？」十宮的關鍵是成就，但是現在需要讓成就擴大一點，繼續發展。當你覺得能開展未來時，你就會想制定長期的目標，開始思考人生大方向的問題。

真正的方向

針對推運月亮在十宮，我曾提到一個醫生的例子。這位醫生很關心自己的工作、對病人的貢獻，以及在他的社群（對他而言就是醫界）的地位。當有醫界人士向他尋求協助時，他會付出精力和專業，表達對醫界的支持。但是到了十一宮的發展，他會開始找其他醫生分享筆記，體會彼此的難處，互相支持。在十宮，他在社群扮演的角色，就是社群對他的看法。但是到了十一宮，他開始照顧他的社群、他的社團，而他也能在其中獲得支持。

在現代社會中，社群的定義已經與過去不同了。以前的社群比較像是你住家街頭巷尾的社區，或是你參加的小團體，帶有濃厚的地方色彩。如今，歸功於網際網路提供的虛擬連結，一個社群可能有來自世界各地、各種文化和年齡層的人們參與。不過社群能提供的支持並沒改變。在推運月亮十一宮的週期，你會問自己：「我屬於哪裡？」

這不是家庭層面的歸屬感，不是個人根源的歸屬，而是社團的歸屬感，像是「我在這世界的立足點？誰是我的人、我的盟友、我的社團？」對很多人而言，社團就是一群人有同樣的目標和目的，無論這是職業、政治或精神性的，諸如此類。你會想要找到跟你一樣的人，這些人可以用一種家人或朋友做不到的方式理解你。

你會渴望站出去，在這個世界找到一個立足點，這不只是接受，同時也包括付出。這必須根據你的性格來看，你可能慢慢想要有些改變，想要和別人參加一些人道團體和組織，積極地推動社會改變，或是促進針對某個目的的意識。這可能是小規模，也可能是大規模。你並不需要拯救世界，也不需要到國外照顧餵養飢餓的孩童。這只是一種欲望，在這個時候，你需要與別人團結在一起，成為大我的一部分，而不只是小我而已。所以無論你們有什麼共同點，當你們朝著同樣的目標和利益前進時，你們可以互相付出，互相給予支持。

你常會在推運月亮十宮的週期找到基礎，足以在十一宮的週期時擴張成更大的社群。過去這兩年，希望你已經花一點時間思考你的天命，思考你渴望付出什麼樣的內在天賦，無論這是否有報酬，或是否能稱得上是「事業」。無論你是身為父母、藝術家、公關或任何身分，無論是否能被定義，你都想付出一些東西，而外面的世界也有人會支持你的欲望，不管是因為他們跟你有相同的欲望，或是需要你的天賦。

與別人站在同一陣線之前，必須清楚自己的方向。這個推運週期的部分目的是釐清方向。按照十一宮的角度，所謂認清自己想從人生中獲得什麼，就是看清楚在你面前開展的一條大路，而不是列出一張成就清單，或是列出一些你想要或需要的「東西」。你的夢想是什麼？你要先把達成夢想的想法放在一旁，你只需要先和夢想接上線。你現在會感受到「剩下來的人生」，需要先接觸渴望的東西，然後才能朝它更進一步。至少要先有個想法，知道自己想要探索什麼，知道接下來想走上哪一條寬廣的大道。無論這是關於職業或個人性的，你可以開始與有同感的人、或是能幫助你邁向夢想的人建立連結。

掌控之道

一、延伸的人脈

即使有些人會說，這個世界正在「縮減」，但裡面還是住了很多人！在這段時間，你的目標是至少先儘量認識一些人，因為你不知道人脈會如何延伸。在推運月亮十一宮的週期，機會出現的方式就是——「我有一天認識一個人，他認識一個女孩的哥哥剛好在做你在追求的事！」

你是否認為這有點誇張？其實一點也不。我就是在推運月亮十一宮的週期，認識一個朋友的朋友的朋友的朋友（沒錯，四層關係），他才是我必須一起討論出版事宜的人。透過他，我的書才能出版。

你要接受邀請，即使對方只是朋友的朋友，只要你有興趣——也許是對聚會的目的、或是對你認為可能在聚會裡遇到的人感興趣。這是要建立一個網絡，大規模地與別人連結；這不只是朋友，更像是盟友。你可能很輕易就獲得邀請，但你也可以做一些事，更敏銳地嗅到機會。如果需要盟友，那就製作名片，把名片發出去，留意你最愛流連徘徊的地方的布告欄，看看是否有什麼新消息。

二、完善的組織

朋友的朋友可以帶你認識你想要建立連結的人，但你想要的可能更多。大部分的組織，即使是大型組織，一開始都只是幾個人有一個共同的目標，想要一起努力，達成這個目標。這可能是要幫助需要的人，或是讓某個人當選，或是創造一個能聽見人們心聲的地方。你可以找一些推動你有興趣的事情的組織，像是一個全國性組織的地方分會。

如果覺得雞尾酒派對或與陌生人對話很無趣，那該怎麼辦？比起以前，現在有更多建立網絡的方式，其中有些方式可以讓孤僻的人沒有壓力。你可以考慮網際網路，像是加入一個社交或商業網站，例如臉書。如果喜歡寫作，可以加入寫作網站，或是參與NaNoWriMo的活動[14]。如果喜歡有機料理，可以參考像是「慢食」（Slow Food，網站slowfood.com）運動這種組織。這裡的重點是認清如果喜歡這件事，那麼當也有人做同樣的事情時就會有機會，而且透過組織規劃，就能擁有優勢，幫助你發現機會。你的興趣如果很獨特，就要開創自己的組織。

[14] NaNoWriMo代表National Novel Writing Month（國家小說寫作月）。這是一九九九年開始的運動，有超過十萬人參與，各寫一本小說。現在已經有一些社群支持。見http://www.nanowrimo.org/

推運月亮

三、把愛傳出去

前面提過，這段時間是對身旁所有的人付出與接受，主動或被動地接觸人們。你會開始意識到，你是一個串連之中的某個連結，你做的微小改變，會在你不知情或沒有計畫的狀況下產生巨大的漣漪效應。在推運月亮十一宮的週期，你要分享愛！你可以從中受惠，也可以促進人們之間的連結。所以你要付出愛，因為愛會回到你身上。你可能發現現在做的事，會在幾年之後獲得回報。但更有可能的是過去做的事，現在又回到你的身上。

不要以為，因為不認識位高權重的重要人士，所以無法提供任何東西。這跟認識重要人士無關，而是你可以透過任何方式，參與散播財富的活動。甚至只想要捐錢給慈善團體或為某些目的當義工，透過這種方式可滿足你想要創造不同的欲望，這也是很好的方式，可以把愛傳出去。

無論如何，當我們討論建立網絡時，不需要很實際。這些比較廣泛的想法都是很好的建議。不過你只要保持一種精神，更常對外介紹自己，對一個陌生人微笑打招呼，甚至向別人求助，或是索取資訊。這麼做可以讓你更有機會，讓宇宙把你與外面的世界連在一起，幫助你找到自己的安身之處。

四、操之過急

「你認為自己在這五年會待在哪裡？」這輩子至少都聽過一次這樣的問題吧？當我們試圖想

出自己的下一步時，會問自己有什麼「偉大的計畫」。你在推運月亮十一宮的週期，這會變成一個非常相關的問題，與其問：「我這五年會待在哪裡？」不如問自己：「我這五年想去哪裡？」這樣才能更意識到更長遠的路，還有其中的可能性。你可能想要列出一個逐步的計畫，朝一個特定的目標前進，或是只想要敞開心胸，允許自己做夢，這都要看你的推運月亮通過的星座而定。你的心裡如果已經有一個特定目標，現在最好考慮自己的生活規律與日常活動，才能確定現在做的事，有助於創造一個你想要的未來。但如果不確定，你就要對周遭的世界和自己的內心伸出更多觸角。你要想一想，你有什麼白日夢，然後「認真地對待這些事」。如果能滋養一個「幻想」的需求，幻想也可以變成事實。你現在要考慮潛力這件事，勇敢地做夢。

如何避免被浪潮捲入大海？

一、活在當下和之後

現在必須思考人生更寬廣的方向，還有如何做到，但是思考未來和活在當下之間的界線非常微妙。這就是幻想和真實啟發之間的差異。在這段時期，如果只想著你的夢想和你希望的一切，但沒有對它們採取行動，最後只會很失落又無助。你不能只考慮務實或一直想著不可能，一手粉碎自己的夢想，務實當然是很重要的，但你也要避免陷在幻想中，然後只能看著夢想飄走。

這裡的關鍵在於長遠思考，你的夢想必須是一個更大的目標，必須是某種類型的終點，然後想像眼前有一條長遠的路延伸。你要從終點開始往回推，直到接上你現在的立足點。即使你還沒有準備好實際列出必須採取的步驟，最重要的是對你這段旅程沿途的基本路標有些概念。這可以幫助你把一個夢想變成長期的目標。

二、跑錯棚

在這段時間，你必須先了解自己，再找出自己屬於哪裡，這是很重要的。有一句話說，沒有人敢說完全了解自己，這種說法也許是對的。不過當你要展翅高飛時，強烈的自我感可以幫助你保持務實。你要是還不了解自己，或是覺得還在學習，這並不可恥。若是如此，你還是可以在與大眾接觸時受益，即使你只是在釐清什麼不是你。但是如果指望一個更大的團體幫助你定義自己，你只會覺得比以前更迷惘，更看不到全貌。當你能充分利用團體的支持時，它只能加強你已經知道、已經想要的事，而不是替你補充核心的部分。

在推運月亮十一宮的時期，你會發現有越來越多的機會，與形形色色的人建立連結。最重要的是要讓自我認知、自己的夢想和程序，管理你向外伸出的手能實際掌握什麼，決定什麼時候說：「謝謝你，但我不需要。」這個推運週期的許多好處取決於接納的感受，你必須找到自己的歸屬才能覺得被接納，不過這必須是真實的，因為這其實就像一種支持。如果現在困在名聲或人氣的競賽裡，這在你真實的自我裡毫無立足點，你一開始可能會欣喜若狂，但最後只會情感麻痺。

如果似乎找不到自己屬於哪裡呢？如果所有伸出去的手最後都是死路呢？如果覺得自己已經用盡所有可能性和出路，那要讓自己清醒。問問自己，你是否刻意避開社群，無論這是出自恐懼或是被大眾的意見控制，或是迷失在人群裡，或是你真的不喜歡團體。這些說法對你可能不適用，但是宇宙正在鼓勵你，給社群一個機會。這個世界可能會讓你驚喜不已，大開眼界。

推運月亮在十二宮

斷捨離，預備下一輪的演化

「你必須暫時交出安全感才能成長。」

——蓋爾・希伊（Gail Sheehy）

轉變的浪潮

你在推運月亮十一宮的週期，必須「站出去面對世界」，置身其中並建立連結。只要與周遭的世界互動，就比較容易找到答案，但你現在可能覺得找到的答案開始失去意義。你會覺得吸引你投入、激發你的目標感的東西，現在都有點像愚蠢的馬戲團或木偶戲。這不是說你一直在做的事，或是其他人正在做的事不重要，但是當你的內心世界再次呼喚你時，你會開始覺得與外面的戲碼越來越疏離。

有些人在進入推運月亮十二宮的週期時，會遇到一些事件，因此覺得失落又迷惘。這可能不是出於自願，就像失去心愛的人或重要財產，像是一個家。這也可能是出於自願，甚至是一件盼望的事，像是離開職場，回家和孩子相處或寫一本小說。

無論是不是外界環境促成這些事件，在這段時間，你可能發現自己變得更內向。外面的世界令你精疲力竭。如果不是體力上的疲憊，可能就是情感上，甚至是精神上的。你的內在自我似乎在說：「這一切是為了什麼？」當你擴展眼界之後，可能會失去方向，覺得困惑或心不在焉，無法解釋這一切為什麼會發生。你可能會發現自己更常「放空」或做白日夢。你的想像力或夢裡的活動似乎大量增加。你可能覺得像是飄浮在半空中，或是有一種永恆感，甚至是失去了時間感。

在你看來，任何的日常生活場景似乎都越來越沒有吸引力。推運月亮每次進入水象宮位時（也包括四宮和八宮），任何將你拉出內心世界，拉出你的家，把你帶進物質或社交環境的活動，都會讓你覺得精疲力盡。你越來越渴望能退出看似消耗或沒有意義的世間事，然後找一個安靜的地方：只是思考，休息，就這樣而已。

真正的方向

蝴蝶湯

當蝴蝶還在幼蟲階段時，人們都稱牠為毛毛蟲。毛毛蟲主要的活動就是吃。牠在吃的過程中會越長越大，基本上只在脫皮或蛻變以適應成長。當毛毛蟲準備進入蛹時（許多人認為這是繭），牠會開始尋找一個適合的地點做這件事。當牠進入蛹之後，幼蟲的身體會開始瓦解，大部分都會分解。當老細胞死掉之後，死細胞的養分會形成新的細胞。

你在過去幾年，甚至是這一輩子至今，都在學習滋養自己，促進個人的成長。你一直在揮霍和搜集經驗，不過走到這一步，蛹已經在等待了。在推運月亮十二宮的階段，你會被要求能理解，你所有的經驗現在都已經達成目的。當你進入變形轉化的階段時，你正在消化這些經驗教會你的東西。當你在放下過去的生活，讓過去的經驗滋養你變成你的新翅膀時，就會像我的一位朋友曾經說過的「蝴蝶湯」，這種東西既不是毛毛蟲，也不是蝴蝶，而是介於兩者之間。[15]

當你交出自己，信任這個生命過程時，目的就是要你放手。這裡的挑戰在於你要相信，你只會失去擋住你的路的東西，而不是真正需要的事物。我們都會習慣自己的行李，即使它很沉重，但生命有時會要我們搞丟託運行李，必須從新開始。這個推運週期是要你為自己的靈性需求排出優先順序，要你記得，對你而言什麼才是最重要的，讓你在清除干涉你成長的事物時，能把一切看清楚。

掌控之道

一、輕鬆打包

你是否曾被問過這個問題：「你的房子如果失火了，你只有時間抓住三樣東西，除了你的寵物和親人，你會帶走什麼？」推運月亮在十二宮談的就是這個問題。什麼是你最真實的優先考量？我們一直在扮演的角色，我們獲得的東西，有時會真的說服我們，這就是一切的意義。我們都會依戀自己的「東西」，但我們真正在意什麼？蛹的空間非常狹小，所以推運月亮十二宮的週期是要褪去和簡化，而且很多時間都花在放下一些事情，一些我們無法也不應該再付出精力的事。我們會開始意識到什麼才是真正重要的事。這不是業力的懲罰，也不是生命要向你證明你無法擁有想要的東西，而是認清有時候一些東西可能阻擋了你，讓你無法理解人生的目的。所以，就此放下阻擋你的東西。有些人甚至會採取實際行動，因此獲益不少，像是清掃屋子內的雜物。不過，這也是情感層面的放手。你的生命中是否有些人或活動不應該存在，因為這些只會讓你精疲力盡或分心，而不是支持你？你必須把注意力放在真正重要的事情，清理你人生的空間，才能做到放手。

---

[15] 我是在www.everthing2.com中一篇由克莉斯汀・奧特威（Christine Ottaway）寫的文章，提到「蝴蝶湯」這個說法。

二、聆聽呢喃

在推運月亮十二宮的週期，你會聽到自己內心的呼喚。在這段時間，你為自己做的最棒的一件事就是向內探索。你要允許自己有時間和空間做這件事。聆聽精靈們在你耳邊的呢喃細語，但不要把這當成一種奢侈享受。如果有辦法休養生息一陣子，或者只是在週末去森林裡走走，或是去泡喜歡的溫泉，那就去做，但不要認為這是唯一的方式。任何形式的隱退都能對你的心理狀態和情感幸福程度發揮神奇的魔力。這讓你看起來「無所事事」，因為社會要求我們把人生活得就像一場馬拉松。我們如果不生產，不達到目標，就沒有盡到本分。但我們不是無所事事，我們正在進行徹底的蛻變，而這是需要專注的！別忘了，即使是毛毛蟲都知道必須替自己找一個安全的地方。

無論你是否挪出空間，老舊的事物都會瓦解，讓出空間給新的事物。如果你願意合作，願意臣服於現實，知道自己正在改變，需要時間找到新的重心。那麼當你在規劃行事曆時，就要認真地考慮這件事，之後就會發現過程順利多了，也能在其中發現更多的意義。如果不願意合作，你還是會改變，但是沒有時間或空間去適應。你很可能只覺得很困惑、害怕或失去重心，只是等待著一切過去，期盼自己就能「恢復正常」。

三、甦醒

這個推運週期不只是要讓你失去事物。失去身分認同或是之前認同的東西，這並不是懲罰，也不是目的，而是一種促進真實目的的過程，這就是一種靈性的重新排列組合。不要把這跟宗教混淆。宗教對有些人有用，但宗教只是其中一種機制，試著將我們的注意力放在神性，無論是我們內心或周遭的神性。所以如果去教堂或參加禱告活動，真的能成為你靈性回春的來源，那就要給出更多時間做這些事。你也可以做瑜伽、冥想或靜修，更常散步，做任何事情幫助自己進入更高層的意識，也就是所謂的「禪」的狀態。對有些人而言，這可能是靜心的經驗，但對其他人而言，這可能是興奮的經驗，令人震驚，彷彿被搖醒了。

這裡提到「靈性的重新排列組合」，主要是指所有讓我們記得自己是靈性的存在的事物，可以幫助我們超越用肉眼看到的一切，記得我們來到這世上是為了什麼，知道什麼對自己是重要的，還能幫助我們超脫世俗的經驗，這些東西讓我們太受限於肉身的次元。我不是要你離開地球，但是在這段時間，我們的腳步會更輕盈，因為比較不會受到世俗限制。我們的思想也會集中在更廣大、更高層的事物上。對有些人而言，這就是重新調整腳步，與神達成和諧，最終就是與最高層的自我達成和諧。因此，你的生活可能看似沒有發生很多事，甚至有點罪惡感或笨拙，沒有對周遭的世界做出實際貢獻，但你的內心生活可能正在大爆發，不斷地深入，充滿靈性，彷彿萬物的源頭正在你的血液中奔騰，在你的腦海裡歌唱。這就是推運月亮在十二宮的禮物。

四、懂得暗示

有人認為，你如果失去一種感官能力，另外四種感官能力就會加強。就生理構造而言，這種說法顯然不對。舉例來說，一個人如果失去聽力，他的視力不會馬上變成2.0，除非是天生的。不過，當一個人失去一種感官能力時，其他的感官似乎真會變得更敏銳，因為他會更專注在其他的感官上面，試圖去理解周遭環境。他會更善於充分利用其他的感官能力。

你不需要喪失某種感官能力才能證明這個理論，你只要做這個實驗：坐在一個比較安靜的房間裡，閉上眼睛。你應該很快就開始集中注意你一開始認為不存在的聲音，甚至是聞到你之前沒有留意的氣味。當我們聽到一段特別動人的音樂或聞到一種愉快的香味時，常會不自覺地閉上眼睛。當你自動關閉某種感官覺知時，你從別的感官吸收到的經驗似乎會變得更強烈，也更容易集中注意力。

推運月亮十二宮的週期就是注重並滋養這種覺察能力。讓我們在肉體的感官能力之餘，再加上一些超自然的能力，像是直覺（內在的理解）和通靈。我們先把「通靈熱線」（**Psychic Friends Network**）這種老套做法拋在腦後。認清這種概念其實是要告訴你，我們還有其他的學習方式，還有其他的方式與世界溝通，像是這些超自然的感官。在推運月亮十二宮的週期，你可能發現這些感官能力被強化了，但你若不注意，就無法從中受益良多。當你想像自己進入蟲繭時，會開始注意夢的存在，無論是醒著的夢或睡著的夢。你要更嚴肅地看待暗示，即使這只是指引自己的行為。你有時要自動關閉邏輯功能，享受所謂不可能的想法。我們非常相信主宰這個世界的法則，就像重力法則，但在這段時間，我們需要觀察的是另一個世界，而非我們的肉體世界。

五、悲傷

澄清一下，在這段期間，你的人生不只是失去，你也不一定會失去某東西。不過，悲傷可能是十二宮經驗的元素之一，而我想在此稍做解釋。在推運月亮十二宮的週期，你的生活可能會實際發生帶有失去性質的事，像是死亡、離婚、失去財產或失業，也可能你會有失去方向或是缺乏強烈重心的感受，無論如何，你都可能進入一段悲傷的時期，而你應該考慮接受支持。你也許只需要一點點支持，這可能就只是當你在試圖釐清千頭萬緒時，當你看不清所以然時，只要有你能信任的朋友更常過來找你喝茶或喝咖啡、陪你聊聊就可以了。但如果是被比較震驚或可怕的際遇引領進入十二宮的領域，最好考慮比較實際的支持，像是悲傷諮詢。在這段時間，你的人生需要調整，而這可能不是輕鬆的過程。任何能幫助你溫和放手的事，都是不錯的點子，即使放手並不是你一開始的原意。

如何避免被浪潮捲入大海？

一、逃避主義和重生

推運月亮十二宮的時期，主要都在討論放下的智慧、暫時隱退和聆聽更高層的自我。這並非輕鬆的任務。你會很渴望隱退，而這股渴望有時可能會超出你的負荷。然而，找出靈性需求的優先順序、放下和聆聽內在的聲音，這些事情並不會自動發生。遠離塵世可以幫助我們清空自己，清除我們一路帶著導致我們迷失方向的東西，像是我們的壓力和恐懼。但維持清空的狀態只是走了一半的路，這聽起來就是一無所有。

你當然可以停留在一無所有的狀態一陣子。畢竟這個週期大部分與休息有關；你只要安靜地觀察周遭世界和內心世界，就可能非常療癒，而你可以開始學習看到我們一開始介紹過的「暗示」。不過，最終還是必須用某些東西再次填滿自己。在這兩年的週期，不要只坐著看電視，讀一些垃圾小說，或者只是覺得麻木、空虛或毫無目的。要找方法填滿自己的靈魂和精神，目標就是讓自己重生，重新恢復活力。如果只是試著逃避這個世界，逃避自己，絕望的感覺就會亦步亦趨跟著你。然而，如果真的是為了重生而隱退，將會感覺到與源頭結合的溫暖，也會出現新的目標感，即使這需要花上一點時間。

二、對自己解釋

這段期間，你正在轉變，當你從另一頭重新出現時，也會變得不一樣。你的視力可能是二點零，不過蟲繭還不夠透明，無論視線有多好，還是無法看到自己的下一步。現在對你而言最重要的事，就是感覺人生的道路，這可能引導你走到某個方向，或是某些地方、某些人或某些活動，而你也無法解釋。這是一個流動又無法預測的過程，所以如果能安於不知道的狀態，這段時間就會比較容易，也比較平靜。你越是試著量化、控制或定義自己——或定義自己當下的遭遇，那麼當情節在一個月內改變時，你只會覺得更沮喪、更愚蠢。身旁的人可能希望你能針對自己發生的事，給一些明確的定義，或是給他們一個期限，保證到時你就會「恢復正常」，因為他們不想再覺得什麼都不確定，比你還不想！遇到這種狀況時，你會覺得不得不給自己一個解釋，但在情況允許時，你必須對自己、對別人誠實，卸下「恢復」的壓力。你現在就在正常的軌道上，只是腳步還不夠堅定。

三、對抗浪潮

人們一講到「臣服」這個字，常會想到被擊敗，就像打仗輸了。不過，如果要讓推運月亮十二宮的週期變得很坎坷又困難，最快的方式是把它變成一場戰爭，讓自己開始對抗看不見的敵人。我們已經知道，這可能是一段失去的時光，你必須放下過去定義你和你的人生的東西。這些東西可能只是一種想法，但對你都不適用了。你越是試圖阻止自己改變，就可能更困惑、更沮喪。你會開始覺得失控，這是因為你太努力保持控制。這裡的智慧在於，認清你有一部分正在改變，許多人在還不明確知道接下來會發生什麼之前，都會對放手某件事感到焦慮，但正是認清這個動作，可以在此時讓你感到平靜。就十二宮的意義而言，這就是臣服的美麗，這個過程不是要你放下控制，而是要你完全跳脫控制的問題。在這裡的屈服，只是與自己合作。

相信這個過程，讓自己消融其中。然後就會發現自己不是在結束，而是正在開始。

第三部

能量整合

本命月亮、推運月亮的相位說明

An Illuminating Journey
Through the Signs & Houses

月亮與本命行星的相位

何謂相位？

相位是占星術語，指的是一個行星與另一個行星的關係。一個行星落入的星座和宮位，只能描述這個行星的特徵，但相位不只如此，相位還點出星盤中任何兩個行星如何建立連結。這會暫時把你帶回國中學的幾何學，但我向你保證，相對之下並不令人頭痛。我們要先知道，一個循環是三百六十度。你的本命星盤中每一個行星都有明確的角度。在一張星盤中，當兩個或兩個以上的行星與彼此形成特定的角度，像是四分相，就是九十度，或是三分相，一百二十度。當角度出現時，代表你有兩個部分是有關聯的，它們必須一起合作達成各自的目標。而這個相位的本質就能決定這些行星（你的這些部分）做到這件事的難易程度。

相位的詮釋：關鍵在於整合

通俗占星學裡，我們常認為某些相位是「好的」，像是三分相，其他的相位則是「壞的」，像是四分相。這是一種刻板印象，若是應用在現實生活的案例，就會有明顯的缺陷不足。詮釋相位有一種更有用、更正確的方法，這不是要看相位是好或壞，而是可以看出處理共同的能量時有多容易，或是多具挑戰性。「壞」的相位可能感覺不好，我當然不會假裝很好。但是我們的星盤會勾勒出我們的目的和最佳發展策略，而我們可以透過自由意志，決定如何在人生中演出這些能量。兩個行星產生連結，這只意謂著一個簡單的道理，我們需要透過發展這兩個部分的自我，認清這兩者如何互相教導。遇到最少抵抗的道路，或是我應該說覺知最少的道路，只會造成我們在通俗占星學看到的負面刻板印象。我們若是相信結果是好或壞，會嚴重傷害我們對人生的自主能力，也會嚴重影響我們做出決定，無法指引自己邁向正確的方向。

因此，與任何相位合作的關鍵，就是切記這是要整合自己的兩個或更多部分，有時最好的理解方式就是問自己：「行星X要教導行星Y哪件事？我如何融合它們的天生風格，創造出一種超越它們各自代表的結果？」

我們常會提到「舒適」相位，像是三分相和六分相。就整體而言，這反映了你的兩個部分會彼此互動，但我們通常不會發現，因為我們很自然會把它們的互動視為理所當然，認為每個人都具有同樣的能力。你的這兩個部分不會擋到彼此的路，反而會促進彼此的進程發展。舉例來說，火星代表意志力和行動，這可能協助代表溝通風格的水星，讓我們的聲音更有權威，更有力量，性格也更堅強。

四分相、對分相和五分相這些「困難」相位，則會反映出你的兩個部分在互動時的整體不協調。這有時是很明顯的，有時則是很隱微的。你的這兩個部分會擋住彼此的路，但它們這麼做的目的，是要你注意有些部分不順暢。兩個行星形成困難相位，代表你有兩個部分需要整合，才能帶出你最好的一面，它們如果各自運轉，常常會導致各自最糟糕的一面。例如火星與水星形成困難相位，你的挑戰就是沿著一條線走，讓你的腦袋和衝動可以互相合作，避免在毫無意義的發脾氣時管不住自己的嘴巴。當你一併留意這些能量時，將有助於疏導自己的欲望，讓欲望能通過思考的爬梳，帶來更平衡的反應。

合相可能代表挑戰，也可能代表輕鬆，這要看形成合相的行星而定，還有你是否能自然表達這些能量。舉例來說，火星與水星合相，可能反映出你有快速思考的能力，但也可能是說話太快或太具侵略性。對你而言，這兩種運作是不可切割的，但這可能是賜福，也可能是詛咒！你可以看到我們舉的每一個例子中，都把兩種概念結合在一起：你的意志力（火星）與你的聲音（水星）結合。主要的差異在於，若是要讓兩者以對自己有利的方式共同運作，到底是有多麼困難，或是多麼容易。

關於容許度

占星學中，容許度代表當一個行星與另一個行星形成準確的相位時，我們允許這個角度有多少餘裕空間。舉例來說，在你的星盤裡，火星如果非常靠近冥王星，但不是準確地壓在冥王星上，我們仍可能把它們視為合相。不過，到底是多近才算近？關於這一點，每位占星師的看法不一，但通常是零到八度。所以火星如果是天蠍座十二度，冥王星是天蠍座十六度，這就是有四度容許度的合相。

移動的相位

當推運月亮在你的星盤中運行時，它會與你本命的行星形成相位，就像你本命的行星也會彼此形成相位。這裡的差異在於，由於推運的月亮正在移動，所以它與你本命行星形成的連結只是暫時的。當你的推運月亮開始靠近你本命星盤中的某一個行星，足以形成一個相位時，我們可以說它正在靠近或趨近這個行星，然後它會達到高峰（準確的相位），再來會分開，遠離與這個本命行星之間的連結。

在一個人的一生中，正在趨近的相位（入相位）通常比正在分離的相位（出相位）更加強烈。這是因為兩個行星之間的趨近，代表一個人的生命中有某件事情正在建構中，就像是當你把腳放在一張地毯上磨蹭時產生的靜電。當一個相位趨近形成準確相位時，這股靜電就更有可能釋放在你的想法裡，或是你生活的事件中。當這兩個行星正在彼此分開時，能量正在放鬆，這可能是這個相位代表的問題已經過了高峰期，被免除了。當推運月亮與你某一個本命行星形成相位時，你通常會有三個月的期間，感受到這股能量的高峰狀態。

當你跟著月亮的腳步走，你的月亮如果與任何一個本命行星形成任何相位時，你就能更深入地理解你的情感需求，無論這是本命星盤裡的相位，或只是推運形成的暫時相位。你越了解自己基本的情感需求，當你在利用推運月亮的挑戰和禮物時，你就越清楚這些需求會如何演變，如何成長。現在先簡單介紹這些相位，幫助你了解它們的基本意義，之後可能會針對每個相位再另做著墨。

月亮與本命太陽的相位

太陽是任何人星盤中的主要玩家。它代表基本的自我，以及滲透整張星盤和其中所有行星的熱力。這是一種建立身分意識的過程：認識我們是什麼樣的人，還有不是什麼樣的人。要是說我們的腦袋和心是截然不同又獨立存在的部分，這種說法可能不對，但這也可能是對的，特別是在內心的衝突裡。當你的月亮與太陽連結時，你的心和腦袋並不如表面看來的分離。

當你在處理月亮與太陽的相位時，可能包括認識你生命力與健全感，如何與你的情感健康建立連結。你要認識你的基本特質中包括療癒者的原型，而當你的太陽與月亮形成困難相位時，你還必須認清——當你在連結兩種截然不同但又同樣強烈的內心歷程時，可能面臨哪些挑戰。

當你的推運月亮與本命太陽形成相位時，你正在經歷的情感轉變，可以讓你有更清楚的自我認同和健康的自我意識。你的推運月亮與太陽形成的困難相位，可能讓你覺得自己很笨拙或無法確定自己。你還可能覺得之前能幫助你的老習慣都有缺點了。不過如果是形成舒適相位，將能加強你對自我的感受。

月亮與本命水星的相位

水星代表我們的心智過程，像是我們如何思考和學習，還有各種形式的溝通。這代表我們的心智的運作方式、如何與人溝通自己的想法的渴望，以及從外面蒐集新資訊以滋養我們的心智。當水星與月亮產生連結時，你的挑戰就是整合你的心智過程及情感過程。你必須學習溝通自己的感受，像是創意性的詩或藝術的表達，透過清楚表達你的情感需求和經驗，揭露你對人們的感受。如此一來，你也能更澈底地覺察自己的情感歷程，這可以幫助你認識自己。

你在運用本命盤水星與月亮的相位時，過程包括認清你的直覺在經驗和觀察中扮演的角色；利用口頭或書寫的方式清除並貼近自己的感覺；學習用某種方式表達自己的情感，幫助自己被聽見、被理解；知道在什麼時候用什麼方式表達你的感受，什麼時候又不該這麼做；同時學習分辨你的感受和想法之間的差異，但仍承認你的心和腦袋必須合作。

當你的推運月亮跟本命水星形成相位時，你正在經歷的情感轉變，幫助你更看清自己既有的認知和意見。你可能遇到一些有關個人意見的問題，像是你為什麼要表達、如何表達，還有何時表達（或何時不表達）。推運月亮的困難相位代表對於自己的想法和想要說的話，你必須努力釐清其中的不確定或困惑，而舒適的相位則代表你很容易表達自己的想法。

月亮與本命金星的相位

金星代表聯繫的過程，無論這是與另一個人、某個物體或自身之外的經驗，像是當我們參與創造或愉悅的過程時，會有什麼樣的感受。金星代表我們渴望感受與某件事或某個人建立連結。當金星與月亮連結時，你會有一種基本的情感需求，希望在生活中建立一種和平與和諧的感受。

月亮與金星的星座與宮位都能幫助你找出最好的方式，這可能是激烈坦率地面對你親近的人，或者只是擁有一個可愛溫暖的家。人際關係的和諧和建立關係，能帶給你多少滿足感，必須考慮這兩個行星落入的宮位和星座。無論如何，你的幸福是來自於一種與某個人或某件事連結的基本需求。

你在運用本命月亮與金星的相位時，過程包括花很多時間由內到外美化你的家；需要確認你對別人的感受，這可能是健康或不健康的；渴望透過創造性的方式表達自己最深沉的情感；很難忍受缺少一段重要的關係；或是過度任由別人來決定你的自我價值。

當你的推運月亮與本命的金星形成相位時，你正在經歷的情感轉變，能幫助你更看清你在目前關係中的任何問題，或是與聯繫有關的整體問題，包括你的一些行為妨礙了你建立健全的關係，或是導致你孤立。困難相位可能會為目前的關係帶來衝突，因為你知道自己的一些成長，正在改變你與別人的連結方式。舒適相位可能會更凸顯你的關係可以如何支持你。

月亮與本命火星的相位

火星代表我們的欲望、我們如何追求欲望、我們的意志力，還有某種程度的力量。當你的本命火星與月亮連結時，你正在學習心的勇氣的功課。這種情感的勇氣不只是表達你的感受，同時也是探索你擁有情感需求和感受的基本權利，學習在侵略與被動之間找到一個對的位置。這兩個行星的宮位與星座可以告訴你，你必須用什麼方式確立甚至捍衛你的需求。你也正在學習如何擁有健康的衝突，特別是在你的個人和家庭生活中。

你在運用本命月亮與火星的相位時，過程包括採取真實的行動，獲得心裡想要的東西；認清能帶給你真實快樂的事物，而這與短暫的欲望是對立的；學習自由地感受和表達你正在感受的一切，不要受限於你是否值得這麼做；你到底是要在擁護自己的情感需求時，把自己的需求加諸在別人身上，或是讓別人把他們的需求強加在你身上，你要學習在這兩者之間取得個人的平衡。

當你的推運月亮與本命火星形成相位時，你正在經歷的情感轉變，會讓你更認識一系列的問題，從讓你害怕的事情，像是如何處理衝突，到你如何追求想要（或不想要的）的東西。困難相位意謂著，你試圖釐清如何帶著力量前進時會有挫折或無力感，舒適相位則會讓你充滿生氣，引出你的激情和熱忱。

月亮與本命木星的相位

木星代表我們渴望發揮自己的潛力，透過接受機會甚至是冒險，促進個人的成長。這也代表我們邁向內心和生活過程的信念之旅，沿路將有意料之外的發展和令人興奮的可能性。無論你的木星和月亮形成困難或互相幫襯的相位，你都會充滿樂觀的態度，因為當你覺得可以找到某種可能性時，你就會更快樂。月亮與木星連結的本質，就是提醒你，當你渴望摘下天上的星星時，腳踏實地是多麼困難的一件事。

你在運用本命月亮與木星的相位時，過程包括認識正面態度的真實力量；願意在沒有保證的情況下勇於嘗試；應付誇大的情感反應；學習什麼是足夠；認清信心在什麼時候變成過度樂觀；學習分辨信念在什麼時候變成自負的確信。

當你的推運月亮與本命木星形成相位時，你正在經歷的情感轉變，會讓你更深入看清楚，如果你相信人生，對自己有足夠的信心嘗試某件事，你的人生會有什麼樣的際遇。如果是困難相位，你很難理解自己什麼時候是眼睛大胃口小，換句話說，你很難理解在什麼時候會很容易天真地追求一些東西，你以為非常想要這些東西，但並不盡然。舒適相位可能會讓你更容易控制自己的熱情，追求目標！

月亮與本命土星的相位

土星代表透過承諾和努力，培養自我紀律和自尊的過程。土星就像是一個接觸點，一邊是我們想要的或夢想的東西，另一邊則是實際地讓這些東西化為形式，這也是把願望化為現實的接觸點。當土星與月亮連結時，這與感受或確定你的情感比較無關，而是更上層樓，問問自己：針對你的感受，你必須做到什麼？這個過程甚至與你的感受無關。即使土星與月亮的星座帶有比較自然坦率的風格，你天生的本能就是控制自己，不要失控或感情用事，不會在任何情況下忽略現實考量。這裡的關鍵不是壓抑你的感受，而是為這種感受、你針對這種感受採取的行動負責。

當你在運用本命月亮與土星的相位時，過程包括學習允許自己正視情感這件事，不要強迫自己把情感合理化，不要不把情感當一回事，認為這是沒有意義的。你還要了解只是渴望或怨嘆某件事，不會造成任何不同。你必須在限制之內努力，即使有時是在限制的邊緣努力，不要覺得自己是受到環境和某個人的迫害，導致一切看似毫無希望。要為自己想要的東西負責，為自己願意努力的事情負責，而這可以帶來健康的自我權威感。

當你的推運月亮與本命土星形成相位，你正在經歷的情感轉變，可以讓你更清楚看到，當你想要達成一件事，當你只要持續就能做到一件事，到底是什麼阻礙了你。困難相位代表你更難保持信心，而你會小心翼翼。不過，不要在真正嘗試之前就說服自己一切毫無希望。舒適相位會讓你覺得更容易下定決心，但不要把這視為理所當然！

月亮與本命天王星的相位

天王星代表我們通往個人性和捍衛自己的道路，這是根據我們發自內心深處的真理，而不是國家、文化、家庭和朋友對我們的期望。當你的天王星與月亮產生連結時，你會發現你對事情的本能情緒反應與別人不同，或是不同於「正常」人對任何情境的反應。即使其中有水象星座的元素，這通常會強化同理心的特質。月亮和天王星的連結，就像是你的心有一層薄薄的隔離，讓你有時可以抽離令人無法負荷的感情需求。這種呼吸的空間可以讓你確立自己的需求，不用顧慮別人認為你應該需要或想要什麼。

無論天王星和月亮落在哪一個星座或宮位，月亮天生就想要滋養、感受和連結，而天王星天生就想要獨立而行，感受自由。所以當你在運用天王星與月亮的相位時，必須學習在接受或付出愛的同時，避免因為滋養造成過度依賴，也要學習如何分辨真實的欲望和自然反應的差異，後者可能導致毫無方向、造反的行為。天王星的相位都有某種程度的不確定性。你可能說風就是雨地來場情緒小爆發，快到連你自己都跟不上。

當你的推運月亮與本命天王星形成相位時，你在經歷的情感轉變，會讓你更仔細地觀察你是否活出了自己的人生，過自己想要的日子。困難相位會勾起你的抗拒感，或讓你思考自己的權利，這可能正好是你需要的，但你也可能會毫無意義地亂發脾氣，招致他人攻擊。舒適相位代表你會一直把部分的自我長時間地擱在一旁，不去碰觸。

月亮與本命海王星的相位

海王星代表我們與神性的連結，無論我們把神性定義為更高層的自我、神明或宇宙本身。這代表我們在體驗一些生命事件時，最容易讓我們進入超然的狀態。當你的月亮與海王星連結時，會凸顯你的同理心和情緒的敏感度。通俗占星學通常把有這個相位的人稱為「靈媒」，但是這個字可能會令人誤解。超自然的能力不是讀一個人的心或預測未來的能力，而是某種程度的覺察能力。這存在於邏輯和可以驗證的世界之外，所有人都擁有這種能力。你渴望體驗神性，體驗一種純淨的愛，這可能很難從這個世界中得到，但你會發現自己天生就很容易在所有狀況和人們身上看到這種神性。

當你在運用月亮與海王星的相位時，過程會包括臣服、信念和相信更高層力量（無論你把這稱為神、本源、宇宙或任何其他名字）；當你帶著敞開的心在世間遊走時，要適當地保護自己；當你的情感期待和現實狀況產生衝突時，學習處理幻滅的問題，無論是在生活、工作或關係中。

當你的推運月亮與本命海王星形成相位時，你正在經歷的情感轉變會讓你更深入了解，你的眼光需要超越周遭環境，同時發現超越這個世界能夠給予的啟發和目的。困難相位可能讓你更容易陷入無力感，不過與受害者心態相反的臣服態度，可以減輕你的挫折感。如果是舒適相位，你更容易運用現在試圖接受的啟發。不過無論是哪一種相位，你都要學習放手，允許自己接受指引。

月亮與本命冥王星的相位

冥王星代表管理雙重欲望：渴望聽見、理解並接受一種令自己害怕的真相，同時又渴望能逃離它、埋藏它，保護自己對抗它。我們會跳過所有潛意識情感的圈套，避免面對自己的恐懼，但是我們如果堅持這麼做，就會錯過了在這個領域中收割成果。當我們能放開自己，勇敢面對時，我們就能把為了逃離恐懼耗費的情感能量，全力傾注在一些能給予我們最深層的目的感、啟發我們奉獻的事物上面。

本命冥王星與月亮的相位，可能與滋養和信任的議題特別有關，無論這是因為童年早期沒有獲得需要的滋養時造成的傷口，或是重度背叛在心裡留下的傷痕。冥王星象徵我們內心一種沒有盡頭的需求，月亮則代表我們能獲得安全感的事物，所以這個相位意謂著對身體和情感的安全感，有一種永無止盡的恐懼。當我們要運用本命盤中的冥王星時，一定必須在某種程度上面對自己的恐懼，允許自己被過程轉化。我們必須看月亮和冥王星的宮位和星座，才能判斷恐懼的本質及周遭環境，這也能看出恐懼出現及擺脫恐懼的方式。

當你的推運月亮與冥王星形成相位時，你正在經歷的情感轉變，可以幫助你看得更清楚，知道你必須在哪些生命領域裡——努力放下自我破壞和出自恐懼的行為，而你目前已經到了一個情感階段，準備好這麼做。困難相位可能會像是把你推進最深的恐懼裡，舒適相位則會讓你比較容易覺得是自己的選擇。兩種情況都需要召喚你的勇氣，還有你對自己、自己真實的恐懼和動機的覺察力。你已經準備好了，比你自認為地更有能力去面對這件事。

月亮與上升點（以及下降點）的相位

上升點與下降點代表你的本命盤中一宮與七宮的起點，也代表自我與關係的範疇、你天生的觀點與風格，以及你對待生命中重要人士的觀點與風格。這兩個宮位處理的是關係中的健康平衡，同時也要符合你的個人需求，對你自己的生活保持理性判斷。

因為上升點和下降點就像一條軸線，而不是跟行星一樣的獨立的點，所以它們與月亮的相位就會涉及這兩個生命領域。當你的本命月亮在這些生命領域扮演重要角色時，你的幸福無疑是來自於在自己與別人之間建立對的平衡，同時針對你對關係的渴望，以及你對個人計畫的風格和權利，在這兩者之間取得平衡。

當你的推運月亮與這個軸線形成相位時，你正在經歷的情感轉變，可以幫助你更仔細衡量——到底是要過自己的日子，付出的代價就是你生命中的重要關係；還是要妥協太多，以換得關係的和諧；這個相位可以幫助你學習如何在兩者之間取得平衡。如果有任何失衡，你現在的感覺就能凸顯可以用來糾正失衡的工具。困難相位可能把衝突搬上檯面，強迫你必須在某個時刻處理這些問題，舒適相位可能比較像是邀請你做一些預防性的維護。

月亮與天頂（以及天底）的相位

天頂與天底代表你本命盤十宮與四宮的起點，也代表你最私人的面貌和環境，以及公開自我之間的範疇。四宮通常代表你的內在生活，包括你的居家和家庭安排，而十宮代表你的事業。我們已經在第一部和第二部詳盡地討論過四宮與十宮的簡單定義，這也代表一條軸線，涉及的生命領域包括你的內在，以及你如何將內在轉化成對外扮演的角色，重點就是如何在這兩者之間取得平衡。成功的轉化，代表你的外在角色能反映出你內心的真實欲望，這些角色能維持並滋養你的內在生活。

因為天頂和天底就像一條軸線，而不是跟行星一樣的獨立的點，所以它們與月亮的相位就會涉及這兩個生命領域。當你的本命月亮在這些生命領域扮演重要角色時，強調的是當你走在這兩個領域的道路上時，你必須在做任何決定時重視情感的覺察力。這也強調了幸福與安全感是你在這兩個領域中成功的關鍵因素，同時決定了你對這兩個領域的滿意度。當你在選擇事業的道路時，要選擇一個你喜歡的方向，勝過於只考慮金錢，這是特別重要的。具有強烈滋養和情感元素的事業，也極可能帶來最豐富的回報。

當你的推運月亮與這條軸線形成相位時，你正在經歷的情感轉變，可以幫助你更清楚在這世界扮演的角色，是否能反映你自己在意的東西，是否能滋養你的心。困難相位可能就是你必須犧牲很多你已經為自己爭取到的東西，才能讓這兩個領域達成和諧。舒適相位則讓你有機會在目前的處境中，獲得更多的好處。

月亮與月亮北交點（以及南交點）的相位

月亮北交點（以下簡稱北交點）和月亮南交點（以下簡稱南交點）[16]也是一條軸線，代表經驗的範疇。北交點代表你這一世必須學習的行為與經驗，南交點則是你必須遠離但又不能完全脫離的行為與經驗。人生早期或過去世的經驗，會塑造我們對人生、自己和別人的觀點，而我們會很自然地根據這些經驗形成無意識的期望。南交點代表我們生活中重複的模式，以及似乎總會立即恢復的習慣，這當然包括了其中的天賦。但我們試圖接納的是北交點，這有點像是當我們活出星盤時，不由自主被吸引的操縱方向。

當我們在展現月亮與月交點的相位時，意謂著在更全面的業力發展和靈性成長中，你的情感意識及發展扮演重要角色。不過這個相位的根本意義還不僅於此。舉例來說，月亮與南交點形成對分相，就等於與北交點形成合相，這代表你的月亮面向的發展、你的直覺、感覺和同理心，將會經歷最激烈的靈性成長，但也是很值得的。然而，當月亮與北交點形成對分相，就等於與南交點形成合相，這不代表你必須拋下感覺和直覺，但你為了成長，必須改掉一些情感方面的習慣。南北月交點與月亮形成三分相和六分相，代表你比較容易與月亮的面向成為盟友，在通往靈性成長的道路上一起攜手前進，但如果是形成四分相和對分相，代表你必須與自己的情感本能角力，以靈性發展的巨大計畫為前提，用更健康的方式表達情感。

當你的推運月亮與你本命的月交點軸線形成相位，你正在經歷的情感轉變可以幫助你看得更清楚，你依賴的基本行為和信念如何阻礙了你的成長。困難相位有時會帶來困惑，還有十分糾結的思考過程，因為你可能正在處理人生發展的階段。可能想要跌回自己的舒適圈，忽略全新但也陌生的可能性。舒適相位代表你更容易回到舒適圈或繼續往前，這必須視相位的本質而定。兩種情形都會對你構成挑戰，要求你為了成長，必須信任人生，遠離生活中停滯不前卻又很熟悉的模式。

⑯ 當我們用心理及（或）靈性的角度來詮釋星盤時，北交點和南交點是最重要的點，這也是演化占星學星盤分析的基礎。如果想進一步了解南北月交點，請參考「參考資料的建議閱讀」部分。

與自己和睦相處：本命和推運月亮的循環

我們對天文學的理解是由循環構成的。這裡有地球一天二十四小時的循環，有月亮繞著地球運轉的二十八天的循環，還有兩分點歲差（precession of the equinoxes）的兩萬六千年的循環。占星學的意義就反映在天文循環上。我們在第二部曾經稍微介紹過宮位的循環，介紹十二宮如何衍生出一宮，還有整個循環如何繼續更新重生。

這裡還有一個循環是所有行星（包括月亮）都同時參與的。我曾經提過，考慮基本情感需求之間的關係非常重要，這是本命月亮的重點，而你演化中的情感需求，則是透過推運月亮來展現。這兩者的關係可以回溯自推運月亮本身的循環。當推運月亮繞著我們的本命盤運行時，會與本命的月亮形成相位，最終回到你出生時的月亮位置，也就是本命月亮的位置。推運月亮從起始點前進，它會隨著成長的道路越來越寬廣，隨著情況開始逐漸成形，開始累積能量，直到它抵達本身循環的最遠點[17]。在這個地方，它與本命月亮象徵的起始點離得最遠。之後當我們開始朝著決心和沉思前進，開始理解在這個循環前半段發展的情況，我們投入的能量會開始轉移重心。整個循環會推運月亮回到本命月亮的位置，也就是合相時達到高峰，我們重新回到家裡，重新評估狀況，然後再次踏上情感之旅的全新循環。

這會形成一種韻律，有點像是扔回力棒。當你扔出一根回力棒，它會飛回來你身旁，飛回的路線不會跟你丟出去的完全吻合，有點類似一個弧形。當你的推運月亮、你的心沿著設定的路線前進時，有時當你嘗試新的感覺和經驗時，你會覺得超出範圍，覺得離自己的舒適圈最遠，有時當你覺得你已經在終點打轉，再次回到原點時，又覺得再一次被拉回核心檢視自己，但有些東西已經有些進化，與初衷截然不同。這個過程需要二十八年才能完成一個循環，所以每個人會在同樣的年齡體驗到推運月亮回到本命盤的位置。每個人的起始點可能不同，但都會每隔二十八年駛回原本的港口。

全星座相位

什麼是全星座相位（whole sign aspect）？通常一個相位，例如對分相，是一個行星與另一個行星距離一百八十度，任何一邊可以允許幾度的容許度。不過要認清一個特定星座的能量，可能會與其他星座產生某種衝突或和諧，這是很重要的理解。舉例來說，牡羊座和天秤座永遠處於對立的位置，所以當一個行星在牡羊座時，另一個行星在天秤座，這兩個行星的風格可能彼此衝突，彼此對立相反，即使它們並沒有形成準確的一百八十度。

這就是所謂的全星座相位，無論在任何時候，當我們在討論你的推運月亮與本命月亮的關係

⑰ 譯註：此時就是本命月亮與推運月亮形成對分相。

時，這是很有用的。當你的推運月亮只差一度或兩度就要與本命月亮形成準確相位時，你現在的情感焦點（你的推運月亮）和你的基本情感需求（你的本命月亮）之間的衝突或合作程度會變得更強烈。不過在整個推運循環中，當推運月亮通過任何宮位和星座時，當我們將它與你的本命月亮的位置做比較時，最通用的準則就是——判斷整合推運月亮和本命月亮的過程到底是容易還是困難。

利用相位指南

接下來的介紹將會對你很有幫助，你會學習——在任何時候，根據你的推運月亮與本命月亮的關係，將你的推運月亮的需求，整合融入你天生的風格和基本的情感需求。我們會按照所有人經歷的順序來介紹相位，從六分相開始到合相結束，然後再次展開這個過程。希望這個部分能在介紹本命和推運月亮的星座及宮位之餘，提供你更多的洞見和策略，幫助你應付目前的經驗。不用多說，至此你應該知道最重要的是——根據你的本命盤中月亮的星座及宮位，考慮你的基本的月亮需求，然後利用推運月亮的位置，以及推運月亮目前與你的本命月亮形成的相位（如果有的話），把這當成另一層的經驗，而你正在把這一層的經驗融入你的基本需求中。

六分相：只見眼前

關係：無論從哪一邊計算，當推運月亮與本命月亮距離相差六十度。

重點：一股新能量會為現況注入新鮮感和刺激，但又不會過於不同，讓你覺得這很嚇人或太過困難。

無論你的本命月亮落在什麼位置，當你的推運月亮與它形成六分相時，你正在體驗一股欲望，想要朝著令人雀躍、全新的方向成長，但又不會差異過大，讓你覺得是被人催促或受到壓力才這麼做。你這種想要做點什麼的念頭，會從你的舒適圈岔出支線，感覺它正在向你招手，邀請你嘗試一些事物，與你原本習慣的略微不同。當我們歷經與我們習慣截然不同的推運週期時，我們會成長，但我們也會花很多力氣和自己抗爭。這裡的不同只會讓你覺得興奮，但不可能讓你精疲力盡。

試想本命月亮金牛座的人，正在經歷推運月亮巨蟹座的週期。這種人崇尚的舒適圈，就是個人的平靜和內心狀態的穩定，他們此時常想向外展現這些特質，特別是在他們的居家生活。巨蟹座能量與月亮金牛座有一些共同點，例如都很渴望安全感，而穩定的居家生活通常能帶來這種感受。巨蟹座可以溫柔地教導金牛座，如何更深入自己的情感面，這有時可能有些動盪不安，但其中也藏著想像力和真實的自我理解。金牛座很容易變得更停滯不前、更抗拒，但巨蟹座渴望同時有能力進入個人情感的波動之中。這可以幫助金牛座更加意識到——必須把生命經驗整合融入自己的心中，避免變得無動於衷。

四分相：面對大海

關係：無論從哪一邊計算，當推運月亮與本命月亮距離相差九十度。
重點：用一種快速有時不太舒服的速度體驗成長時，就會產生緊張。

四分相常會帶來成長的痛苦。當你的推運月亮與本命月亮形成四分相時，你可能覺得遠離了你的舒適圈，甚至覺得你在某些方面必須與自己抗爭。你可能渴望參與一些推運月亮鼓勵你投入的新經驗，但是本命月亮代表你覺得最舒適、最安全的地方。這就像一對兄妹在車後座爭吵，你的兩個截然不同的自我正在試圖理解，如何和平相處。你的推運月亮的星座和宮位，可以教導你本命月亮一些東西。當推運月亮與本命月亮形成四分相時，你可能不斷覺得有一種隱晦的耗損，常常需要紓解因為一直脫離舒適圈造成的隱藏壓力。

讓我們試想本命月亮八宮處女座的人的推運月亮，正通過十一宮的射手座。首先必須知道月亮處女座八宮的需求。簡單地說，處女座的能量是透過局限和指引來獲得進步及成長。月亮處女座的人，最舒適的狀態就是覺得自己的周圍有界線，不至於覺得受到阻撓，但又足以讓他們覺得自己能期待什麼，也很清楚規則。了解規則有助於他們設定目標，然後獲得成功。但是，射手座是要自由探索，邊走邊看著辦。在推運月亮射手座的週期，月亮處女座的人正被邀請揮舞射手座的雙翅，延伸並擴展自己，這意謂著離開日常的規律，放下計畫和一些控制，嘗試新事物。射手座可以教導處女座帶著信念前進，而非只有計畫，同時對結果保持彈性。

就廣泛的應用來看，在這個例子中，我們看到土元素的月亮正在經歷火元素的推運週期：有一個人比較自在，願意接受限制，還有自然法則的現實、規則和物質社會的界線，如今卻陷入一陣大爆發中，催促他們突破這些令人信服的限制，進入創造性的擴張和可能性之中。這個形容可以應用在所有土象和火象的四分相。

本命月亮在八宮的人比較傾向內心生活。這些人在私人的角落時比較自在，因為他們不會分心，不會曝光，可以沉浸在自己的世界裡。十一宮的推運月亮會鼓勵一個人走出來面對公眾，進入群體，同時學習從周遭的人身上獲得支持會有什麼樣的好處，也在學習他們有某些東西可以對別人付出。雖然這麼做會獲得回報，但是對月亮在八宮的人而言，並不是自然的狀態，其中還會帶有一些緊張。

三分相：順利航行

關係：無論從哪一邊計算，當推運月亮與本命月亮距離相差一百二十度。

重點：這是一段情感溫和成長的時期，邀請我們運用自己的天生本能，讓本能稍微延伸一下，變得更完整圓滿。

經歷過四分相的緊張後，三分相可以為你帶來你非常需要的紓解壓力。你在情感的演化上已經瀕臨一個關鍵點，現在更能與自己的本能及舒適圈和平相處。此時當你延伸進入一個新領域時，比較像是小睡片刻後伸一個很舒服的懶腰，而不是伸展一下就抽筋！當你面臨四分相的壓力時，感覺像是內心受到挑戰和驅策，但是現在你沒有被推著走，你可以從比較平靜的立足點來決定要往哪個方向前進。

三分相通常是根據兩個星座和宮位的連結，兩者具有共同的元素。火象星座的行動都帶有一種他們覺得很自在的坦率和自然，水象星座則會發現一些能回歸內心世界的活動，最能讓他們放鬆，感受到支持，而且正是透過他們在前一個推運週期時渴望的方式。舉例來說，本命月亮天秤座在十一宮的人，如果正在經歷推運月亮在七宮的寶瓶座，他們可以利用天生的本能去蒐集資料，與別人分享自己的意見；這可能是很愉快的經驗，因為這就像是他們本命月亮的第二天性。十一宮天秤座的月亮可以運用他們平常的社交和心智本能，只是目標有些不同。他們的目標不該是滿足自己想要在群體裡創造和諧的天生欲望，這有時要付出的代價就是必須放鬆，展現自己部分的真實本性，而且是要鎖定七宮寶瓶座的目標，鼓勵自己用更真實的方式，與一個能信任的人溝通，稍微冒險，揭露自己的真面目。

五分相：迷失在大海裡

關係：無論從哪一邊計算，當推運月亮與本命月亮距離相差一百五十度。

重點：非常不尋常的情感成長階段，可能會帶來隱微的困惑和彆扭。

人生不可能無縫接軌，永遠美好。對你而言，推運月亮三分相的週期是很自然的能量，你會很珍惜這種感受，直到這種感受開始退燒，你會越來越覺得人生的情感暗潮之中，有某種東西被「關上了」。四分相會帶來明顯的衝突，五分相隱含的意義，則是當你試圖把正在發展的情緒需求，融入目前的生活中時，你會有種迷惘、困惑和彆扭，覺得目前的演化需求，讓你脫離日常生活的和諧和自然的流動，但是這種延伸可以幫助你理解並喚起自己尚未發展的部分，吸引你注意一些需要更多整合的生命領域。

就占星學的角度而言，我們可以理解五分相的彆扭，因為你的推運月亮和本命月亮的星座及宮位，並不屬於共同的元素、特質或雙重性。這兩股能量之間沒有明顯的共同基礎，它們可能表現在你的兩種不同面向，其中一面正在成長，另一面則是現況，而你找不到方法調和它們。舉例來說，月亮雙子座在七宮的人，對於在生活中來回分享情感經驗的能量，還有與伴侶討論想法，天生就覺得很自在。但是當他們的推運月亮經過十二宮的摩羯座時，他們的情感需求會要求更深入探索私人、內在的領域，這是不容易進入的，也很難用言語分享他們的感受和經驗。當他們嘗試融入摩羯座十二宮的能量時，會有一種情感的渴望，希望變得更像一位隱士，學習自我指引，更仰賴自己去面對人生。這可能讓他們的情感生活的節奏變得很彆扭，因為沒有明顯的方式可以整合這兩種經驗，他們內心可能會產生一種「分離人生」的感受，就像自己的兩個生活領域互相隔離。他們如果能學習向伴侶說出自己此時的體驗，也許可以釐清雙方的需求，不過這需要不斷地調整才能整合，其中也會有些彆扭。

對分相：對抗暴風雨

關係：無論從哪一邊計算，當推運月亮與本命月亮距離相差一百八十度。

重點：這段情感成長的時期，常會透過對抗或外在的經驗學習，這些可以帶來平衡所需的另類觀點。

當你到了距離自己舒適圈最遠的地方時，可能再次出現延伸的感受，就像在四分相的時期。不過，對分相常會製造一種內心的衝突，你可能會覺得在兩種本能之間不斷來回地跑：你會跳向新的傾向，然後又回到習慣的感受與反應裡。這時會出現內心的拔河，你會感覺被兩邊拉扯，而當你忽略其中一種渴望，忽略你的另一面時，沒有任何方法能長期適用，讓你獲得永久的滿足。

我們在生活中的內心衝突，有時會以外界阻礙的形式出現，必須不斷對抗環境，可能是與一個風格和目的截然不同的人，或是必須去克服一種障礙。如果沒有任何特別的東西擋住你的路，此時可能出現另一種可能性，讓你覺得你想要的東西非常遙遠，這也許只是看起來很遙遠，而你可能出現一種執著，想要擁有你認為你得不到的東西。

當我們把自以為沒有或不想擁有的所有特質，投射到另一個人身上或另一種情境中，我們就看不到另一種觀點。此時我們很容易對抗一個人或一種障礙。這通常是一種謙卑的經驗，因為我們必須找一種方式認清現在渴望的東西，也許正是我們之前批評的某種經驗。如果想要釋放這種緊張，或是臣服於這個推運週期要教導我們的事，就必須放下製造對立或障礙的批評。

舉例來說，本命月亮在五宮牡羊座的人，極有潛力發展一種情感風格，可以自在坦率地表現自己，不會為自己的作風道歉，也不會假裝想要討好別人。不過他們也可能讓這種情感本能表現得太過頭，總是要掌控周遭的一切，沒有體諒別人的情感需求和風格，替別人留一點空間。當這些人經歷推運月亮在十一宮的天秤座時，他們會面臨挑戰，必須擴張覺察力去接納體諒別人的想法、需求和貢獻，同時要意識到對群體有利的互助夥伴關係及態度，現在也能帶給他們滋養。月亮五宮牡羊座的人，必須盡可能地擴張覺察力，在十一宮的環境中，融入天秤座合作、策略和內心的方法，就像一種團隊合作或一個社團計畫。

此外，因為他們正在體驗對立的能量，所以可能會吸引一些人進入自己的生活中，與對方角力，這些人的意見和風格與他們迥然不同，就像有天秤座特質的人（這也許呈現在他們的星盤中，或者只是象徵意義）。這可能會讓月亮牡羊座的人很挫折，因為他們發現自己吸引來的人，似乎說話拐彎抹角、缺乏勇氣。牡羊座的人，如果想要體驗現在渴望的十一宮天秤座的能量，雖然一切都很陌生，但必須學會如何不再認為天秤座的人很軟弱或惱人，同時要在相反的觀點中找到價值，唯有如此才能放下批判，允許自己經歷天秤座族群能教導他們的經驗。當然，這不是要求他們放棄牡羊座的天生特質，而是要他們在脫離這段週期時，能更珍惜另一個面向教導自己的事。

合相（推運月亮回歸）：家的港口

關係：當推運月亮回到本命月亮的位置。

重點：記住自己，同時認清無論遇到任何生命經驗，你都必須實現的、隱藏在底下的基本需求。

當月亮回到你出生時的宮位及星座時，這代表自我評估的時間到了。你當然很熟悉這股能量，畢竟你一輩子都是這麼過的，你當然非常習慣。我們常認為熟悉是一件好事，可以帶來舒適和輕鬆。不過在英文裡，熟悉（familiarity）這個字和家庭（family）有同樣的字根，所以我也可以說熟悉這件事的概念，就像我們的家庭一樣，有時會讓我們非常地不舒服。在這段時間，你的幸福或舒適，其實要看你從這個循環開始——過去這二十八年做了什麼。你喜歡自己變成的樣子嗎？你喜歡所做的選擇嗎？或是最起碼的，你在現在的人生中找到自己了嗎？如果沒有，當你在與失落或不開心的感覺搏鬥時，你會非常不自在。即使現在對自己很滿意，每個人的內心都有好幾種可能性，但不可能每一種都嘗試。當你思考自己到底是什麼樣的人時，你會開始意識到所有的道路，也會開始思考哪一條路曾經走過，哪一條路沒有嘗試過。

無論你是滿意還是焦躁不安，在這段時間，你會想起你想要什麼，無論是有意識地想起，或是在情感的暗潮中想到這件事。如果能樂在其中的話，這段時間其實很適合追憶往事，甚至是回想童年。不妨想一些總是能讓你快樂的事，你可能會把這些事當成嗜好，或是長大後不斷重複回頭做這些事。這段時間也很適合特別留意你的夢，無論是醒著的夢或睡著的夢，看看這些日子心裡在想些什麼。

這些概念只是要把你正在經歷的情感經驗帶上檯面，這段時間，即使你不太能進入沉思，還是會有些東西冒出頭緒。當有事情冒出來時，你當然能獲得平靜的感受，希望這還能帶來清晰的方向。不過，我們討論的是月亮，是我們的心，所以你在這段時間的任務，不必是擬定好未來五年的計畫，你也不需要知道自己想要如何面對人生。但你可能覺得更困惑，更不知道自己想要什麼，這是絕對可能發生的情形。困惑可能不好玩，但這是有用的訊息。困惑就像不快樂一樣，都是因為你的心想要的無法與目前的人生方向達成一致。

現在的任務主要是記住自己。需要讓自己的感覺浮上檯面，確定它，注意它，因為你現在有機會發展一種覺察力，找到令自己最快樂的事。你在生命中是否需要某些東西，而你再也沒有辦法否認這件事，或是需要替這些東西挪出一些空間？從現在開始，在未來二十八年，當你做出人生選擇時，你會帶著對自己的理解向前走，如果不是真正了解或承認自己的心想要什麼，你很有可能選錯方向，走錯路。

月亮在五宮雙魚座的人，可能會重新發現他們的藝術。月亮在十一宮巨蟹座的人，可能決定現在該嚴肅地看待，成立一個社區活動中心的夢想。月亮在七宮天蠍座的人，可能會擺脫一段關係的束縛，因為他們終於了解這段關係無法用他們需要的深入方式，全面地對待他們，支持他們。你現在的功課就是回家，與你無法否認的情感需求和解，讓你的人生再次屬於你。

預習：土星回歸的先決條件

推運月亮回歸除了回到原點，還具有另一層特別意義，因為它與土星回歸有關。月亮回歸時，行運的土星也正好回到土星在本命盤的位置。土星代表我們通往成熟、成就、自律和自尊的道路，這大部分是透過努力工作，以及把挫敗或限制變成動力的能力。土星第一次回歸發生在二十九歲至三十歲之間。當然針對土星回歸，還有很多更完整的介紹，不過它的基本概念就是意謂著我們會在這段時間，覺得需要「嚴肅一點」，需要在生命中許下承諾，做一些有意義的事情或選擇。在這個時候，我們即將進入三十歲，常會感受到必須「成長」的社會壓力，但也會有一種內在的渴望，想要展開自己的「偉大工作」，為我們的人生打下真實的基礎。

推運月亮第一次回歸會比土星回歸早一至兩年，這並非巧合。這兩個回歸注定是要一起努力：月亮會為我們在土星回歸時做出的選擇和承諾奠定基礎。無論你的本命土星是什麼星座，土星都代表嚴峻的現實和實際的結果。土星回歸可以帶來現實感，讓你面對你在這個生命領域中、透過努力工作獲得的成果，或是根本沒有成果，你只是看到自己停滯不前，因為你只是不停抱怨自己的限制，而不是努力突破限制，或與限制妥協。你在土星回歸時，必須對一個目標採取實際行動。現在你要停止許願或等待，你要做、你要計畫，還要投入其中。但你怎麼知道你想要投入什麼事？你怎麼知道要設定什麼目標？這就是為何月亮回歸如此重要，因為這段時間可以提醒你，你喜歡什麼，你想要什麼，什麼對你而言最重要。在這段時間，你要特別注意你渴望的事物，還有你的白日夢，嚴肅地看待它們。這些都是重要的線索，可以引導你邁向你這一生最偉大的成就，無論這是你愛的家庭、一份有成就感的事業，或者只是某一種個人成就。

月亮第二次回歸會比土星第二次回歸提早約三至四年，這又是一段自我評估的時間，讓你為接下來的二、三十年和你現在想要走的方向做好準備。第二次土星回歸等於是認清你極可能進入人生最後的三分之一階段，所以你可能會思考想要留下的東西，思考有什麼樣的選擇，可以繼續過著一個充實的人生，同時再次認清，生命就是一連串的自然限制。

第四部

範例解讀

兩個案例的推運月亮生命筆記

An Illuminating Journey
Through the Signs & Houses

無論你的推運月亮現在正經過什麼星座和宮位，這都只是更大週期裡的一小環。這就像故事的每一章都是以前一章為基礎，才能創作出整本書。當你透過完整的推運月亮週期（二十八年）來追蹤一個人的一生，可以幫助你用比較深入的觀點，以長遠的眼光看待這個人的一生。接下來的例子不是某位名人的一生，他們是我採訪的真實個案。我很深入了解他們在每個推運週期的情感經驗的基礎，還有每個週期發生的重大生命事件。因為同樣的事件對每個人會有不同的情感影響，他們盡可能地告訴我，在他們的一生中展開行動背後的情感動機，還有外在的事件如何推動或反映了內心的情感演化。這個部分不是提供完整的人生經歷，而是要用真實的例子來印證這本書的理論，證明生命會有一些強烈的方式，透過經驗讓我們打開心房，暢所欲言，而有時只是讓我們私密的欲望從內心浮現，促成更美好的事情發生。

當我們（還有接下來的個案）遇到其他行星的強力推進時，推運月亮會展現象徵內心渴望的暗潮流動，同時提供了因果脈絡，證明每一個人生命中的事件都絕非巧合。其他的行運和星座事件可以觸動一些可能性，但是推運月亮可以反映出我們回應這些事的暗中意涵。為了證明這些元素如何整合在一起，這些事件如何反映目前的推運週期，我會有一些註記，以凸顯一個偶然的重要行運，會如何與每個月亮推運週期的主題趨於一致。如果你很迷惑，不知道每一個週期的事件和經驗，和當時推運月亮的星座和宮位有什麼關係，可以參考推運月亮的介紹，或是檢視你的本命星盤，釐清迷惑。

你會發現每一個人在描述個人經驗時，特別是第一個例子，都是越老講得越詳細。這顯然是因為他們有能力記得更多過去的事，也是因為他們能認清或定義覺察力的情感狀態。非常建議你替自己創造一份生命筆記，追溯你在每一個週期的情感流動。這將極具啟發性！

A男 第一次月亮週期

天秤座十一宮，五個月到兩歲

長子，家裡有六個孩子。在這段期間，第一位手足誕生。

天蠍座十二宮，兩歲至四歲

搬家過幾次，強烈感覺失控，四處流落。

天蠍座一宮，四至五歲

開始外向，欺負弟妹。在測試四周的環境時，會嘗試說謊，偷偷摸摸。

射手座一宮，五至六歲

開始上學。會說些荒誕不經的故事，以避免麻煩，同時贏得讚美。非常具有競爭性，非常自我中心。

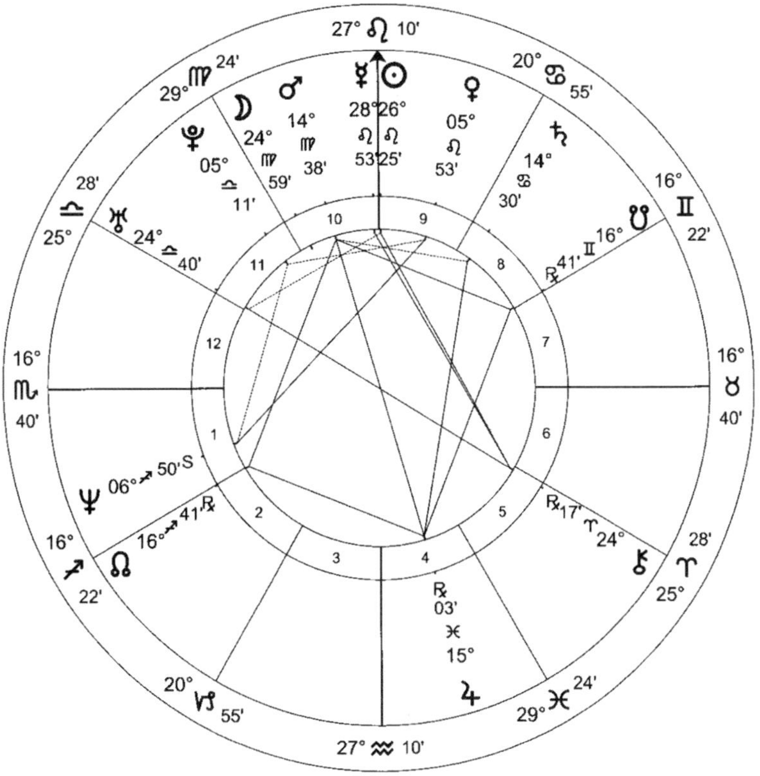

A男

真交點

普拉西德宮位制

射手座二宮，六至七歲

在學校很難達到標準。開始在家自學。開始對家以外的世界非常好奇，也很喜歡一個人出去玩。由於家庭成員眾多，家庭生活時常很吵雜忙亂。

摩羯座二宮，七至九歲

搬到新家，全家人都對於買房子感到驕傲。受洗成為摩門教徒，強烈信奉上帝和宗教守則。在這個週期的尾聲，家裡失火燒毀，隨之帶來強烈的失落感。

（家裡失火的同時，行運土星與本命土星形成四分相，這會促成一些生命事件，讓你覺得必須面對現實，必須「長大」。當時推運的月亮也與本命冥王星形成四分相，這通常代表準備面對恐懼。）

摩羯座三宮，九歲

因為失去家必須重新開始，悲劇通常有些令人興奮，這會創造一種探險的感覺。又開始回到公立學校上學，這很恐怖，但也很令人興奮，也因此增加社交的機會。

在這個週期要結束前，妹妹過世，勾起對上帝強烈的憤怒，也為自己沒有辦法保護家庭感到無力和沮喪。

（妹妹死亡的同時，推運太陽與本命海王星形成四分相，這會促使自我必須臣服，面對無法控制的狀況。）

寶瓶座三宮，十至十二歲

常常與兄弟姊妹和鄰居小孩衝突。會在平常的教堂和社區活動之外，加入另類的社會團體，以尋求逃避。不時翹課騎車好幾個小時，沉浸於自由的氛圍。策劃逃家。

雙魚座四宮，十二歲半至十五歲

開始儘可能地好幾天都不回家，替自己找了第二個家。開始玩角色扮演的幻想遊戲，幫助自己應付並逃避罪惡感和匱乏感。

牡羊座五宮，十五至十六歲

初戀，交第一個女朋友。朋友圈開始擴張，下課後常跟朋友在一起，玩對弈遊戲。

牡羊座六宮，十六至十七歲

有第一次性經驗，之後有羞恥感。因為在家自學，比同年齡的人更早進入大學，但是覺得無法應付學業，最後退學。

（十五至十七歲時，還有推運的金星趨近本命的太陽，代表準備開始探索伴侶關係，而推運的火星趨近本命太陽，代表開始在情感中覺察到熱情。行運的冥王星也正準備通過本命的上升點，代表與這個世界的連結方式，會出現戲劇化且無法挽回的改變。）

擁有第一份工作。不尊重整體的社會規範，導致叛逆、抗爭和坐牢。開始對朋友產生強烈的忠誠感。

金牛座六宮，十七至十八歲

交第二個女朋友，第一次感受到真實的愛。對關係裡的愛和感官經驗非常「有興趣」，但也對於打破禁慾的宗教守則感到羞恥。因為無法處理羞恥感，跟第二個女朋友分手。開始交第三個女朋友，也是非常重視性生活。

金牛座七宮，十八至十九歲

第三個女朋友搬家。因為當時的情感狀態，加上分手導致的失落，開始對她非常著迷。無法控制性慾，所以無法維持獨身。與第二個女朋友復合，因為她懷了他的孩子。兩人以宗教儀式成婚。因為覺得失去自由，開始對另一半感到憤怒。

（在結婚和這段週期的第一年，他的推運太陽引動了本命火星與木星的對分相，同時與他本命的南北月交點形成四分相，這代表他遭遇如砲火般的洗禮，其中包括內心衝突、業力問題以及與性慾帶來的創傷。）

雙子座七宮，十九至二十歲

第三個女朋友回來。他在維持婚姻的狀態下，開始跟她見面約會。因為兒子誕生體驗到強大的神奇感，感受到愛的存在，但整體而言，仍在對抗對婚姻和「成長」的憤怒。兒子出生後與外遇對象分手，重新投入婚姻與家庭，最後還是沒有成功。在妻子的提議下，兩人分居。

（在兒子誕生時，行運的冥王星與本命太陽形成四分相，代表基本身分意識經歷強烈但充滿壓力的轉化。行運的木星和本命金星形成四分相，代表愛的擴張超出負荷。行運的天王星與本命天王星形成四分相，意謂著在尋找自己的方向時產生的叛逆和分離感。）

與妻子分居時，搬去跟一個朋友住，開始短暫地與第四位女子約會。儘管兩人的戀愛很短，但建立緊密的友誼，為接下來幾年帶來許多治療、分析和洞悉自我。

雙子座八宮，二十至二十一歲

開始在一群朋友裡面，與第五位女子約會。這段關係帶來安慰與安全感，覺得又能去愛了。因為失去婚姻又失去兒子，覺得很悲傷，又對選擇的結果感到難過。重度憂鬱，又因讓別人失望感到羞恥。時常玩遊戲和小玩意逃避現實。但是當朋友帶來療癒和原諒時，又會對未來產生希望。

大學復學。

跟第五位女子結束關係。

巨蟹座八宮，二十一至二十二歲

推運週期一開始就辦妥離婚。

在這段週期開始時，之前推運週期導致的轉化和重拾信仰變成寂寞和絕望。開始與一位已婚女子談戀愛，但後來知道她不會離開她的丈夫，也不能提供足夠的衝擊，幫助他在前進也必須前進的人生方向上有所突破。感覺能重新找回自己，找到新的重心。跟已婚女子分手。

（在這段時間，他的推運月亮通過本命土星，帶來一種「面對現實」的感受。）

開始跟一位女子約會，對方最後成為他的第二任妻子。兩人之間有強烈的吸引力，但隨之而來的熱情有好有壞。在充滿激烈的熱情時，覺得跟女友、朋友甚至家人的相處，都像是一種個人轉化，正處於某種圓滿之中。

巨蟹座九宮，二十三至二十三歲半

在這段週期結束時，與當時還是女友的第二任妻子分手，關係因為太過激烈無法處理，在某次吵架時，變成肢體衝突。渴望控制自我，無法忍受自己變得惡言怒罵，導致兩人分手。

更熱衷參與政治。參加學校裡的青年民主黨社團，背叛撫育他成長的保守派政治環境，也脫離家鄉整體的主流氛圍。

結束兩年的學業，拿到學位。

獅子座九宮，二十三歲半至二十五歲

祖父過世，感覺開啟了一種通行的儀式，更加催促著他，必須靠自己獨立；感覺自己變成男人，對家庭越來越有責任感，也對失去祖父感到非常哀傷。

與上一位女友復合，向她求婚。兩人私奔到夏威夷。

在這段推運週期快要結束時，與新婚妻子第一次搬到國外居住。這部分是因為渴望有一個全新的開始、新的機會和環境，可以測試自己，讓自己成長，同時也是渴望長大成人後，能獨立脫離原生家庭和環境。

（結婚與搬家的同時，推運金星與本命海王星形成四分相，代表演化中的伴侶關係需要結合，也許是有些天真，帶著希望，看到了可能性；推運的火星也正進入天秤座，更激發與伴侶結合的渴望。）

處女座十宮，二十五至二十七歲（推運月亮在二十七歲回歸）

新的婚姻結束，因為雙方都有婚外情。他和妻子同時結束婚外情，但是妻子想要結束婚姻，逃避前一年全面的混亂和壓力，於是她回到故鄉，參加一個自助計畫。他下定決心想要挽回妻子，願意做任何努力，不要讓婚姻再次失敗，所以也去參加自助計畫，希望能與妻子同心，有共同立場。一直覺得有無法挽回的失敗，不停地犯錯。意圖自殺。自助計畫提供有力的工具，打造更好的自我。

與妻子復合，一起建立新家。享受承諾和活得「正確」的居家喜悅，非常有毅力、堅決地挽救婚姻，贏回妻子的心，這整個婚姻帶有「作品」的意味。

在第一份「真實的」工作中發展並考驗技術，在這段時期的大部分時間，這就像一條職業的道路。因為被解雇，促使決定自己創業。

B女　第二次月亮週期

牡羊座一宮，二十七至二十八歲

結婚生子後，找到人生第一份工作。工作時與另一位員工吵架，再也沒有回去上班。

金牛座二宮，二十八至三十歲

突然被丈夫拋棄，丈夫提議分居。打電話給父母，收到父母寄來的錢，搭巴士帶女兒回娘家，暫時與父母同住。

（在這段期間，行運的土星正通過本命的下降點，代表會面對關於伴侶關係的現實，行運的海王星正靠近本命的天頂，代表身為妻子的角色進入「朦朧」的狀態。）

帶著女兒住在父母的家時，父母出外旅行超過一年。單獨與女兒住在娘家的房子裡。

父母回家後，因為對女兒的教養問題，與母親發生幾次頂撞和衝突。有一次的衝突是到底應不應該讓女兒吃某一份穀片，那是之前其他孫兒拜訪留下的。雙方都很固執，她就帶女兒走到商店，讓女兒吃想吃的穀片。知道自己該想辦法搬出去。

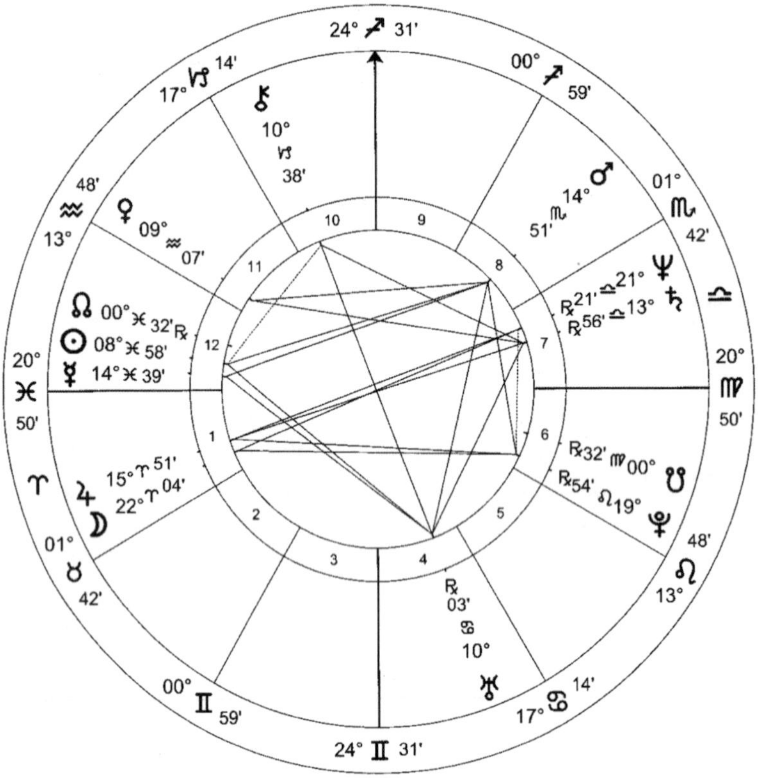

B女

真交點

普拉西德宮位制

向法院申請離婚。在離婚聽證會上，另一半沒有出席。

雙子座三宮，三十一至三十二歲

自由！這段週期開始時，辦妥離婚。

這段時間特別注重社交活動，過得很有活力。常參加教堂活動，建立友誼。

因為住在父母家的持續壓力，健康問題（癲癇）惡化；提議搬出去；搬出去前一天才告知父母，以防被干涉。

開始接受社會福利的援助。接受福利安置計畫的安排，開始新工作，但沒有支薪，只拿到該計畫提供的財務援助。

開始上護理學校。

巨蟹座四宮，三十三至三十四歲

離開護理學校，因為護理工作的壓力越來越大。

第一次靠自己的收入建立信用紀錄。感覺像是人生的一大步，之前因為「失婚女子」的污名，沒有人信任她，沒有人願意因為她的長才擴大對她的信用額度。用分期貸款買一台錄放影機，待在家裡，跟女兒看了很多錄影帶。

巨蟹座五宮，三十四至三十五歲

開始一段短暫但嚴肅的約會。對方提到婚姻，發現自己當時完全不想再婚。

因為工作表現優秀，被雇為正職員工，再也不需要接受社會福利援助。在這個週期快結束時，州政府接手工作計畫，因此被解雇。

獅子座五宮，三十五至三十六歲

開始新工作，可以租比較好的房子。

第一次在新家過聖誕節。大手筆替女兒買第一件昂貴的家具當聖誕禮物。這段時期整體而言很快樂。

獅子座六宮，三十六至三十七歲

因為自我衝突導致不快樂和壓力過大，試用期後，在雙方的共識下離開工作。開始新的工作，最後變成長期穩定的工作，做了很多年。

處女座六宮，三十八至三十九歲

在父親的資助下買第一棟房子，部分是因為當時的房東不斷有些神經質和侵略性的行為。

（這段時期行運的土星與本命月亮形成四分相，代表在購屋時的情感壓力，這可能是父親和房東都代表「權威」。）

因為想要在工作之外有所貢獻，非常投入「幼童軍」社團。非常愉快，帶來極大的個人收穫。

處女座七宮，三十九至四十歲

繼續更常參與幼童軍的活動，與許多人建立長久的友誼。

天秤座七宮，四十至四十二歲

女兒上大學。開始每週去拜訪哥哥及大嫂，共度晚餐，聊天。與他們建立快樂的關係，特別是大嫂。

開始與工作上的女性建立親密的友誼。

天蠍座八宮，四十二至四十四歲

大嫂意外死亡。

朋友搬進同住，分攤家用。因為朋友不合理的期望導致互動緊張，試圖在獨居多年後，與朋友在親密的空間裡融洽相處。朋友住了六個月後搬出去，勉強維持友誼。

覺得情感受困，開始感受到一種底層的需求，想要生活中出現戲劇化的轉變，同時渴望未來，不過似乎沒有出口。

射手座九宮，四十四至四十六歲

這段時間常與朋友和前室友旅行。

獨生女兒以宗教儀式結婚，這不同於她本身成長期間接受洗禮的宗教，但其他家人仍來參加婚禮。她個人不覺得這是問題，但是其他家人許多挖苦和同情的評論，讓她看清沒有「遵守布道」背後的偽善，也發現原生家庭信奉的宗教教義十分嚴厲。開始脫離原生家庭信仰，特別是父親的信仰。

摩羯座十宮，四十六至四十八歲

對工作的投入受到抵制，或不被尊重。試著提議為生產導向的工作提供競賽或獎勵，刺激個人的投入，管理階層幾乎完全不支持。職場的管理階層朝最糟的方向改變。對缺乏尊重、缺乏成長的空間感到沮喪，開始考慮換工作。

摩羯座十一宮，四十八歲

跌倒導致腳踝嚴重扭傷，長期走路困難。生活困難增加卻缺少幫助，覺得孑然一身。

寶瓶座十一宮，四十九歲

離開不滿意的工作，對於離職待遇很生氣，但很高興脫離這份工作。開始上按摩學校，因為想要打造一個未來，時間安排更自由、工作性質有彈性。跟同學的社團相處非常愉快。

（離開工作，開始上按摩學校時，行運的木星與本命北交點形成三分相，代表宇宙催促她帶著信念和信任追求夢想，支持就會隨之而來；行運的火星與冥王星正與本命的木星形成三分相，對自己更有信心，願意開始採取行動，提升自我發展。）

寶瓶座十二宮，五十歲

從按摩學校畢業，開始替一位脊椎神經醫師和復健中心工作，也拿到自己的執業執照。跟父親的關係緊張，因為父親想透過施壓和羞辱，讓她因為沒有照顧年邁的父母覺得罪惡。即使自己不是他們唯一的孩子，正嘗試為自己的新夢想找到定位。

家庭聚會變得很糟糕，又因為沒有達到父親的標準被羞辱。不再參加家庭聚會，脫離父親的期望，按照自己的路走時，感覺像是「青春期的叛逆」。

這段期間母親似乎生了重病，催母親去看病。

在這段週期要結束時，母親被診斷罹患肺癌和骨癌。因為父親拒絕承認母親罹癌，選擇用另一種方式看待母親的病，心中充滿糾結的憤怒和無力感。感覺只有自己試圖要他們更主動積極面對母親的疾病。

雙魚座十二宮，五十一至五十二歲

母親過世。心中充滿了失落和罪惡的痛苦掙扎，一直想著自己做的是否足夠。

（母親過世時，天王星正通過本命的北交點，與南交點形成對分相，代表突然擺脫對於習慣性照顧的老舊業力態度；推運的火星與本命八宮天蠍座火星形成合相，代表準備經歷個人意志與勇氣的深層轉化。）

有一次要通過十字路口時，眼角餘光看到一部車正在靠近，發現自己就要被撞上了。理智告訴自己要蹲下（雙魚座的臣服）減少肉體傷害。錯在對方駕駛。雇用律師與保險公司和解。

因為車禍和治療身體，有一陣子不能工作，所以選擇不要更新執業執照，也因此覺得可以考慮其他方式，做些改變。兩個月後，拜訪住在國外的女兒，最後決定永遠搬到那裡。想要離女兒近一點，也渴望改變和新環境。

（決定搬家的日子，行運冥王星與本命月亮剛好形成三分相，這代表很容易得到深刻的力量，自動地轉化心境。）

在賣掉老房子、找新工作時，與女兒同住幾個月。

雙魚座一宮，五十二歲半至五十三歲半

搬出女兒的家，住進自己的屋子。開始替一位脊椎神經醫生工作，找到自己的定位。

牡羊座一宮，五十三歲半至五十五歲（推運月亮在五十五歲回歸）

對脊椎神經醫生不體貼的治療感到生氣，想要換一個比較好的工作環境。

第一位外孫女誕生。她非但沒有因此覺得自己老了，反而覺得自己又像個孩子！以熱情接受新的身分。

謝辭

基於處女座的天性，我想在此感謝人們為我做的所有小事，幫助我完成這本書。

謝謝我的丈夫，你是我最好的朋友，謝謝你和我聊天，讓我跳出處女座「還不夠好」、打擊信心的惡性循環。特別感謝你，與我攜手共度十五年，至今仍在繼續。

還要感謝我的女兒。我把她的照片寄給一位占星師朋友，因為她如此可愛，啟動了一個機緣，促成你們手中的這本書。

謝謝我的貓咪，托利和弗利茲，尤其是弗利茲。謝謝牠們在我寫書時依偎在我身旁，帶給我美好的貓咪魔力。

謝謝我的導師史蒂芬・佛瑞斯特（Steven Forrest），他對這本書不僅有直接的貢獻，還透過無數間接的方式給予幫助。他還協助我更加精進，讓我擁有豐富的人生，這對處女座而言是最重要的方式。

也要謝謝天竺鼠，讓我更容易處理「生命筆記」。感謝牠們如此脆弱，在地上橫行度日，弄得亂七八糟，我們才能痛苦地謹慎檢查每一段紀錄（是誰幹的自己心裡有數）。

謝謝凱想出一些句子把我搖醒，讓大腦恢復一半清醒，而且出人意料的是迪士尼卡通，讓我完全清醒。

謝謝我的母親，為我這輩子做了數不清的事，特別是當我的洗碗機就在我截稿前壞掉時，替我洗好所有的碗盤。

謝謝所有參與livejournal.com占星社群網站活動的人，在「告訴我你的推運月亮及你的感受」的盛事中不吝分享。也謝謝占星師們願意審閱這本書，告訴我這本書讀來不惹人厭。

我寫這本書，是因為我喜歡聽人們的故事，想幫助人們畫出他們真正渴望的人生航線。誠摯希望這本書能幫助你認識自己的人生之旅，並引以為傲。我滿懷感激終於完成這本書，並能暢所欲言地付梓發表。書終於問世，好樣的，向前走吧！

參考資料

網路資源和進階閱讀

http://www.astro.com is an excellent resource for free chart calculation. Check out the extended chart selection options to calculate your progressed Moon's location.

http://www.heavenlytruth.com is my professional website, which hosts a large library of astrology articles, beginning astrology video learning, and classes available. Lecture schedule and consultation information can also be found here.

http://www.cdc.gov/nchs/w2w.htm is the website of the CDC which gives a listing by location (U.S. only) on how to get a copy of your birth certificate.

建議閱讀的占星書

Arroyo, Stephen. *Astrology, Karma, and Transformation: the Inner Dimensions of the Birth Chart.* 2nd rev. exp. ed. CRCS Publications, 1992.

——.*Astrology, Psychology, and the Four Elements: An Energy Approach to Astrology and its use in the Counseling Arts.* CRCS Publications, 1975.

——.*Chart Interpretation Handbook: Guidelines for Understanding the Essentials of the Birth Chart.* CRCS Publications, 1990.

Forrest, Steven. *The Book of Pluto.* ACS Publications, 1995.

——.*The Inner Sky: How to Make Wiser Choices for a More Fulfilling Life.* Seven Paws Press, 1997.

Frothingheim, Moll. The Changing Sky: A Practical Guide to Predictive Astrology. 2nd ed. ACS Publications, 1999.

——."The Offstage Leo." NORWAC Lecture, 2009. www.astrologyetal.com.

Green, Jeff. *Pluto, Volume I: The Evolutionary Journey of the Soul.* Llewellyn Publications, 1985.

Schostak, Sherene and Stefanie Iris Weiss. *Surviving Saturn's Return.* McGraw-Hill, 2003.

Sullivan, Erin. *Astrology of Midlife and Aging*, Tarcher, 2005.

Tarnas, Richard. *Cosmos and Psyche: Intimations of a New World View.* Viking Adult, 2006.

Wade, Paul. *Home Astrology: Creating the Perfect Home for Your Star Sign.* Hamlyn, 2008.

BC1048

月亮推運占星全書：
我的人生演化課程表

Astrology of the Moon:
An Illuminating Journey Through the Signs and Houses

作　　者　艾美・賀林（Amy Herring）
譯　　者　韓沁林
責任編輯　田哲榮
協力編輯　朗慧
封面設計　斐類設計
內頁排版　李秀菊
校　　對　蔡函廷

發 行 人　蘇拾平
總 編 輯　于芝峰
副總編輯　田哲榮
業務發行　王綬晨、邱紹溢
行銷企劃　陳詩婷
出　　版　橡實文化 ACORN Publishing
地址：臺北市10544松山區復興北路333號11樓之4
電話：02-2718-2001　傳真：02-2719-1308
網址：www.acornbooks.com.tw
E-mail：acorn@andbooks.com.tw
發　　行　大雁出版基地
地址：臺北市10544松山區復興北路333號11樓之4
電話：02-2718-2001　傳真：02-2718-1258
讀者傳真服務：02-2718-1258
讀者服務信箱：andbooks@andbooks.com.tw
劃撥帳號：19983379 戶名：大雁文化事業股份有限公司

印　　刷　中原造像股份有限公司
初版一刷　2017年9月
初版五刷　2022年11月
定　　價　520元
ISBN 978-957-9001-07-6

國家圖書館出版品預行編目資料

月亮推運占星全書：我的人生演化課程表／艾美・賀林（Amy Herring）著；韓沁林譯. -- 初版. -- 臺北市：橡實文化出版：大雁文化發行, 2017.09
面；　公分
譯自：Astrology of the moon : an illuminating journey through the signs and houses
ISBN 978-957-9001-07-6（平裝）

1. 占星術

292.22　　106013513